Carolyn M. Bates / Annette M. Brodsky
Eine verhängnisvolle Affäre oder:
Sex in the Therapy Hour

Carolyn M. Bates
Annette M. Brodsky

Eine
verhängnisvolle
Affäre *oder*
Sex in the
Therapy Hour

Aus dem Amerikanischen von Horst R. Flachsmeier

Junfermann Verlag · Paderborn
1990

© der deutschen Ausgabe: Junfermannsche Verlagsbuchhand-
lung, Paderborn 1990
Copyright © 1989 Carolyn M. Bates & Dr. Annette M. Brodsky
by arrangement with Mark Paterson and THE GUILFORD
PRESS
Originaltitel: Sex in the Therapy Hour – A Case of Professional
Incest
Originalausgabe erschienen bei: The Guilford Press, New York,
London
Übersetzung aus dem Amerikanischen: Horst R. Flachsmeier
Cover-Gestaltung: Inga Koch

Satz: adrupa Paderborn
Druck: PDC – Paderborner Druck Centrum

CIP-Titelaufnahme der Deutschen Bibliothek:

Carolyn M. Bates:
Eine verhängnisvolle Affäre oder: Sex in the Therapy Hour /
C. M. Bates; A. M. Brodsky. Aus d. Amerikan. von Horst
R. Flachsmeier. – Paderborn: Junfermann, 1990
    Einheitssacht: Sex in the Therapy Hour <dt.>
    ISBN 3-87387-025-8

ISBN 3-87387-025-8

Inhalt

Einleitung

In diesem Buch geht es um Sex zwischen einer Patientin und ihrem Therapeuten. Durch Carolyn Bates und zwei weitere Patientinnen gelangte der Fall Dr. X 1978 an die Öffentlichkeit. Sie hatten gegen ihren Therapeuten wegen eines Berufsvergehens prozessiert. Zehn Jahre später hielten viele das Urteil für zu milde.

Gegen Ende des Rechtsstreits, der in diesem Buch beschrieben wird, schlug die Psychologin Dr. Annette Brodsky, die als Gutachterin für die Klägerinnen aufgetreten war, Carolyn Bates vor, ihre Geschichte der Jahresversammlung 1984 der American Psychological Association vorzutragen. Für die Forumsdiskussion erhielt Carolyn durch andere, die an dem Prozeß teilgenommen hatten, Verstärkung. Es waren die Rechtsanwälte der Klägerinnen, ein Therapeut, bei dem Carolyn um Behandlung nachgesucht hatte, und Dr. Brodsky. Das Auditorium zeigte sich von dem Urteil in diesem Rechtsstreit entsetzt und zollte Carolyn für ihre Darbietung stehend Beifall. Diese Präsentation war der Anfang unseres gemeinsamen Bemühens, die Einzelheiten dieser Geschichte zu dokumentieren und ihre Bedeutung für die professionellen Heilberufe aufzuzeigen.

Wir wollen an Hand von Carolyns Erfahrungen den rechtlichen, moralischen und ethischen Fragen nachgehen, die mit dem Phänomen des sexuellen Kontaktes zwischen Therapeut und Patient verbunden sind. Wir berücksichtigen nicht nur den Standpunkt der Patientin, sondern auch den der Rechtsanwälte, der späteren Therapeuten, der Gutachter, der Berufskammern und des Ethik-Komitees. Sie alle spielten in diesem Prozeß eine Rolle. Diese Geschichte schildert die Situation, die Carolyn in die Therapie führte. Sie nennt Einzelheiten der sexuellen Intimitäten mit ihrem Therapeuten, deren Nachwirkungen und zeigt die Problematik, daß die gleiche Geschichte sich wiederholen konnte, nachdem ein Beschluß erreicht worden war. Dies ist ein wahrer Fall. Alle Angaben stammen direkt von den Teilnehmern oder im Fall des Angeklagten aus Gerichtsaufzeichnungen oder anderem Beweismaterial.

Zwei Personen in dieser Geschichte haben wir nach gründlicher Überlegung mit Decknamen versehen: Der Name von Carolyns früherem Freund und der Name des betreffenden Therapeuten. Wir gaben ihm den Decknamen Dr. X. Wir hoffen, daß wir den wirklichen Dr. X dadurch weder protegieren noch ihm Schwierigkeiten bereiten. Ebenso verschweigen wir den Namen des „Tatortes", denn das Phänomen des sexuellen Kontaktes zwischen Psychotherapeut und Patientin findet sich überall.

Wir haben uns vorgenommen, diese Geschichte zu erzählen, weil wir sowohl die Vertreter der Helferberufe als auch deren Patientinnen vor den Gefahren sexueller Handlungen zwischen Therapeut und Patient informieren und davor warnen möchten.

Es ist uns ein Anliegen, deutlich zu machen, wie gefährlich und unberechtigt sexueller Kontakt zwischen Therapeut und Patient ist. Er kann das Leben eines jeden einzelnen zutiefst zerstören.

I

CAROLYNS GESCHICHTE

1

Die naive Klientin und das therapeutische Arbeitsbündnis

Bevor wir anfangen

Ich stehe in einem Zwiespalt. Ich soll die Einzelheiten meines Lebens für den Druck vorbereiten, und möchte sie jedoch viel lieber für immer vergessen, anstatt sie neu zu beleben. Es geht um die Jahre meiner Therapie, die sexuelle Ausnutzung, die ich dabei erfuhr, und die schreckliche Zeit danach. Ich bin betrübt, noch einmal die Zeit wachzurufen, in der es mir so wichtig schien, die Sympathie anderer zu erlangen, gleich, in welcher Form sie mir entgegengebracht wurde.

Während ich dies schreibe, empfinde ich mehr für mich, als dies damals der Fall gewesen war. Vielleicht ist dies der größte Unterschied zwischen meinem Ich, das ich nun bin, und jenem Ich, das ich vor einem Jahrzehnt war, als ich zum erstenmal mit Therapie begann und dabei einem fragwürdigen Psychologen begegnete.

Ich habe mich lange gefragt, wie ich meine Geschichte am besten erzähle. Manche Leser werden mir die gleiche Frage vorlegen, der ich immer wieder begegnete. Sie wurde mir während meiner Aussagen unter Eid gestellt, von Freunden, Bekannten, Kollegen und Psychologen: Wie konnte jemand mit Ihrer Erziehung und Bildung, Ihrer Intelligenz und Einsicht solange an einem Verbrechen gegen sich mitwirken? Die Antwort auf diese Frage versuche ich von zwei Seiten her zu beleuchten: Wie es geschah, das Opfer von Dr. X zu werden, und wie er es erreicht hat, mich zu seinem Opfer zu machen. Es waren vor allem mein bis dahin behütetes Leben, meine Selbstzweifel und mein unkritischer Respekt gegenüber Autoritätspersonen, die mich zum idealen Objekt werden ließen. Zum anderen zolle ich Dr. X für seine geschickten Machenschaften Respekt. Er erlaubte sich keine Fehler. In allem, was er tat, war er sehr gut.

Gelegentlich wird mir eine weitere Frage gestellt: Ob während dieser zwanzigmonatigen Behandlung trotz des Mißbrauchs durch den Therapeuten sich irgendeine Besserung für mich gezeigt habe. Meine Antwort ist eindeutig: nein. Was an Positivem während der ersten Therapie-Monate zu verzeichnen war, wurde zerstört oder begraben, als Dr. X damit begann, mich auszunutzen. Nachdem ich seine Therapie aufgegeben hatte, ging es mir ständig schlechter. Dennoch tat ich nichts, um den Auswirkungen seiner Handlungen an mir zu begegnen. Bis es mir so schlecht ging, daß ich es wagte, Hilfe zu suchen. Glücklicherweise führte mich mein zweiter Versuch in eine Therapie, die mir durch einen kompetenten Psychologen zuteil wurde.

Meine Geschichte handelt nicht von Therapeuten, die während einer emotional schweren Zeit ihres Lebens eigenen Wünschen nachgeben und mit Patienten Geschlechtsverkehr ausüben. Auch geht es nicht um Therapeuten, die sich ehrlich und ernsthaft in Patienten verlieben und diese Liebe ausleben. Es ist auch keine Geschichte, in der Therapeuten und Patienten eine Liebesaffäre eingehen, noch eine Geschichte, in der mehrere Frauen nacheinander versuchen, denselben Therapeuten zu verführen. Letztlich ist dies keine Geschichte von Patienten, die mit ihren Therapeuten eine Liebesbeziehung eingingen und diesen, nachdem sie seiner überdrüssig wurden, sogar verklagen.

Ich erzähle vielmehr die Geschichte meiner Erfahrung und die weiterer Patientinnen, die einem Psychotherapeuten in die Hände fielen, der seine Patienten ausnutzte. Dieser Therapeut unterschätzte die Auswirkungen. Sein Verhalten ist bar aller professionellen Ethik, zu der ein Psychotherapeut verpflichtet ist, und zeugt von Urteilsunfähigkeit. Während des gesamten Zivilprozesses, den die von ihm mißbrauchten Patientinnen gegen ihn anstrengten, flüchtete sich Dr. X immer wieder in neue Ausreden und wußte sich Hintertürchen offenzuhalten, die ihm das Gesetz bot. Durch die Gerichtsverhandlungen gelang es den mißbrauchten Patientinnen, Dr. X von seinem hohen Sockel herunterzuholen, so daß er niemals mehr Patientinnen Schaden zufügen kann.

Dies ist eine wahre Geschichte.

Aufgewachsen in Zucht und Liebe

Antwort: Dr. X sagte mir, wenn ich mich entwickeln und emotionale Barrieren niederreißen wollte, um Beziehungen zu Männern pflegen zu können, dann dürfte ich es nicht zulassen, daß Geschlechtsverkehr mit Männern, mit denen ich ausging, mir zum Problem würde.
Frage: Nun, glauben Sie, daß das richtig ist?
Antwort: Ich glaube nicht, daß ich gesund leben kann, wenn ich diese Lebensphilosophie auf jeden Mann übertrage, mit dem ich ausgehe.

Wie bin ich nur in diese schreckliche Lage geraten, daß meine geheimsten Gefühle und Gedanken über mein privates Sexualleben so sorgfältig untersucht und in öffentlichen Berichten festgehalten wurden, daß ich als mißbrauchte Patientin mit der Elle eines fragwürdigen Psychotherapeuten gemessen wurde? Um dies zu erklären, werde ich erzählen, wer ich bin. Ich werde zeigen, welche Kräfte auf mein junges Leben einwirkten, die mich zu dieser Person werden ließen. Dann wird man besser verstehen, wie ich in dieses Dillema gelangte, in dem ich mich 1978 wiederfand.

Ich bin das jüngste von fünf Geschwistern, jedes von uns drei bis vier Jahre voneinander getrennt. Als meine Mutter merkte, daß sie mit mir schwanger ging, war das für sie ein Schock. Mit 38 Jahren hatte sie weder damit gerechnet noch geplant, wieder Mutter zu werden. Als ich bereits erwachsen war, sagte sie mir einmal, wie schrecklich ärgerlich sie gewesen wäre, als sie erfuhr, daß sie mit mir schwanger ginge. Es wäre aber Liebe auf den ersten Blick gewesen, als ich das Licht der Welt erblickte: rund, hungrig, schon einen Daumen im Mund. Sie hätte mich nicht erst lehren müssen, mich richtig stillen zu lassen.

Innerhalb der ersten Woche nach meiner Geburt erlitt meine Mutter eine lebensgefährliche Blutung, aufgrund derer sie mindestens zwei Wochen ins Hospital mußte. Danach blieb sie während meines ersten Lebensjahres noch halb bettlägerig. Während der ersten sechs Wochen meines Lebens und von Zeit zu Zeit während des ersten Jahres kam die Mutter meiner Mutter zu uns und wurde für mich die *Bezugsperson*. Ich erinnere sie als strenge, distanzierte, kalte Frau im Gegensatz zu meines Vaters Mutter, die eine warmherzige, freundliche und vornehme Dame war.

Verglichen damit war die Mutter meiner Mutter eine unglückliche, stoische Frau, die so manche Härte in ihrem Leben tapfer ertragen hatte. Sie lachte kaum jemals spontan. Es schien so, als wüßten wir Kinder instinktiv, daß wir uns ihr gegenüber überaus vorsichtig und voller Respekt verhalten müßten.

Fotografien aus jener Zeit zeigen, daß die letzte Schwangerschaft meine Mutter über die Maßen erschöpft hat, mehr als zuvor. Mein Vater dagegen, zu jener Zeit 43 Jahre, akzeptierte mich so, wie er viele Dinge zu akzeptieren pflegte: mit Gleichmut und Humor. Meine frühen Kindheitsjahre zeichneten sich durch Wißbegierde aus. Alles, was ich tat, Spielen eingeschlossen, tat ich mit großem Ernst.

Meine Mutter unterstützte vom frühen Alter an meine Wißbegierde, indem sie ausführlich mit mir über alles redete, was ich für wichtig hielt. Vor dem Schlafengehen las sie mir Geschichten vor. Beide Eltern ermutigten meine kreative Begabung. Sie unterstützten meine Phantasie und meinen Lerneifer. Mit vier Jahren verblüffte ich meine Mutter, indem ich ihr eine eingestülpte Socke brachte. Auf ihre erstaunte Frage, was ich ihr denn da brächte, ratterte ich mit einem einzigen Satz los: „Ich hab' mir einen Strumpf besorgt, und in dem Strumpf, da ist 'ne Puppe, und an der Puppe ist 'ne Nase, und in der Nase sind die Löcher, und in den Löchern, da ist ein Käfer, und in dem Käfer, da ist 'n Skelett, und in dem Skelett, da ist Blut, und im Blut, da sind Mineralien, und in Mineralien, da ist Stärke, und in Stärke, da ist Güte, und in Güte, da ist Gott, und in Gott, da ist Heiligkeit – und nun weiß ich einfach nicht, was das ist: Heiligkeit."

Indem ich diesen Satz mit seiner erstaunlichen Feststellung runterratterte, zog ich aus dem Strumpf meine Puppe, hielt einen Knopf als den Käfer hoch und ein zusammengerubbeltes Gummiband als das Skelett. Aber über diesen Punkt hinaus konnte ich nichts weiter für meine Behauptung vorbringen. Dennoch hatte ich meine Mutter damit so sehr beeindruckt, daß sie sorgfältig niederschrieb, was ich ihr damals sagte. Im gleichen Augenblick sei ihr klar geworden, daß sie in mir ein kreatives Kind besäße. Dieses Selbstgespräch hätte es ihr bewiesen.

Mit sechs Jahren begann ich Kurzgeschichten und Gedichte zu schreiben, indem ich A. A. Milnes Geschichte von Pooh Land weiterspann und dabei eigene Gestalten aus einer Mischung von „Rawhide" und Tarzan in Afrika ersann. (A. A. Milne ist der Autor der Geschichte „Winnie The Pooh", einem Bären; es ist eine berühmte Kindergeschichte. „Rawhide" ist eine Cowboy-Geschichte im Fernsehen, in der Vieh von einem Ort zum anderen getrieben wird. – Anmerkung des Übersetzers).

Meine Eltern versuchten, mich auf die traditionelle Rolle der Frau vorzubereiten, vor allem, was die konservative Erwartung von Beruf und Familie betrifft. Irgendwie vermittelten sie mir, daß College-Erziehung außerhalb jeglicher Reichweite läge. So kam es mir niemals in den Sinn, diese Frage in meine Erziehung und Ausbildung einzuschließen. Als es dann darum ging, sich für eine Laufbahn zu entscheiden, standen nur jene drei Berufe zur Auswahl, die schon meiner Mutter als Frauenideal erschienen waren: Lehrerin, Krankenschwester und Sekretärin. Man hatte mir zwar niemals gesagt, andere Berufe kämen für mich nicht in Frage, doch es waren keine anderen erwähnt worden. Auch wurde mir nicht gesagt, daß ich mich zwischen Beruf und Familie zu entscheiden hätte.

Wie jedes andere Kind fantasierte ich mir meine Zukunft zusammen. Meine Mutter hat dies in einem Brief an eine Freundin festgehalten. Ich hätte mich entschieden, „einen Rancher zu heiraten, so daß ich mich um seine Pferde kümmern könnte". Weiter schrieb sie von meiner Jungenhaftigkeit, obwohl ich doch ein Mädchen wäre: *„Er* hat noch ein ganzes Stück Arbeit vor sich."

Meine Eltern erwarteten strikten Gehorsam. Sie hätten es niemals zugelassen, daß man ihre Autorität in Frage stellte, schon gar nicht, wenn ich mich dabei ärgerlich gebärdete. Ärger zu zeigen war bei uns zu Hause verpönt. Ich konnte meinen Ärger schlechter unterdrücken als etwa meine Schwester Debbie, von der ich mich nicht erinnere, daß sie, während wir Kinder waren, jemals großen Ärger oder große Freude gezeigt hätte. Meine Temperamentsausbrüche wurden zumeist in zweifacher Form bestraft: Entweder wurde ich auf mein Zimmer geschickt, wo ich so lange zu bleiben hatte, bis ich versprach, mich in Zukunft zu bessern, oder, wenn ich es gar gewagt hatte, mich ärgerlich gegen meine Mutter aufzulehnen, wurde ich verprügelt. Meine Eltern, ebenso wie meine Großeltern, glaubten fest an das Recht der körperlichen Züchtigung, wenn sich ihre Kinder mehr danebenbenahmen als ihnen dies tragbar schien. Soweit ich konnte, versuchte ich zu vermeiden, verprügelt zu werden.

Oft genug aber ging mein Temperament mit mir durch. Nicht selten geschah es dann, daß man mich aus der Kirchenbank zum Auto führte, in dem sich die mir wohlvertraute alte Rute befand. Sie brannte auf meinem Allerwertesten. Ich schämte mich, und ganz sicherlich wurde mir dabei deutlich, was meine Eltern darunter verstanden, sich ordentlich zu benehmen. Der Schmerz verging schnell genug, das Gefühl der Reue schwand, aber die Lehre blieb. Ich lernte, daß Autorität absolut ist und niemals in Frage gestellt werden dürfe. Sollte ich sie in Frage stellen, bedeutete dies Ärger. Jene, die ich lieb hatte, würden mich zurückstoßen, was mich mit Scham erfüllte. Bis in mein Erwachsenenalter wirkten diese Lektionen nach. Ich entwickelte eine gewisse Geschicklichkeit, Konflikte mit Autoritäten zu vermeiden. Manchmal war ich sogar bereit, mich zu verstellen, um nicht den Zorn von Autoritätspersonen hervorzurufen.

Eine Form der Bestrafung habe ich stets verabscheut. Ich wünschte, meine Mutter hätte sie nie kennengelernt: Sie ohrfeigte mich. Nur bei wenigen Anlässen, aber immer noch nicht wenige genug, ärgerte ich meine Mutter so sehr, daß sie mich ohrfeigte. Eine Lüge, die meinem Mund entschlüpfte, und die offensichtlich war, garantierte mir solche Ohrfeigen. Mein Vater ohrfeigte mich nie. Dies rechne ich ihm hoch an. Ich erinnere nicht, daß er jemals seine Hand gegen mich erhob. Er gebrauchte die Rute oder einen Ledergürtel, wenn ihm mein Verhalten schlimm genug erschien. Von ihm genügte ein strafender Blick oder ein kurzer, fester Ausruf. Das war's dann eben! Ich weiß nicht, warum sich meine Eltern in der Weise, wie sie mich bestraften, unterschieden. Vielleicht gefiel es Vater nicht, mir durch seine Hand Schmerz zuzufügen. Vielleicht hielt er es nicht für notwendig, sich disziplinarisch zu betätigen. Es war eben Mutter, die bei uns zu Hause nach dem Rechten sah. Sie erlebte unser schlechtes Betragen.

Dieses Geohrfeigtwerden war eine Bestrafung, die mir zutiefst ans Herz griff. Meine Mutter war sich dessen nicht bewußt. Sie demütigte mich und übertraf damit meine Scham für mein schlechtes Benehmen. Sie verletzte mein Schamgefühl.

Erst viel später erfuhr ich, daß diese Form der Bestrafung dazu bestimmt war, Respekt vor dem zu erzwingen, was man Gut und Böse nennt. Ich bezweifle nicht, daß Mutter genau das wiederholte, was man ihr in früherer Zeit angetan hatte, wenn sie sich gehen ließ oder Autoritäten in ihrem Leben herausforderte. Immer, wenn ich durch meine Mutter geohrfeigt wurde, empfand ich Zorn auf sie, der viel stärker war als die Demütigung, die ich empfand, wenn ich nur mit der Rute verprügelt wurde.

Keine dieser Bestrafungen geschah willkürlich oder im Affekt. Sie erfolgten immer nur dann, wenn ich ungehorsam gewesen war oder ärgerliche Gefühle gezeigt hatte, z.b. zornig zu sprechen, mit dem Fuß aufzustampfen, eine Tür zuzuschlagen, ja, selbst ein finsteres Gesicht meinerseits brachte körperliche Bestrafung oder Stubenarrest mit sich. Diese Bestrafung für Ungehorsam war sehr hart. Ich lernte, daß immer, wenn ich meinen Zorn zum Ausdruck brachte, meine Eltern sich in ihren Selbstwertgefühlen beeinträchtigt sahen. Daher dieser Bestrafungsritus.

Glücklicherweise erhielt ich solche Prügel nicht allzu oft. Einmal verprügelt zu werden, reichte aus, daß ich mich ein paar Monate lang besser benahm. Als ich älter wurde, erfolgten diese Bestrafungen immer seltener. Vater und Mutter waren davon überzeugt, daß die zeitweise Aufhebung von Vorrechten für ihre Kinder eine stärkere Bestrafung wäre. Außerdem wurde ich geschickter darin, meinen Ungehorsam zu verbergen. Als ich elf Jahre alt war, schlug man mich nicht mehr. Nur einmal noch, nach einem Zornesausbruch mit 16 Jahren, befürchtete ich, Mutter würde mir eine Ohrfeige geben, nachdem ich in ihrer Gegenwart geflucht hatte. Wie war ich erleichtert, daß sie nicht stärker reagierte, als mich nur kräftig an der Schulter zu schütteln!

In dieser Familienatmosphäre lernte ich, was Respekt und Gehorsam gegenüber Autoritätspersonen bedeutet. Daraus entwickelte ich mein eigenes Gefühl für Autorität. Gewiß beabsichtigten meine Eltern, mich immer mehr gewähren zu lassen, je erwachsener ich wurde. Zumindest erinnere ich, daß sie dies gegenüber meinen älteren Brüdern taten. Ich sollte langsam lernen, eigene Entscheidungen zu treffen und ein Gefühl der Unabhängigkeit zu entwickeln. Aber irgendetwas hat diese Entwicklung gestört. Während vieler Jahre wußte ich nicht, wie ich mich fühlen sollte, wenn ich an die Stelle der Autorität meiner Eltern meine eigene Autorität setzte.

Zu Hause fühlte ich mich sicher, doch ich fürchtete mich vor der Welt, die sich außerhalb meines beschützten Elternhauses befand. Meine Angst, außer Haus zu gehen, zeigte sich zu Beginn meiner Schulzeit.

An jedem ersten neuen Schultag, mit dem das Jahr begann, stellte sich bei mir eine schwere Migräne ein. Ich erinnere, außer mit meiner ruhigen, introvertierten und vier Jahre älteren Schwester Debbie, nur wenig Kontakt mit anderen Kindern gehabt zu haben, ausgenommen der Kinder, denen ich in Schule und Kirche begegnete. Als ich neun Jahre alt war, beschrieb mein Bruder Michael mich als „eine ernsthafte, kleine alte Dame, die nicht einmal zu spielen weiß".

Wir lebten in einer kleinen Arbeiterstadt in der Nähe der Grenze zwischen den USA und Mexico. Es war eine staubige, heiße, wirtschaftlich bedrückte Gemeinde. Mein Vater verdiente unseren Lebensunterhalt mühsam als der in der Ortschaft einzige Lieferant von Jalousien, die er auch installierte.

Mein Vater war ebenfalls Laienprediger in einer jungen, fundamentalistischen Kirche, die zu gründen und zu gestalten er mitgeholfen hatte. Meine Eltern waren dieser Kirche sehr verbunden. Ich nahm mir die biblische Lehre vom christlichen Glauben und von der Erlösung sehr zu Herzen, unglücklicherweise aber auch die Überzeugung, Christen besäßen die einzigen Antworten auf alle emotionalen Probleme. Anstatt Probleme offen zu diskutieren, versuchte man sie durch Gebete zu lösen oder behielt sie für sich. Daher schien es auf den ersten Blick, als sei unsere Familie frei von emotionalen Störungen. In Wirklichkeit hatten meine Geschwister und ich gelernt, Unwillen und Enttäuschungen zu unterdrücken, wohl verborgen vor den Eltern.

Vater war kein guter Geschäftsmann. Nachdem er 19 Jahre sein Geschäft für Jalousien geführt hatte, verkaufte er es für zweitausend Dollar. 1964, als ich neun Jahre alt war und der letzte meiner drei Brüder zu Hause ausgezogen war, verließen wir die Stadt meiner Kindheit, wo meine Eltern zwanzig Jahre lang ihr Heim besaßen. Wir zogen in eine Universitätsstadt. Mein Vater konnte endlich seinen Traum verwirklichen, der durch die Wirtschaftskrise vereitelt worden war: eine Universitätsausbildung.

Während meiner Jugendzeit erlebte Vater eine Wandlung. Voll Eifer stürzte er sich auf sein Studium und entwickelte fortschrittliche Gedanken, wie er es nie zuvor getan hatte. Die Studenten seiner Universität befanden sich im Aufruhr, der Ende der sechziger Jahre im ganzen Land zu beobachten war. Dad fühlte sich von der Stadt verzaubert, dem Campus, der Jugend, mit der er arbeitete, und den Professoren, unter denen er studierte. Volle zwanzig Jahre war er älter als der durchschnittliche Student. So wurde er zum Vermittler zwischen Studenten und Fakultät. Er war der Sprecher der Studenten, und die Professoren vertrauten ihm. An dem Tag, da Martin Luther King ermordet wurde, hielt Vater über die Notwendigkeit der Bürgerrechte eine Rede, die bei den Hörern auf dem Campus einschlug.

Ich bin überzeugt, für Vater war es ein herrliches neues Leben. Er, der Verkäufer von Jalousien in einer Grenzgemeinde von halbgebildeten, armen Leuten, nun Hochschulassistent auf einem Universitätscampus, um sich in Diskussionen auseinanderzusetzen. Ich war damals zwölf Jahre und idealisierte Vater nur noch mehr. Er war ein guter Mann. Das, was er tat, das tat er richtig. Ich schätzte die Bücher, die er mir zu lesen brachte. Es waren die gleichen Bücher, die er auch den Studienanfängern in seinen Englischkursen zu lesen verordnete. Er nahm mich auch mit in sein Arbeitszimmer und ließ mich dort verweilen. Als er sich auf sein Schlußexamen vorbereitete, spielte ich zu seiner Entspannung von Zeit zu Zeit mit ihm Schach. So jung ich auch noch war, verliebte auch ich mich immer mehr in den Gedanken an ein Universitätsstudium. Ich war noch nicht in der

Lage zu begreifen, wie arm wir waren, und wie hart meine Eltern kämpfen mußten, um uns von dem Assistentengehalt meines Vaters ernähren und kleiden zu können.

Ich reifte langsamer als meine Alterskameradinnen. Ich fühlte mich in meiner Jungenrolle wohl und verabscheute es, Make up aufzulegen. Ich verzichtete auf alles, was meine weibliche Rolle verstärkte. Meine Freunde akzeptierten mein Verhalten, doch ermutigten sie mich immer wieder, mich in herkömmlicher Weise herauszuputzen. Mir ist klar: Hätte ich rechtzeitig meine jungenhafte Rolle aufgegeben und statt dessen die Rolle der „Young Lady" übernommen, wäre mir der Umgang mit meinen Alterskameraden viel leichter gefallen. Ich weigerte mich beharrlich, das Abenteuer des Erwachsenseins zu beginnen. Ich war als schüchternes Kind mit sehr wenig Selbstvertrauen aufgewachsen und lehnte es deshalb immer ab, mich mit Menschen außerhalb meiner Familie abzugeben.

Auch als Teenager verhielt ich mich meinen Alterskameraden gegenüber schüchtern und warf mir zwanzig Pfund Übergewicht vor. Ich empfand mich nicht als hübsch, aber auch nicht als unattraktiv. Zwar besaß ich Freunde in der Jugendgruppe und auch in der Kirchengemeinde, aber ich hatte nur wenige Freunde in der Schule. Während meines siebten und achten Schuljahres brachte mir mein Übergewicht, meine Unkenntnis, Make up aufzulegen und meine Unfähigkeit, mich mit Jungen zu verabreden, den Spitznamen Elch ein. In meinem Schmerz nahm ich Zuflucht zur Schreibmaschine. Um den Verlust an Umgang mit Freunden wettzumachen, schrieb ich Kurzgeschichten, in denen eine kleine Heldin sich tapfer in den verschiedensten Herausforderungen und Gefahren ihres Leben bewährte.

Während des neunten Schuljahres fürchtete ich die Essenszeiten, in denen es galt, sich mit anderen Schülern zusammenzutun. Ich mied den Essensraum, wo es mir nicht gelingen wollte, Freundschaften zu schließen, sondern versteckte mich hinter Busch und Baum außerhalb des Schulgeländes. In Gemeinschaft anderer doch allein zu essen, war zu viel für mich.

Ich fühlte mich als das „dicke Mädchen", das immer noch mehr aß, obwohl es doch bald platzte.

Während der Schulzeit hatte ich die besten Beziehungen zu meinen Lehrern. Ihnen schien es nichts auszumachen, daß ich so dick war. Sie schätzten meinen Eifer, für sie zu arbeiten. Ich liebte meine Lehrer und glaube, auch sie mochten mich. Meine Hausaufgaben habe ich geliebt, zumindest die meisten von ihnen, denn sie vertrieben mir nicht nur die Zeit, sondern sie boten mir Gelegenheit, mich auszuzeichnen. Sie waren etwas, durch das ich ganz sicherlich Anerkennung und Beliebtheit erringen konnte. Meine Schulnoten lagen ständig über dem Durchschnitt, außer in Physik.

Erst in der zwölften, also der letzten Klasse, hielt ich erstmalig die Zensur „befriedigend". Ich beschwichtigte mein Schuldgefühl, sah es als ein zufälliges Versagen an und erhielt statt dessen in Aufsätzen Auszeichnungen. Ich war die Traumschülerin eines jeden Englischlehrers.

Mit der Zeit entdeckte ich, daß ich für meine wenigen Freunde eine gute Zuhörerin war. Manchmal kamen sie zu mir, um mit mir über ihre Probleme zu sprechen. In mir entstand Neugier darüber, warum sich Leute in einer bestimmten Situation so und so verhalten. Das weckte mein Interesse für die Psychologie. Ich überlegte, ob ich sie nicht zum Beruf machen sollte. Zugleich himmelte ich nach wie vor meinen Vater an, der damals Doktorand war. Ich ging immer mehr auf das Ziel eines Universitätsstudiums zu.

Vielleicht ist meine Scheu während meiner frühen Teenager-Jahre mit darauf zurückzuführen, daß ich um die Gesundheit meines Vaters besorgt war. Es ging ihm gesundheitlich immer schlechter. Als ich 13 war, diagnostizierte man bei meinem Vater Lou Gehrigs Disease (Lou Gehrig, ein berühmter amerikanischer Athlet. A.d.Ü.), eine zerstörerische Nervenkrankheit. Seine Ärzte schätzten, daß er nur noch zwei bis fünf Jahre leben würde. Während er seine Dissertation schrieb, begann Vater Englisch-Vorlesungen zu halten. Als seine Gesundheit immer schwächer wurde, sah er sich gezwungen, seine

Weiterbildung aufzugeben. Mutter und er beschlossen, er solle zu Hause bleiben, solange die Krankheit anhielt. Tapfer übernahm sie die häusliche Pflege. Mehr als 21 Monate lang beobachtete ich, wie es ihm über Krücken und Rollstuhl immer schlechter ging. Damals weilte meine Schwester Debbie, die fließend Spanisch spricht, in Guatemala, um dort Missionare unserer Kirche zu unterstützen. Da Debbie nun fort war, war es meine Aufgabe, Mutter in der Pflege von Dad zu unterstützen.

Vater war immer ein starker, geselliger Mann gewesen. Seine Worte und Handlungen, obgleich nun durch Krankheit geschwächt, bewiesen seinen unerschütterlichen Glauben, der ihn nie verließ. Mühsam diktierte er Mutter sein Rücktrittsgesuch an seine Universität. Darin heißt es:

Die meiste Zeit meines Lebens habe ich mich in den Händen meines Gottes gewußt, und dies jetzt nicht weniger als in besseren Tagen. Ich glaube, die Ärzte haben keinerlei Hoffnung mehr, daß ich wieder auf die Beine komme, zumindest stellen sie mir keine Hoffnung in Aussicht. Aber wie Cyrano de Bergerac (französischer Schriftsteller fantastischer Reiseerzählungen zu Mond- und Sonnenbewohnern. A.d.Ü.) werde ich nicht aufgeben, sondern mit meinem winzigen Schwert bis zum letzten schrecklichen Streich herumwirbeln, wenn es dazu kommen sollte. Nicht um einen Feind zu bekämpfen, sondern einfach, daß ich diesen Kampf nicht aufgebe.

Nur im Nachhinein kann ich in Worte fassen, was ich fühlte, als ich meinem Vater in den letzten Monaten seines Lebens beistand. Als er starb, starb auch meine Welt, in der ich als sein Kind gelebt hatte, und mir war bewußt, daß bald unsere Beziehung für immer zu Ende gehen würde. So rasch verfiel er, dieser starke, intelligente Mann, von dem ich mir immer vorgestellt hatte, daß er unbesiegbar sei. Während seiner letzten Wochen war ich zu benommen, noch etwas anderes als Schmerz zu fühlen. Zugleich wußte ich, daß da bald kein Vater mehr sein würde, dem ich mich anvertrauen und bei dem ich mich sicher fühlen konnte.

Meine Familie sprach nicht darüber, daß Vater im Sterben lag. Das änderte sich wenige Tage vor seinem Tod, als er plötzlich nicht mehr schlucken konnte. Niemals habe ich ihn so voller Furcht erlebt wie in dem Augenblick, da der Hausarzt zu uns sagte, es wäre nun an der Zeit, ihn ins Hospital zu bringen. Schon länger vermochte er nicht mehr zu sprechen, doch er konnte sich immer noch mit uns verständigen. Dieser Mann, der fließend vier Sprachen beherrschte, blinzelte einmal, wollte er „Ja" sagen und zweimal, wenn er „Nein" meinte. Dieses Blinzeln verstärkte er, als er meiner Mutter und dem Hausarzt, einem Freund der Familie, sagte, daß er niemals in Hospital gehen würde, um dort zu sterben. Der Hausarzt lehrte uns, wie wir Dad immer noch füttern könnten, indem wir ihm einen Schlauch durch die Nase einführten und den Aspirator bedienten, um Schleim abzusaugen, damit er nicht ersticke.

Innerhalb einer Woche kamen die Kirchenältesten und salbten Dad mit heiligem Öl. Diese Weihehandlung ließ ihn gelassen werden, so daß er voller Ruhe seinen Tod erwartete. Die Familie versammelte sich um ihn herum. Ich erinnere deutlich, wie ich am Fußende seines Bettes stand und mich an seinen Füßen festhielt. Ich sah, wie er jeden einzelnen von uns anschaute. Sein letzter Blick galt meiner Mutter. Diesen Blick in das Antlitz meiner Mutter hielt er aus, bis er verschied.

Gefühl der Leere

Im Frühjahr 1971 starb mein Vater mit 59 Jahren. Der Tod trat innerhalb von zwei Jahren nach Diagnosestellung ein. Über Dads Pflege hatte ich es vorgezogen, ihm den größten Teil meiner Zeit zu widmen. Dies war so, weil ich meinen Vater anbetete, weil meine Eltern meiner Hilfe bedurften, und weil es sicherer und einfacher war, zu Haus zu verweilen, als sich in die Welt der Erwachsenen aufzumachen. Sein Tod schleuderte mich aus einer heilen sicheren Welt heraus, in der ich bis dahin gelebt hatte, in ein erschreckendes Unbekanntes. Mit 15 Jahren erlebte ich Dads Tod als Lektion in Ohnmächtigkeit. Wiederum flüchtete ich mich in meine Kurzgeschichten. Ich versuchte, meine Hilflosigkeit, in der ich mich befand, in die Erfahrung meiner Heldin über den Tod *ihres* Vaters umzusetzen.

Die nächsten zwei Jahre überlebte ich nur dadurch, daß ich mich gegen die Depression wehrte, die mich später so beherrschte. Ich tauchte in der Jugendgruppe meiner Kirche unter, die in den frühen siebziger Jahren von der Jesus-Bewegung bestimmt wurde. Jeden Monat mußte ein Gemeindebrief geschrieben und Landausflüge geplant werden. Freundinnen, die mit den Problemen ihrer Freunde nicht fertig wurden, galt mein Beistand. Und da gab es Drogen und Krisen in der Schule. Da gab es die Wärme und Gemeinschaft, das Gefühl der Zusammengehörigkeit und des füreinander Bestimmtseins, das mein Leben zusammenhielt und meiner Zeit eine neue Einteilung gab. Diese kirchliche Jugendgruppe war mir Schutzhafen, der Ort, an dem ich geistig und intellektuell gefordert war und neue Energie schöpfte, deren ich nun bedurfte. Ich war sozial gefordert. Das riß mich aus meiner selbstgewählten Isolierung heraus. Ich fühlte mich angespornt, anderen meine Liebe zuzuwenden und fand dabei Möglichkeiten, Liebe durch andere zu erfahren. Das war die Möglichkeit, mich zumindest während der letzten Jahre meiner Schulzeit vor der „bösen Welt" sicher zu fühlen.

Fast über Nacht brach während meines letzten Schuljahres meine Sicherheit in sich zusammen. Vier meiner besten Freundinnen verließen die Stadt, um ans College zu gehen. Plötzlich war ich wieder ganz allein. Die Kirche wurde nun zum Alptraum, der mit Schmerz und Einsamkeit verbunden war, nicht mehr. Nachdem meine Freundinnen die Stadt verlassen hatten, war mein nächster Kirchgang auch mein letzter. Ganz allein setzte ich mich an einen Bergbach und spürte, daß alles, was mir in meinem Leben verblieben war, nicht mehr war als ich und meine Gitarre. Weiter entfernt sah ich junge Leute, wirklich nette junge Leute. Sie gehörten der jüngeren Abteilung unserer Jugendgruppe an. Aber zu ihnen hatte ich nicht die gleiche Beziehung, wie ich sie in drei Jahren zu jenen entwickelt hatte, die nun fortgezogen waren. Ich fühlte mich ausgestoßen, irgendwie allein gelassen. Zum erstenmal in meinem Leben fühlte ich mich von Gott verlassen. Gebete machten das Gefühl des von Gott Verstoßenseins nur noch größer. Von dem Jahr an betete ich weniger.

Die Beziehung zu meiner trauernden Mutter schwankte zwischen vertrauten Gesprächen, wechselseitigem Sichzurückziehen und ärgerlichen Gefühlsausbrüchen. Meine Mutter war darin immer sehr selbstbewußt gewesen, wie sie ihre Kinder zu erziehen hätte. Sie schien sich zu kennen und auch die Aufgabe, die sie gegenüber ihrer Familie wahrzunehmen hatte, und sie schien sie mit Zufriedenheit zu bewältigen. Niemals habe ich sie verzweifelt gesehen bis zu jenem Tag, da mein Vater starb. Dann ihre Qual, sowohl über den Verlust ihres geliebten Mannes als auch den Verlust ihrer Identität. So etwas hatte ich noch bei keinem anderen gesehen, und Mutter gegenüber fühlte ich mich hilflos.

Mutter sah sich vor die Notwendigkeit gestellt, sich wieder Arbeit zu suchen, nachdem sie 35 Jahre lang den Haushalt geführt hatte. Nun galt es, sich und ihre beiden Töchter über Wasser zu halten. Innerhalb eines Monats nach Dads Tod fand sie einen Job als Sekretärin. Ich selber trug monatlich hundert Dollar bei durch einen Scheck, den ich nun von der Sozialversicherung erhielt. Den Rest sparte ich für das College. Während meiner letzten Schuljahre lebten Mutter und ich zwar zusammen, doch die Kluft zwischen uns wurde immer größer. Es lag etwas zwischen uns, das wir nicht ansprechen konnten: ein Massiv von Verletzungen und Trauer, das sich umso mehr verhärtete, je weniger wir darauf eingingen.

Ich nehme an, es handelte sich hierbei um die normale Entwicklung der Trennung zwischen Mutter und Tochter, doch wurde sie dadurch kompliziert, daß nach Vaters Tod die ganze Familie eine Depression befiel. Gebete dagegen erwiesen sich als untauglich. Wir aber kannten keinerlei weitere Möglichkeit, um mit dieser Depression fertig zu werden. Jeder von uns grübelte darüber nach, warum Vater hatte sterben müssen. Jeder war überzeugt, es müsse dafür einen Grund geben. Diesen Grund zu finden, überschritt die Grenzen unseres Verstehens und Begreifens. Meine Schwester, meine Mutter und ich, jeder für sich kämpfte mit dem Schuldgefühl, wir hätten das Leben unseres Vaters retten können, wenn unser Glaube nur stärker gewesen wäre. Es brauchte Jahre, bis wir einander bekannten, wie groß unser Schuldgefühl gewesen war.

Manchmal gelang es mir, meine Depression dadurch zu erleichtern, daß ich auf den Konflikt zwischen Mutter und mir offen einging. Als ich meinem 18. Geburtstag entgegensah, wuchs die Kluft zwischen uns immer mehr. Ich wollte Freiheit. Sie fürchtete sich davor, sie mir zu gewähren. Dieser Konflikt verschärfte sich dadurch, daß meine Schwester Debbie, 22 Jahre alt, sich ebenfalls mehr Freiheit und Unabhängigkeit wünschte und sich ein eigenes Appartement gemietet hatte. Debbies Anwesenheit hatte zwischen Mutter und mir bisher wie ein Puffer gewirkt. Nun, da sie nicht mehr da war, wuchs die Spannung zu Hause immer mehr. Zwar fühlte ich mich immer noch zu Mutter hingezogen, wenn ich zu Hause wohnte, doch nach einem Semester am College änderte sich dies. Ich empfand mich daheim als eingesperrt. So zog ich aus, obwohl mir klar war, daß Mutter innerlich dem nicht zustimmte. Auch fürchtete ich mich, mein sicheres Heim aufzugeben. Bald wurde mir deutlich, daß mein Auszug von zu Hause uns beiden Erleichterung verschafft hatte.

Mein erstes eigenes Zuhause wurde ein Reinfall. Zwar lebte ich unabhängig, doch stellte ich fest, daß ich nicht allein leben konnte. Daher tat ich mich mit einer jungen Frau zusammen, und wir bildeten eine Wohngemeinschaft. Wir waren absolut verschieden. Sie war Kettenraucherin, arbeitete nachts, und laute Musik und Trinkgelage waren ihr wichtiger, als ernsthaftes Studieren. Mein Heim war kein Heim. Woche für Woche fand ich mich einsam in einem sterilen Appartement gemeinsam mit einer Frau, die ich nicht mochte. Mein einziges Fortbewegungsmittel war ein Zehn-Gang-Fahrrad. Sobald die Dunkelheit hereinbrach, konnte ich auch das nicht mehr benutzen. Im Gegensatz zu meinen Erwartungen hatte sich mein Leben nicht dadurch besser gestaltet, daß ich aus dem Hause meiner Mutter ausgezogen war. Aber ich brauchte neue Zuflucht. Und die fand ich. Ich fand sie in Steve.

Steve, vier Jahre älter als ich, traf ich an der Universität in einer Bibelklasse für Semesteranfänger. Er war Veteran des Vietnam-Krieges, nur drei Jahre zuvor in die Staaten zurückgekehrt, als wir uns trafen. Von Anfang an waren wir beide voneinander zutiefst fasziniert. Obwohl er nur 22 Jahre zählte, schien er mir viel älter zu sein als alle die Männer, mit denen ich zuvor ausgegangen war. Schon nach unserer zweiten Verabredung beschloß ich, nur noch ihn sehen zu wollen. Steve hielt es seinerseits nicht für angemessen, eine ähnliche Regel einzuhalten. Das störte mich nicht sonderlich. Ich traf mich weiterhin mit ihm, doch wurde ich immer abhängiger von jenen Zeiten, in denen ich ihn sah, um meinen depressiven Verstimmungszustand zu überwinden, der mich immer wieder überfiel.

Meine erste sexuelle Erfahrung mit Steve machte ich mit 18 Jahren zu Beginn meines Studiums. Ich war nicht im geringsten darauf vorbereitet. Zuvor war ich lediglich mit drei jungen Männern zu unterschiedlichen Zeiten ausgegangen, doch waren wir zumeist nur ins Kino gegangen oder hatten andere Veranstaltungen besucht, die unsere Kirche für die Jugendgruppe organisierte. Angesichts meiner begrenzten Erfahrung mit Männern erkannte ich bald, daß diese mir gefährlich werden konnten. Ich erschrak bei dem Gedanken an die Erwartungen, die junge Männer hegen, und fühlte mich zugleich schuldig, irgendwelche sexuelle Berührung gefördert zu haben. Spätestens nach einem halben oder einem Jahr brach ich eine solche Beziehung ab.

Mit Steve begann ich meine erste Affäre, die sich über fünf Jahre erstreckte. Mit ihrem Beginn hörte ich auf, zur Kirche zu gehen. Obwohl ich mich von dem Gefühl der Sicherheit, Wärme und Zusammengehörigkeit, das Sex vermittelt, angezogen fühlte, gehörte für mich vorehelicher Geschlechtsverkehr ohne Bindung zu den schlimmsten Dingen, die ich mir vorstellen konnte.

In mir fand ich Widerstreit, und ich war in meinen Gefühlen verunsichert. Ich konnte Sex mit Steve nicht mit dem in Einklang bringen, was die Kirche darüber lehrte. Ich kannte die Kirchenlehre von der Vergebung, doch wollte ich nicht beständig daran erinnert werden, daß mir vergeben werden müßte. Mein Schuldgefühl war zu groß, und in der Kirche verbleiben machte dies noch schwerer. Mißfallen seitens der Kirche und Verdammung meiner Sünden schienen mir die Luft zu verunreinigen. Natürlich waren dieses nur meine Vorstellungen, denn die Kirchenmitglieder wußten ja nichts von meinem privaten Leben. Sie umarmten mich herzlich, wenn sie mir beim Kirchgang begegneten. Nein, es schien mir, daß mein Vater dies nicht billigte – oder war es Gott? Aber das schien mir zu diesem Zeitpunkt so ziemlich ein und dasselbe zu sein.

Die Beziehung zwischen Steve und mir war anstrengend und zog sich schon ein Jahr hin. Allmählich brach meine Kontrolle über diese flatterhaften, bedrohlichen Gefühle zusammen. Mich plagten Desillusion, Ärger, Frustration und Verzweiflung. Auch nur der kleinste Hinweis von Steves Seite, wir sollten unsere Beziehung beenden, ließ mich so stark reagieren, daß ich im Nachhinein nur noch sagen kann, diese Gefühle hatten mit der Trennung von meinem Vater und dessen Tod zu tun. Wenn Steve als mein erster Liebhaber auch nur andeutete, daß wir uns trennen könnten, geriet ich in Panik, und meine Wutanfälle nahmen solche Ausmaße an, wie ich sie zuvor noch nie erlebt hatte. Ich änderte mein Verhalten ihm gegenüber: Ich log, bettelte, spionierte, prahlte und tat alles Mögliche, um mich an Steve fest anzuklammern. War er bei mir, verspürte ich Sicherheit, Hoffnung und Ganzheit. Aber diese Gefühle verließen mich in dem Augenblick, da er von mir ging, und sie hinterließen eine Leere, die ich nicht ertragen konnte.

Während meines zweiten Studienjahres unternahm ich den ersten von vielen halbherzigen Versuchen, meine Beziehung zu Steve zu beenden. Ich verließ die Stadt, um in einer anderen zu studieren. Vor diesem Umzug hatte ich noch niemals meine Heimatstadt verlassen, sondern war in der Nähe geblieben. Ich konnte es nicht über das Herz bringen, mich von den Orten, die meiner Familie so vertraut waren, zu trennen. Nur vier Autostunden von zu Hause entfernt, fühlte ich mich so, als lebte ich am Ende der Welt. Die meisten Abende und Nächte verbrachte ich in Tränen und ohne Schlaf. Mit diesem Umzug begriff ich, daß Steve mir folgen würde, sollte ich versuchen, ihm davonzulaufen. Ich sah ein, daß ich meine Beziehung zu Steve noch nicht beendet hatte, sondern daß jeder von uns nur eine neue Rolle spielte.

Ich habe nur ein Semester lang den Schmerz ertragen, von zu Hause fort zu sein. Es scheint so, daß nur meine Zeugnisse den Umzug überlebten. Es gelang mir, meinen Zeugnisdurchschnitt zu halten. Nach Abschluß des Semesters kehrte ich in meine Heimatstadt zurück und suchte mir dort ein geeignetes Appartement. Dann immatrikulierte ich an der Universität, die mein Vater so geliebt hatte.

Die Beziehung zu meiner Mutter blieb weiterhin schmerzhaft und verschlechterte sich ständig. Beide wünschten wir uns Nähe und Frieden. Aber keiner von uns begriff die Gegensätze und Reibungen, die immer dann auftraten, wenn wir zusammen waren. Ich in meiner Rebellion empfand Mutter als erdrückend, autoritär und unnachgiebig. Sie wußte um meinen Mangel an geselligem Ûmgang, und daß mir dies im Erwachsenenleben schwer zu schaffen machte. Sie war Zeugin dessen, daß ich mich selbst zerstörte, aber sie verharrte hilflos, ohne etwas zu tun.

Rückkehr in meine Heimatstadt bedeutete Rückkehr zu Steve. Obwohl in dieser Stadt groß geworden, fand ich mich dort ohne Leben wieder, das ich mein Leben hätte nennen können. Mein Selbstwertgefühl hing von meiner Beziehung zu Steve ab. Wenn ich nicht bei ihm war, war ich ein Nichts, bodenlos, wußte nicht, was ich mit dem Gefühl der Leere, das mich ständig quälte, beginnen sollte.

Nur selten traf ich andere Leute. Es gelang mir nicht, an der Universität neue Freunde zu finden. Ich besuchte die Vorlesungen, kehrte in mein Appartement zurück, versuchte zu studieren, wenn ich mich konzentrieren konnte, und zergrübelte mir den Kopf, wo Steve jetzt wohl sein könnte und wann er mich wieder anrufen würde.

Steves Zwiespältigkeit in unserer Beziehung zeigte sich darin, wie er mit unseren Verabredungen umging. Entweder besuchten wir seine Familie, der er sich sehr verbunden wußte, oder wir verbrachten die Abende in seinem Appartement. Niemals gingen wir in Gruppen oder trafen uns mit unseren wenigen gemeinsamen Freunden. Er wollte nicht, daß andere mitbekämen, daß wir ein Verhältnis hatten. Eifersüchtig vermied er den Eindruck, er könnte gebunden scheinen. Damit wurde ich nicht fertig. Ich fühlte mich auf der Abschußrampe. Zwar blieb ich bei ihm, aber unglücklich. Ich wußte, die nächsten gemeinsamen Augenblicke könnten zugleich auch unsere letzten sein.

Nach zwei Jahren hatte ich die Nase voll davon. Schon bei der kleinsten Andeutung Steves, er wolle auch einmal mit anderen Frauen ausgehen oder wenn er mir zu verstehen gab, daß er mir hinfort weniger Zeit widmen würde, fühlte ich mich in eine Depression gestürzt, die ich kaum beschreiben kann. Ich lebte allein für die Augenblicke, da er mich anrief. Wie besessen zählte ich die Tage, die dazwischen lagen, bis ich wieder von ihm hörte. Ich ging nicht mehr unter die Leute. Wenn wir dann wieder zusammen waren, vergeudeten wir unsere Zeit mit Streitereien. Ich reagierte hysterisch und bekräftigte meinen Besitzanspruch auf Steve, wie ich dies noch niemals zuvor mit irgendeinem anderen meiner Freunde getan hatte. Zum Schluß fand ich mich allein, weinend und in Trübsal die Tage zubringen.

Erstaunlicherweise fand Steve immer wieder zu mir zurück, als suche er wegen seiner Widerspenstigkeit, die er nicht bezähmen konnte, um Strafaufschub nach. Mir ist klar geworden, daß ihm unser Kleinkrieg lieber war, als dem Gefühl nachzugehen, was er alles in Vietnam erlebt hatte. Sein unfaires Verhalten mir gegenüber schien seinen Wunsch stärker werden zu lassen, ich möchte ihm vergeben. Ich nenne ein Beispiel dafür: Eines Tages verkündete er mir, er hätte sich entschlossen, seine frühere Schulfreundin zu heiraten. Wie ich später erfuhr, war diese Frau nicht einmal bereit, ihn zu empfangen. Nach dieser Mitteilung versuchte er, seinen Kopf in meinen Schoß zu betten. Dies war seine Art, mich aufzufordern, ihn zu trösten. Vielleicht war das der Augenblick, da in mir Selbstrespekt aufkeimte, denn ich stieß ihn von mir und verließ ihn. Einmal, wenigstens einmal, hatte ich mich geweigert, ihm zu willen zu sein, wenn auch nur für kurze Zeit.

Mein Elend schien nicht enden zu wollen. Ich fühlte mich von einem Gefühl der Hoffnungslosigkeit überwältigt, das mir die Lebensfreude raubte. Da wußte ich, ich brauche Hilfe.

Eintritt in die Therapie

Frage: Während der Zeit, da Carolyn bei Ihnen Psychotherapie machte, haben Sie da bei ihr das Phänomen der Übertragung gestärkt? Haben Sie versucht, in ihr Vertrauen in diese therapeutische Beziehung aufzubauen?
Antwort: Es bestand überhaupt keine Notwendigkeit, sie darin zu ermutigen. Ich erinnere mich, daß Carolyn mir vom allerersten Anfang an voll vertraut hat.

Nach unserer zweiten stärkeren Auseinandersetzung als Anfang einer ganzen Serie von Trennungen zwischen Steve und mir fühlte ich mich schrecklich verloren. Ich war darüber verwirrt, wer ich wäre, und was ich mit meinem Leben beginnen sollte. Ich hatte mich von meiner Familie isoliert und war nicht mehr in der Lage, die Verletzungen meiner Mutter zu ertragen, doch wußte ich auch nicht, was ich statt dessen tun konnte. Je unkonzentrierter ich wurde, desto mehr verschlechterten sich meine Zeugnisse. Zum erstenmal im Leben fragte ich mich, wozu ich noch am Leben wäre. Da erzählte mir eine Freundin, eine Kollegin von ihr befände sich in Psychotherapie. Ihr Psychologe sei gut und sorge wirklich um ihr Wohlergehen. Er ginge sogar so weit, sie während der Arbeit anzurufen, um zu fragen, in welcher Verfassung sie sich befände. Sein Name sei Dr. X.

Auf diese Empfehlung hin begann ich meine Therapie. Es war das Frühjahr 1975. Ich war 20 Jahre alt.

Ich erinnere deutlich, wie ich zum erstenmal die Praxis von Dr. X betrat. Ich fühlte mich gedemütigt, daß es so weit mit mir gekommen war, psychotherapeutische Hilfe annehmen zu müssen. Zugleich erlebte ich mich emotional außerhalb jeder Kontrolle. Bereits die ersten Worte, die dieser Psychotherapeut an mich wandte, vermittelten in mir das Gefühl, er müsse allwissend sein. Er schaute mich von Kopf bis Fuß an und sagte einfach nur: „Nun, wie heißt er denn?" Ich war erstaunt, erschüttert. In weniger als fünf Sekunden hatte er die Quelle meines Kummers herausgefunden. Durch seine schnelle und korrekte Aussage wußte ich, daß ich auf dem richtigen Weg war, Hilfe zu suchen und daß ich sie bei dem Richtigen gefunden hatte.

Nach der ersten Sitzung ließ er mich den Minnesota Multiphasic Personality Inventory Test machen (MMPI, siehe Kapitel 11!). In diesen ersten Sitzungen wollte er mich näher kennenlernen. Seine Aufzeichnungen geben wieder, was er für wichtig hielt: Familiengeschichte und gegenwärtige Verhältnisse; daß ich mein Leben lang relativ ein „Einzelgänger" gewesen bin; daß ich seit Monaten keinen Geschlechtsverkehr gehabt hatte; wie ich mich vor Schwangerschaft schützte; daß ich gelogen hatte, um mein Verhältnis zu Steve aufrechtzuerhalten; daß ich mich verlassen fühlte; und meine „erstklassige" Depression. Weiterhin beschrieb er mich als eine parasitische, im höchsten Grade abhängige Person, für die das Wort „Godliness" (Frömmigkeit, Gottesfürchtigkeit) von äußerster Wichtigkeit wäre.

Mein erster Eindruck von Dr. X war von der Art bestimmt, in der er sich selbstbewußt präsentierte. Ich erlebte einen reifen, weisen und berufserfahrenen Psychologen. Er war mittleren Alters, leicht ergraut, durchschnittlich an Größe und Gewicht, ein starker Raucher, der einen dreiteiligen Anzug trug. Die Praxis duftete nach seinem Rasierwasser. Ihn umstrahlte eine Aura von Selbstvertrauen. Da ich aus einer Familie komme, in der ältere Männer Freunde der Familie waren und sie die leibhaftige Vertrauenswürdigkeit darstellten, habe ich Dr. X ohne den geringsten Zweifel als meinen Therapeuten akzeptiert. Ich nahm an, sein Interesse wäre allein darauf gerichtet, mir zu helfen, daß es mir wieder besser ginge.

Neun Monate Therapie

Ich erinnere lange Perioden des Schweigens während der ersten Sitzungen, da ich damit kämpfte, die Leere und das Abgestorbensein, in denen ich dahinvegetierte, zu begreifen. Ich hatte nicht die geringste Ahnung, um was es in der Therapie ging, was ich sagen sollte, und wie ich mich verhalten müßte. Manchmal fühlte ich mich verloren, wußte nicht, wie ich mit meinem Schmerz umgehen sollte, und manchmal saß ich in der Praxis von Dr. X einfach nur so herum. Aber langsam entwickelte ich ein Gefühl der Hoffnung, besonders nach meinen Selbstmordabsichten, die mich erschreckt hatten. Von diesem Praxisraum schien ein Gefühl der Sicherheit auszugehen, ebenfalls von der dunkel getäfelten Decke und den Tischen, den Bücherregalen, randvoll gefüllt mit wichtig erscheinenden Bänden, von denen ich annahm, daß er sie alle gelesen hätte.

Ich versuchte ausfindig zu machen, was Dr. X mir sagen wollte, so daß ich auch ihm etwas sagen konnte, damit er mich akzeptierte und bestätigte. Ich war davon überzeugt, wir waren nicht gleichwertig. Ich vermochte mich nicht einzustufen. Ich fühlte mich minderwertig. Als er mich zum Beispiel fragte, ob es mir etwas ausmache, wenn er rauche, war ich unfähig, ihm zu sagen, daß ich vorzöge, wenn er nicht rauchte. Ich war ebenfalls unfähig, ihm mein Befremden darüber zum Ausdruck zu bringen, wenn er den vollen Preis für eine Sitzung forderte, obwohl wir zehn Minuten später begonnen hatten, da der vorige Patient zehn Minuten länger geblieben war. Ich war eine zurückhaltende Patientin, die irrtümlicherweise glaubte, Psychotherapie sei wie eine medizinische Behandlung: Der Arzt verschreibt ein magisches Rezept, das gesund macht.

Nach zwei oder drei Monaten begann ich zu begreifen, daß ich mich stärker mit Dr. X auseinandersetzen müßte, ihm offen meine Gefühle und Befürchtungen mitzuteilen hätte. Als erstes brachte ich meinen Zorn und meinen Groll gegenüber Steve zur Sprache. Dr. X hörte sich das mit unbeteiligter Miene an. In diesem Augenblick empfand ich ihn als unnahbar, ja sogar in einer für mich unkontrollierbaren Weise gefährlich.

Ich wünschte mir, Dr. X sollte für mich sorgen, wie dies mein Vater bis zu seiner Krankheit getan hatte. Dr. X sorgte anders für mich: Er war sehr freundlich, niemals unehrlich oder selbstgefällig freundlich, sondern ruhig und besonnen. Seine Gegenwart strahlte Selbstsicherheit aus. Er war zugleich warmherzig, unterstützend und beständig. Obwohl ich mich schämte, daß es notwendig geworden war, um Hilfe nachzusuchen, hatte ich während jener ersten Monate keinen Zweifel, daß es richtig gewesen war, mit ihm die Therapie zu beginnen.

Ich fürchtete mich davor, in dieser Therapie gefühlsmäßig Risiken einzugehen. Dr. X schlug mir zum Beispiel einmal vor, ich möchte so zu ihm sprechen, als spräche ich zu meinem Vater, der mir in einem leeren Sessel gegenüber säße. Ich sollte ihm ins Gesicht sagen, wie zornig ich darüber wäre, daß er so früh gestorben ist. Da war er nun, dieser Sessel in der Ecke. Während eines kurzen Augenblicks stellte ich mir vor, Vater säße da wirklich, übermüdet, blaß, mit einem seltsamen Gesichtsausdruck und voller Fragen in den Augen. „Was würden Sie ihm sagen?" bohrte Dr. X. Plötzlich war ich von Trauer überflutet. Da war nun mein Vater, kleiner als ich ihn während der Zeit seiner Krankheit erinnerte, aber mit einem starken Herzen, der sich darüber verwunderte, wie es mit mir so weit kommen konnte, daß ich meine Mutter verlassen hatte, meine Kirche, meinen Glauben. Das war der Augenblick, in dem sich bei mir zum erstenmal Stimmen zu Worte meldeten: Stimmen der Ablehnung und des Grolls, daß mein Vater mich so früh verlassen hatte. Gefühle, die nur deshalb weggeschwemmt wurden, weil ich mich schämte, daß ich solche Gefühle auch nur zuließ.

Während jener Wochen meiner Behandlung schien es mir, als würde ich von einem Schamgefühl verfolgt. Ich schämte mich, weil ich so ärgerlich auf meinen Vater wegen etwas war, das außerhalb seiner Kontrolle stand, aber auch deshalb, weil ich ein Leben führte, das er niemals gutheißen konnte. Ich hatte mich von allem abgewandt, was Vater für lebenswert hielt, wofür er gelebt hatte. Ich hatte weder Herz noch Leib reingehalten. Ich bereitete meiner Mutter Kummer und Schmerz, wenn ich nur in ihrer Nähe war, oder wann immer ich sie verließ. Was meine Sexualität betrifft, hegte ich widersprüchliche Gefühle. Dennoch hielt ich mein Verhältnis zu Steve aufrecht. Die Vorstellung, noch einen Verlust zu erleiden, war einfach zu schmerzvoll, um nur daran zu denken.

Im Dezember des ersten Therapiejahres ermutigte Dr. X mich, ein Tagebuch zu führen und ihm zu erlauben, es zu lesen. Das wirkte sich therapeutisch positiv für mich aus. Meine Selbstreflektion zeigte mir schlagartig, wie ich mich fühlte, wenn ich allein oder inmitten anderer war.

Zu einer Zeit, in der ich unfähig war, mich aufrecht zu halten, gab mir diese Übung das Gefühl der Sicherheit und der Unterstützung durch meinen Therapeuten, solange ich nicht in seiner Nähe war. Ich machte alle meine Eintragungen direkt für ihn. Eine meiner frühesten Eintragungen zeigt meine Verzweiflung.

Was mich angeht, so fühle ich mich verloren, ohne Ziel. Ich brauche Hilfe, die mir sagt, wer ich bin und was ich für mich tun kann. ... Ich habe keinerlei Kontrolle über mich, ... ich fühle mich machtlos. ... ich fürchte mich davor, daß ich mit mir nicht ehrlich umgehe. ... ich möchte aber ehrlich sein und gesund und Vertrauen haben. Ich weiß nicht, wo, wie und wann ich damit beginnen soll.

Über die Monate hinweg gelang es mir in den wöchentlichen Sitzungen von jeweils 45 bis 50 Minuten, immer mehr Vertrauen und Liebe, die ich für meinen Vater empfunden hatte, auf Dr. X zu übertragen, denn ich entdeckte, daß er weiter um meine Besserung bemüht war. Ich wußte zu diesem Zeitpunkt noch nicht, daß es sich hierbei um eine Übertragung handelte. Ich übernahm ihn langsam als väterliches Leitbild. So wurde ich immer abhängiger von ihm und arbeitete härter in der Therapie mit, weil ich unbedingt von ihm angenommen werden und seine Zustimmung haben wollte. Er war für mich die einzige Quelle meiner Selbstbestätigung.

Ganz sicherlich nahm auch Dr. X wahr, daß ich immer mehr von ihm abhängig wurde, aber zu diesem Zeitpunkt der Therapie haben wir dies nicht näher besprochen. Anstatt aufzuarbeiten, wie ich ihn wahrnahm, bearbeitete Dr. X mit mir andere Probleme meines Lebens: Meine Gefühle von Verwirrung und Verzweiflung in meiner Beziehung zu Steve, meine Unentschiedenheit in der Beziehung zu einem Mann, der ausdrücklich nicht bereit war, nur zu mir allein eine Bindung aufrechtzuerhalten, und meine Überzeugung, ohne Steve nicht leben zu können. Eine frühe Tagebucheintragung zeigte Dr. X, wie es um mich und Steve bestellt war:

Ich hörte Steve zu, was er zu sagen hatte, wiederholte ihm gegenüber, was ich glaubte, von ihm vernommen zu haben ... ich war doch auf seine Zuneigung angewiesen ... ich plagte mich mit dem Zweifel, ich wäre für ihn nicht gut genug ... ich fühlte mich unter Druck und wie beobachtet... nutzlos und voller Zorn ... ich wünschte mir, ich wäre ganz weit weg ... auf einer Insel – da Sie dies Wort einmal in einer Therapiesitzung gebrauchten, kann ich keinen besseren Ausdruck dafür finden, um zu beschreiben, wie ich mich die meiste Zeit empfinde ... es gibt niemanden, der sich einsamer fühlt als ich ... beißender Schmerz in meinen Eingeweiden ... ich kann niemanden Gefährtin sein ... ich weiß nicht, wie ich mich verhalten soll ... ich war niemals „da", wenn ich mich in Steves Gegenwart befand, aber ich möchte doch eben „da" sein ... ich fühle mich außer Rand und Band und häßlich, wie überzähliges Gepäck ... wie eine Aufziehpuppe, indem ich nur das sage, was von mir erwartet wird ... ich bin kein lebendiges Wesen, sondern fühle mich völlig ausgehöhlt.

Die Art und Weise, wie ich mich pflegte, etwa mein Widerwille, Make up aufzulegen, wurden zum Diskussionsgegenstand meiner Therapie. Sicherlich, noch immer widerstrebte es mir, meine Rolle als Frau zu übernehmen, wie man sie mir angetragen hatte, als ich noch ein Kind war. Aber wir haben nicht tiefer geschürft, daß dies eigentlich auf den Widerstand gegen meine Mutter zurückging, den ich ihr gegenüber zeigte, noch gingen wir auf die negativen Werte ein, die ich damit belegte, Frau sein zu müssen, so wie mir das von meinem religiösen Herkommen vermittelt worden war. Im Gegensatz, Dr. X interpretierte mein jungenhaftes Benehmen dahingehend, daß es mich davor schützte, intime Kontakte zu Männern aufzunehmen. Er forderte mich offen auf, meine „unweibliche" Natur endgültig aufzugeben.

Um mir in meiner Abhängigkeit von Steve zu helfen, ermutigte Dr. X mich, doch ruhig mehr Unabhängigkeit zu entwickeln, mich mit anderen Männern zu verabreden und auch nicht zu zögern, mich sexuell mit ihnen einzulassen. Er lobte mich, als es mir gelang, meinen Zwiespalt in sexuellen Affären zu überwinden. Nun könne ich mein monogames Verhalten Steve gegenüber, auf dem ich bestanden hatte, ändern oder bestehen lassen. Doch meine Unsicherheit verfolgte mich weiter. Ich schämte mich dafür, daß ich unfähig war, eine gesunde Beziehung von einer ungesunden, sich zunehmend verschlechternden zu unterscheiden.

Nur schwer konnte ich beurteilen, was für mich schädlich war. Immer weniger gelang es mir, Männern gegenüber „nein" zu sagen, die bereit waren und sich darüber freuten, mit mir sexuelle Beziehungen aufnehmen zu können, ohne daß ihnen dadurch Verpflichtungen erwuchsen. Langsam schämte ich mich, so oberflächlich geliebt zu werden, denn mehr konnten mir diese kurzlebigen Affären nicht vermitteln. Gelegentlicher Sex mit Männern, mit denen ich damals ausging, verunsicherte mich immer mehr. Ich wußte kaum, was ich von diesen flüchtigen

Begegnungen erwartete. Dennoch fuhr ich damit fort, denn ich glaubte, ich brauchte Dr. X' Lob für meine Unabhängigkeit. Da es mir an Eigenliebe und Selbstsicherheit mangelte, klammerte ich mich an diese flüchtigen Zuneigungen, die diese wenigen Affären mir einbrachten.

Ende des Winters las Dr. X dann in meinem Tagebuch die Eintragungen, die sich auf mein Vertrauen zu ihm und auf seine Weisheit in der Therapie bezogen. Darin las er weiter, daß ich mich gewehrt hatte, ihm gegenüber Ärger oder auch nur Mißtrauen zu zeigen, sondern statt dessen die Schuld auf mich abzuladen:

> Bei Ihnen fühle ich mich geborgen, zum anderen aber sehr verletzlich. ... ich fühle mich entlastet und kann mich entspannen, denn nun weiß ich, Sie haben mein Spiel schon lange durchschaut. Ich weiß, daß Sie mich wegen dieses Spieles, das ich mit Ihnen trieb, nicht schlechter behandeln werden. Obwohl ich mich ohne diese Rolle im Nachteil fühle, empfinde ich heute Ihnen gegenüber weder Ärger noch Beklemmung, noch glaube ich, mich verteidigen zu müssen ... Aber nachdem nun die größte Bedrohung vorbei ist – wobei mir immer noch nicht klar ist, wie und wo Sie mir eine Bedrohung sind, es sei denn, Sie wollten einige Teile in mir töten, selbst wenn diese Teile voll von Kot wären, sie gehören doch immer noch zu mir. ... ich fühle mich müde, wertlos und unwissend ... ich weiß nicht, was ich tun soll ... unwissend, wie ich zur Persönlichkeit werde, Sie aber als eine solche sehe.

Während der ersten fünf Monate meiner Behandlung lehrte Dr. X mich, daß mein Unbehagen während unserer Sitzungen ein Signal meines Widerstandes wäre. Ich wollte nicht die Wahrheit über mich erfahren. Als er dann begann, einen für mich unangenehmen Vorschlag in die Therapie einzubringen, war ich trotz meines Unbehagens bereit, ihm zuzuhören. Dabei ahnte ich aufgrund meines Unbehagens, was dieser Vorschlag mit sich bringen könnte. Während des sechsten Therapie-Monats beklagte ich mich, mich sexuell verloren zu fühlen. Diese Aussage kostete mich Mut, denn sie besagte, daß ich mit den Anordnungen von Dr. X nicht einverstanden war und zögerte, seine Therapie zum Wohle meiner psychischen Gesundung zu akzeptieren. Furchtsam gestand ich ihm, daß gelegentlicher Sex für mich nicht so hilfreich sein könnte, wie er es mir suggeriert hätte. Seine Antwort auf meinen ersten Versuch, mich ihm gegenüber aufzulehnen, bestand in dem beunruhigenden Vorschlag, daß ich mich mit Männern verabreden sollte. Zugleich fragte er mich offen, ob ich seine sexuelle Attraktivität auf mich verleugnen wolle.

2

Sex und die therapeutische Beziehung: „Vertrauen Sie mir" sagte er

Verschwommene Wertgefühle durch
therapeutische Vorschläge

Ich erinnere noch deutlich meine Reaktion, als Dr. X mir nahelegte, er sei für mich sexuell attraktiv: Erstaunen, gefolgt von einem Gefühl der Beklemmung und Verwirrung. Er war so viel älter als ich, oder wenigstens schien es mir so. In seiner Gegenwart fühlte ich mich wie ein Kind, wie ein kämpfendes, suchendes, verletztes Kind. Dieser Mann war mein Surrogat-Vater. Sexuelle Attraktivität zwischen ihm und mir schien mir undenkbar, war Tabu, bedeutete Inzest. Aber alle diese Reaktionen paßten in das Muster meines Widerstandes ihm gegenüber und allen seinen therapeutischen Vorschlägen. Geduldig versicherte er mir, ich brauchte nur über uns nachzudenken, wie sehr wir miteinander verwoben wären, und ob ich es nun glaubte oder nicht, seine sexuelle Attraktivität wirke auf mich, was ich noch leugnete. Die Sitzung endete damit, daß ich meine Fähigkeit, mir und meinen Handlungen zu vertrauen, in Zweifel zog.

Zu Steve wünschte ich mir weiterhin eine monogame Beziehung, doch Dr. X bestand darauf, daß eine solche Beziehung zu Steve als mit nur *einem* Mann, der sich dazu auch noch außergewöhnlich benähme, lediglich zeigte, daß mir immer noch davor bange wäre, in anderen Beziehungen neue Erfahrungen zu sammeln. Monogamie, betonte Dr. X, würde eine symbiotische Beziehung bedeuten, an die ich mich nur noch stärker anklammerte. Dies sei für mich ungesund, da ich ja auch fernerhin darum bemüht sein müßte, mehr Selbständigkeit zu erlangen. Offen ermutigte er mich, über meine Befürchtungen und Gefühle der Unsicherheit hinwegzuschreiten. Ich müßte meine Versuche fortsetzen, mich in bezug auf andere Männer – außer Steve – freier zu bewegen und dürfte mir nicht einmal sexuelle Abenteuer mit anderen Männern versagen.

Eine Zeitlang ging ich mit einigen Männern aus, und meine Beziehungen zu ihnen dauerten jeweils nur so lange, wie ich mit ihnen auch Sex betrieb. Nur eine Beziehung dauerte einige Monate. Sie bestand zu einem Mann, der außerhalb der Stadt lebte, mit dem ich mich von Zeit zu Zeit traf. Es lag an mir, daß sich nichts Ernsthaftes anbahnte. Das war selbst mit jenen Männern so, die mich mochten, und die offenbar mehr wollten, als nur eine flüchtige Beziehung. Ich würde immer wieder mit einem Mann brechen, um reumütig zu Steve zurückzukehren, der sich niemals weit entfernt vom Zentrum meiner Aufmerksamkeit befand.

Allmählich interessierte sich Steve immer mehr für mich und ging dabei gar so weit, mir von Zeit zu Zeit vorzuschlagen, ob ich ihn nicht heiraten wolle. Das tat er immer in dem Augenblick, wenn es ihm schien, daß mich ein anderer Mann ernsthafter interessierte. Tatsächlich hielten wir einen ganzen Monat eine formale Verlobung durch, doch behielten wir sie für uns, so daß andere davon nichts erfuhren. Wahrscheinlich war es zwischen uns auch gar nicht so ernst gemeint.

Interessant ist, daß ich mich weigerte, mit Joe zu schlafen, dem einzigen Mann, der sich sehr in mich verliebte und mir fast zwei Jahre lang den Hof machte. Dr. X überging in seiner Therapie diese Beziehung, obwohl ich in mehr als einer Sitzung meine Verwunderung darüber zum Ausdruck brachte und meine Furcht nicht begriff, mich Joe hinzugeben, obwohl ich ihn sexuell attraktiv fand. Dies bereitete mir Sorge. Ich freute mich darauf, wenn ich mit Joe zusammen war. Von all den Männern, mit denen ich damals ausging, war er es, der mich zum Lachen brachte, so daß ich alle meine Probleme vergaß. Anstatt auf Joe einzugehen, versuchte Dr. X mich auf die Beziehungen festzunageln, in denen ich sexuell aktiv war. Mit jeder sexuellen Beziehung aber, die ich einging, fühlte ich mich weiter entfernt von anderen Männern, mit denen ich ausging. Dies brachte Dr. X dazu, mir deutlich zu machen, dies alles wäre nichts anderes als „Widerstand" ihm gegenüber, den er in der Therapie aufarbeiten müsse.

Das Ziel unserer Therapie bestand darin, mich zu einer weniger bedrückten, gefühlsmäßig offeneren, lebenslustigen, erreichbaren Frau werden zu lassen. Dr. X überzeugte mich, daß mein Widerstand darin deutlich werde, daß ich nicht frei genug sei, mich in mehr als einer sexuellen Beziehung auszuleben. Meine Weigerung, mich anderen Männern sexuell hinzugeben, bedeute nichts anderes, als emotionale Mauern aufzurichten. Dr. X zog dabei eine Parallele zwischen meinem Widerwillen gegenüber polygamen sexuellen Zusammentreffen und meiner Weigerung, zuzugeben, daß ich ihn sexuell attraktiv fände. Sollte ich damit fortfahren, mich von ihm in der Therapie gefühlsmäßig fernzuhalten, würde ich mich ebenfalls von anderen außerhalb der Therapie gefühlsmäßig fernhalten. Ich schien zu begreifen, daß der Konflikt ausschließlich in meiner Unsicherheit begründet lag, daß ich Dr. X vertrauen mußte und ihm zu zeigen hätte, wie sehr ich ihm vertraute.

Dr. X erklärte mir dann, daß Geschlechtsverkehr nichts anderes wäre als ein Händeschütteln; die Art und Weise, wie Männer und Frauen einander näher kennenlernen. Zu einem bestimmten Zeitpunkt in der Therapie berichtete er mir von seinen eigenen sexuellen Erlebnissen und erklärte mir, wie wertvoll solche Erlebnisse für die Entfaltung menschlicher Kontakte wären. Er machte mir detaillierte Angaben über eine seiner kurzen Affären, sprach davon, daß eine sexuelle Begegnung auch dann von Wert sei, wenn keinerlei gefühlsmäßige Bindung im Spiele wäre. Es ginge um eine Begegnung, in der zwei Menschen aufeinanderträfen, miteinander schliefen und wieder ihrer Wege gingen. Um solche Erfahrungen zu gewinnen, fuhr ich in meinen sexuellen Affären fort. Wir haben keinerlei Überlegung darüber angestellt, daß mein Selbstwertgefühl dabei vor die Hunde ging, ich mich unfähig sah, mich zu behaupten und „nein" zu sagen, wenn ich keine Lust hatte, sexuell aktiv zu sein. Ebenfalls unterließen wir es, meine ständig gegenwärtige Furcht zu bearbeiten, die darin bestand, daß Männer, mit denen ich ausging, mich ihrerseits verlassen könnten. Als wir uns in der Therapie weiter um sexuelle Offenheit bemühten, überfluteten mich zahlreiche angstbeladene Träume. Einen Traum aus dieser Zeit erinnere ich folgendermaßen:

> Steve verließ mich an einem Platz, an dem sich offensichtlich ein Schlachterladen befand, der in einer sterilen Weise bemalt war. Ich sah Steve nicht und ich hatte wieder einmal das Gefühl des Verlassenseins, des Zurückgestoßenseins und der Hilflosigkeit, die mich so oft erfüllten, wenn ich von Steve oder Dad träumte. Indem ich mir im Traum die Umgebung anschaute, wünschte ich mir vor allem: Weg von hier, denn es war ja ein Schlachterladen. Aber man sagte mir, ich müsse bleiben. Dann wechselte der Traum, und einige junge Leute nahmen mich mit durch eine alte, ghettoähnliche Geisterstadt. Ich verhielt an einem alten herabgerissenen Schuppen und sagte: „Dies ist der Ort!" – Sie meinten, „Nein! Hier hausen Geister! Geh' nicht näher! Du kannst nicht näher gehen!" Dann war da wiederum ein Kind, aber nicht das gleiche, das in einem anderen Traum so deutlich gewesen war: Ein schäbiges

Kind, ein Mädchen von Lumpen umhangen, abgemagert und mit wirrem Haar. Dieses Mädchen erinnerte mich an die Zeit, als ich etwa zehn Jahre alt war. Es war wild, mit gierigen Augen und erschreckte mich fürchterlich. Trotz des Protestes der anderen näherte ich mich ihm. Eines wußte ich genau, in dem Schuppen würde ich schrecklich bizarre und furchterregende Dinge finden.

Wir haben in der Therapie nie darüber gesprochen, daß die Aufforderung, mich in zahlreiche oberflächliche Affären zu verwickeln, ganz im Gegensatz zu den religiösen Werten stand, die mir durch meine Erziehung beigebracht worden waren. Niemals haben wir die Möglichkeit diskutiert, daß beides, erlebter Konflikt und Schmerz, natürliche Antworten auf meine Promiskuität waren. Wir haben niemals bearbeitet, daß ein Teil meines Ichs zu wachsen aufhörte, als mein Vater starb. Aber dieser gleiche Teil von mir, der bei 16 Jahren stehengeblieben war, verwoben in einer kindähnlichen Beziehung mit einem Vater, der schon längst verstorben war, empfand nun die Scham eines Kindes um die Promiskuität einer jungen Frau willen. Anstatt daß Dr. X meine Träume richtig interpretierte, sah er in ihnen einen Ausdruck meiner Unwilligkeit, ihm zu vertrauen und gleichzeitig Risiken in sexuellen Beziehungen mit anderen Männern einzugehen.

Die Sexualisierung der therapeutischen Beziehung

Im fünften Monat der Therapie erschöpften sich meine Sparguthaben, die ich bisher durch Schecks der Sozial-Versicherung aufrechterhalten konnte, die mir seit meines Vaters Tod zugegangen waren. Großzügig reduzierte Dr. X daraufhin das Honorar, so daß ich ihn weiterhin besuchen konnte. Zunächst zahlte ich ihm für eine Sitzung 45 Dollar, dann 35 Dollar, und dann endlich nur noch 20 Dollar. Natürlich wurde ich durch seine Großzügigkeit zu seiner Schuldnerin, besonders im Hinblick auf die hohen Unkosten seiner Privatpraxis, die, wie er mir erklärte, sehr beträchtlich waren.

Immer noch war ich Dr. X für seine Hilfe dankbar, denn er zeigte mir, wie unsicher ich mich Steve gegenüber benahm, und wie sehr diese Unsicherheit mich oft dazu führte, manipulierend und gekünstelt mit anderen Leuten umzugehen. Bei vielen Gelegenheiten diskutierten wir das, was Dr. X als „Tricks" bezeichnete, die ich so schnurstracks aus meiner „Grabbeltasche voller Manipulationen" hervorzuzaubern wußte. Diese Tricks gebrauchte ich, um Redlichkeit zu vermeiden, denn ich wußte nicht, wie ich meine Gefühle erkennen konnte, viel weniger vermochte ich sie Steve gegenüber zu offenbaren. Ich glaube, daß Dr. X Recht hatte, und in diesem Punkt der Therapie war mir dies sehr hilfreich. Nicht hilfreich war Dr. X' Weigerung oder Unfähigkeit, mir zu helfen, meine Gefühle ihm gegenüber in Ordnung zu bringen. Ich wagte nicht, ihm meine Gedanken über ihn mitzuteilen, wenn ich den Eindruck hatte, daß er es nicht hören wollte.

Im achten Therapiemonat nahm das Thema meiner sexuellen Zuneigung zu Dr. X einen zentralen Platz zwischen uns ein. Damit begann die Sexualisierung unserer therapeutischen Beziehung. Dr. X umarmte mich sehr oft nach einer Sitzung, bevor er mir die Tür öffnete, so daß ich die Praxis verlassen konnte. Diesen körperlichen Kontakt empfand ich als fürsorglich und väterlich. Am Ende der folgenden Sitzung küßte er mich zum Abschied kurz auf die Lippen.

Als ich die Praxis verließ, fühlte ich mich wie vom Blitz getroffen; unfähig, zu erkennen, was dieser Kuß bedeutete. Ich habe niemals gegen das, was Dr. X in der Therapiesitzung tat und sagte, rebelliert, sondern dies alles als seine Therapie hingenommen. Genau wie bei anderen Männern in meinem Leben fühlte ich mich nicht dazu berechtigt, eigene Wünsche zum Ausdruck zu bringen. Hätte ich wirklich in diesem Augenblick einen Wunsch äußern dürfen, zweifellos hätte er in einem Notschrei nach sexueller Schonzeit bestanden. Aber ich war nicht in der Lage, zu erkennen, was ich mir wünschte, was ich brauchte, was ich in der Beziehung zu anderen Männern suchte. In ihrer Gegenwart verhielt ich mich wie ein Chamäleon, vor allem gegenüber Dr. X. Ich quälte mich, herauszufinden, was die anderen von mir wünschten und erwarteten. Niemals habe ich in Zweifel gezogen, ob meine Einstellung, mich durch die Wünsche und Erwartung anderer bestimmen zu lassen, überhaupt normal wäre.

Immer wieder habe ich Dr. X von meiner chamäleonähnlichen Einstellung erzählt, daß ich versuchte, mich so zu geben, wie ich annahm, daß er mich haben wollte. In einer unserer nächsten Sitzungen habe ich das in die Tat umgesetzt. In dieser Sitzung berichtete Dr. X von einer Patientin, die in Rock und ohne Unterwäsche zur Sitzung erschienen wäre. Sie hätte sich hingesetzt, die Beine „in einer sehr einladenden Weise" weit gespreizt, wie er mir erzählte. Dies habe er aufgegriffen und ihr klargemacht, sie versuche ihre Attraktivität ihm gegenüber auf passive, indirekte Weise auszudrücken. Das wäre zwar verführerisch, bedeute aber Manipulation. Es wäre gesünder, ihre Gefühle ihm gegenüber direkter zum Ausdruck zu bringen. Und dann sagte er mit einem Lächeln: „Und, Carolyn, wissen Sie, was sie tat? In der nächsten Sitzung kam sie darauf zurück, stellte sich an meinen Tisch, und direkt neben mir zog sie sich splitternackt aus." Das, meinte er, sei ein direkter und gesunder Weg gewesen, ihre Gefühle ihm gegenüber zu zeigen.

Ich frage mich im nachhinein, ob es wohl therapeutisch notwendig gewesen ist, daß Dr. X mich unverhüllt aufforderte, mit einer anderen Patientin von ihm in Rivalität zu treten und es ihr gleich zu tun. Er, den ich so verzweiflungsvoll begehrte, sein mächtiges, zustimmendes Lächeln, das besagte: „Ich nehme dich an, so wie du bist!" Aber ganz sicherlich ging es hierbei um mehr als dies. Im nachhinein erkenne ich, daß Dr. X' eigene persönliche Probleme sich in unsere Sitzungen einmischten. Und ich, die ich nicht einmal genau den Unterschied zwischen meiner Gesundheit und meiner Krankheit kannte, noch weniger etwas über die von Dr. X wußte, ich griff diesen hingeworfenen Fehdehandschuh auf. Zur nächsten Sitzung erschien ich in der Praxis, nervös und fast benommen bei dem Gedanken, was ich da zu tun wagte, so, wie mir irgendwie befohlen worden war. Ich stellte mich also an seinen Schreibtisch, sagte „Hallo". Dann zog ich mich splitternackt aus. Damit hatte ich den Wettkampf gewonnen. Dr. X setzte sein freundlichstes und zustimmendes Lächeln auf und sagte mir, ich wäre sehr hübsch. Dann begannen wir darüber zu sprechen, wie ich mich dabei fühlte, „in solch ehrlicher Weise" mit ihm umzugehen. Ich brauchte nicht lange, um ihm endlich zu sagen, daß ich mich entblößt fühlte. Ich war dankbar, als er meiner Frage zustimmte, ob es nicht an der Zeit wäre, mich wieder anzuziehen. Als ich die Sitzung dann verließ, fühlte ich mich noch stärker benommen als in der Sitzung zuvor.

Während weiterer Sitzungen, die dieser folgten, hielt Dr. X mich zum Schluß umschlungen. Eines Tages preßte er seine Genitalien gegen meine Hüften, eine Handlung, die mich erschreckte und verwirrte. Aber was auch immer er in der Therapie mit mir tat: Auch diese Handlung habe ich nicht in Frage gestellt.

Dr. X fuhr fort, mich davon zu überzeugen, daß ich versuchte, in unserer Beziehung Barrieren aufzubauen, daß ich ihm in keiner Weise entgegenkäme. Ich verhielte mich ablehnend und täte nicht genug, um gesund zu werden. Ich war mir längst im Klaren darüber, daß ich mich viel wohler in meinem ungesunden Zustand fühlte, denn ich hatte keinen anderen kennengelernt. Meine Gemütskrankheit war mein Gefährte, der mich sicher führte und kontrollierte. Ihm vertraute ich mich an, wußte zugleich, daß meine Krankheit in mir entstanden war, und wurde immer mutloser. Dr. X war es klar, daß sich bei mir eine Tendenz abzeichnete, die Verantwortung für mein Verwirrtsein zu übernehmen. Dies geht aus Teilen meiner Tagebucheintragungen hervor.

Gedanken, Gefühle, Befürchtungen brechen in mir auf, wenn ich inmitten von Freunden bin. Ich bin unbeständig, ich fühle mich ohne Hoffnung, ich hasse mich ... ich fühle mich fast lustlos, als ich die Freunde verlasse, ich habe beschlossen, ich werfe die Flinte ins Korn. So bin ich gegangen und habe darüber nachgedacht, was Sie mir gesagt haben. Ich verstehe nicht, warum ich mich davor fürchte, Ihnen zu vertrauen und warum ich mich vor Ihnen fürchte. Aber ich weiß, ich fühle mich formlos – ohne Gestalt – und wertlos (ohne Werte – und vielleicht ohne Nutzen) ... ich fühle mich wie eine Masse von Tangenten: keine einzige solide Sache, die meine Persönlichkeit stützt.

Dieser ausweglosen Situation war ich mir nicht bewußt. Daß ich mich nicht zu Dr. X hingezogen fühlte, stempelte mich krank. Ich konnte seine Interpretationen meines Widerstandes nicht in Zweifel ziehen, ohne dabei an dem Doktor selber zu zweifeln. Damit setzte ich unsere gesamte therapeutische Beziehung aufs Spiel. So verharrte ich unwillig und stellte in Frage, was ich in acht Monaten mühsam aufgebaut hatte. Ich trat Dr. X nicht entgegen. Ich ließ diesen Gedanken nicht zu, daß ich mich sexuell von ihm nicht angezogen fühlte. Während ich zumeist schon vorher ahnte, was er wohl von mir hören wollte, konnte ich doch keinesfalls so weit gehen, mit ihm übereinzustimmen, daß ich mich zu ihm hingezogen fühlte. So entschied ich mich für das, was mir am besten lag: Ich schwieg und resignierte. Während all dieser Zeit hat Dr. X es niemals versucht, mein Bedürfnis nach Angenommensein hervorzuheben oder zu fördern; ein Bedürfnis, das mir so intensiv war, daß ich als Gegengabe bereit gewesen wäre, dafür meine Gefühle, Meinungen und Handlungen zu verpfänden.

Nicht lange bevor Dr. X begann, mit mir Entspannungsübungen durchzuführen, deutete er mir während einer Sitzung an, daß die Leugnung meiner Zuneigung ihm gegenüber, zusammen mit dem Unbehagen und Widerstand, mit anderen Männern zu schlafen, darauf hinwiesen, daß ich von einer homosexuellen Neigung beherrscht wäre. Er schlug mir vor, sexuelle Erfahrungen mit Frauen zu sammeln. Ich wußte mich in der Gemeinschaft einiger College-Freundinnen, die mir verblieben waren, geborgen, angenommen und geliebt. Mit ihnen konnte ich meine Unsicherheit in meiner Beziehung zu Steve teilen, mit dem ich nach wie vor meine Berg- und Talfahrt fortsetzte. Mit diesen Freundinnen konnte ich auch über meine Einsamkeit sprechen, die ich dadurch empfand, daß ich mit 18 Jahren die Kirche verlassen hatte.

Zu diesem Zeitpunkt, da ich mich bemühte, meine Sexualität zu begreifen, erschreckte mich der Vorschlag zutiefst, lesbische Erfahrungen machen zu sollen. Ich war in einer strikt heterosexuellen Kultur erzogen und groß geworden, die Homophilie fürchtete. Nun aber stand ich vor diesem Doktor, den es niemals zu bezweifeln galt, einem Fachmann des menschlichen Verstandes, und ausgerechnet er verdächtigte mich, ich könnte schwul sein. Die Botschaft war klar: Mein Versagen, mich von ihm sexuell angezogen zu fühlen, bewies ihm, daß meine Heterosexualität von fragwürdiger Natur war.

Die Verführung

Im Sommer 1976, während meines neunten Therapiemonats, kam ich aufgewühlt und weinend zur Sitzung. Die Schaukelschwünge meiner Gefühle, einmal unkontrolliert und dann wieder gefühlsmäßig tot zu sein, hatten zugenommen. Dr. X forderte mich auf, mich auf den Boden seiner Praxis zu legen und mich zu entspannen. Er selber blieb in seinem Sessel sitzen und sprach mit mir. Ich fühlte mich entblößt, als ich da so vor ihm auf dem Boden lag, den Bauch in die Luft gestreckt. Während der gesamten Sitzung bedeckte ich mein Gesicht mit dem rechten Arm.

Die folgende Woche wiederholte er die gleiche Aufforderung. Wiederum lag ich auf dem Boden, das Gesicht bedeckt. Währenddessen saß er neben mir, massierte meinen Bauch und fragte mich, warum mich seine Handlung so nervös mache. Ich war über seine Ungeduld erschrocken und darüber, daß ich ihm nicht weiter entgegenkam. Meine einzige Antwort bestand darin, ihn nicht abzuwehren.

In der nächsten Sitzung gingen wir wieder durch das gleiche Ritual. Ich legte mich auf den Boden, fühlte Entsetzen in mir und sah mich entblößt. Die Augen hielt ich geschlossen, wiederum bedeckte mein Arm mein Gesicht. Er saß neben mir und rubbelte mir den Bauch. Dieses Mal aber öffnete er mir den Reißverschluß, zog meine Hose herunter und berührte meine Geschlechtsteile. Im gleichen Augenblick erschrak ich zutiefst und konnte nicht glauben, was da geschah. Ich fühlte mich von einem Gefühl der Niederlage überwältigt. Ich machte mir klar, daß sein Vorgehen unweigerlich zum Sex führen müßte. Aber wie auch sonst in allem, was Dr. X tat oder getan hatte und das mich unbehaglich fühlen ließ – etwa sein Rauchen, seine Interpretationen und seine Vorschläge, seine mehr intime, körperliche Berührung – ich konnte ihm weder widerstehen noch mein Unbehagen oder meine Abscheu ihm gegenüber zum Ausdruck bringen. Ich versuchte vielmehr an andere Dinge zu denken: an meine Studien, an meine Eltern, an meinen Freund. Zwischen uns wurde kein einziges Wort gesprochen. In weniger als einer Minute rollte sich Dr. X auf mich, drang in mich ein, und Augenblicke später kam er zum Höhepunkt.

Das war der fürchterlichste Augenblick meines Lebens, als ich nun zum erstenmal den Schrecken des Gespaltenseins von Leib und Seele erfuhr. Ich fand mich unter der Decke des Raumes schwebend wieder, unfähig, das in mir aufzunehmen, was sich da unten am Boden abspielte. Ich versuchte mir einzureden, daß das gar nicht Wirklichkeit war, was da vor sich ging. Wie in einer Vision durchlebte ich Scham und Schande, sexuell mißbraucht zu werden. Da lag ich nun: hilflos, frigide und ohne entgegenzukommen.

Während Dr. X sich die Hose wieder anzog, sprach er über andere Dinge, so als ob das, was gerade geschehen war, eine in sich abgeschlossene Erfahrung wäre, die weder mit ihm noch mit mir etwas zu tun hätte. Er übersah die Botschaft meiner leiblichen Passivität, die ich ihm vermittelt hatte: genauso, wie er meinen Widerstand gegenüber seinen Vorschlägen in früheren Therapiestunden ignoriert hatte. Diese erste Sex-Erfahrung mit ihm war so befremdend, verglichen mit dem, was ich bisher von älteren Männern erfahren hatte, Doktoren und Vaterfiguren, daß mein Idol von dem, was er sein sollte, unwiederbringlich in dem Augenblick verloren ging, als er mir dies antat. Während des Geschlechtsverkehrs fühlte ich nichts. Hinterher empfand ich mich beschämt wie ein schmutziges kleines Mädchen, das nicht weiß, wie es sich wieder sauber machen soll. Aber irgendwie wußte ich auch jetzt schon, daß ich mit niemandem über das, was da gerade geschehen war, reden könnte.

Die Aussagen, die ich zwei Jahre später unter Eid gemacht habe, zeigen ein wenig von meiner Verfassung, in der ich mich damals befand, als es zum ersten Geschlechtsverkehr kam:

Frage: Haben Sie ihm in irgendeiner Weise gesagt, er solle aufhören?

Antwort: Nein, Sir, das habe ich nicht getan.

Frage: Und haben Sie in irgendeiner Weise mit ihm gekämpft, um ihn daran zu hindern?

Antwort: Dazu war ich unfähig.

Frage: Warum sagen Sie das?

Antwort: Hätte ich ihn daran gehindert, dann wäre das genau das gleiche gewesen, als hätte ich ihm gesagt, ich sei mit seiner Therapie nicht einverstanden. Ich fühlte mich nicht kompetent genug, ihm zu sagen, daß mir seine Therapie, wie er sie anwandte, nicht gefiel.

Frage: Nun, haben Sie jemals davon gehört, daß ein Psychotherapeut Geschlechtsverkehr als Therapie anwendet?

Antwort: Ich habe niemals dergleichen gehört.

Während der nächsten zwölf Monate kam es während acht oder zehn Sitzungen jeweils zum Geschlechtsverkehr, etwa einmal im Monat. Es ging ohne Worte vor sich, aufgesplitterte Begegnungen, niemals mehr als vier oder fünf Minuten, immer am Anfang einer Sitzung. Bei manchen Gelegenheiten ging Dr. X so vor, daß er mit einer Entspannungsübung begann. Zu anderen Zeiten führte er mich in seine Praxis, verriegelte die Tür, zog die Vorhänge zu und riß mich zu Boden. Wenn er nicht beabsichtigte, eine Sitzung mit Geschlechtsverkehr zu beginnen, berührte er mich auch nicht anderweitig. Mir ist völlig unklar, wann er sich jeweils entschied, ob er mit mir Sex haben wollte oder nicht. Ich kann mir nicht vorstellen, wie er sich in diesen Episoden wiederfand: Als Teil einer fantasievollen Liebesaffäre, auch als hilfsbereiter Freund, als Therapeut, der alle Vorsicht in den Wind schlägt, oder als Individuum, das mich ausnutzte, ohne sich im geringsten Gedanken darüber zu machen, welche schrecklichen und peinlichen Folgen diese Handlungen für ihn haben könnten. Ich wußte nicht, wie ich ihn in dieser Zeit einzuschätzen hatte, denn ich habe ihn niemals danach befragt. Andererseits hat auch er mich nie gefragt, was ich von diesen sexuellen Begegnungen hielt. Er hat sich offenbar keinerlei Gedanken darüber gemacht, warum ich mich mit der Zeit ihm gegenüber immer mehr verschloß und fast zu einem Roboter wurde, während die Monate ins Land gingen.

Während bei dem ersten Kuß, den Dr. X mir gab, meine Gefühle schwer zu fassen waren, bedeutete Geschlechtsverkehr mit ihm, daß meine Gefühle mit mir durchgingen, so daß ich sie nicht mehr einholen konnte. Aber selbst diese Benommenheit, die mir tödlich schien, war mir Entlastung. Unglücklicherweise trat diese Benommenheit nur zu bestimmten Episoden ein. Während Dr. X und ich damit fortfuhren, miteinander Geschlechtsverkehr zu haben, brachen meine Gefühle manchmal in einem Schwall aus mir heraus und bohrten sich in mein Bewußtsein. Einmal bildete ich mir ein, er würde mich besonders attraktiv finden. Ein anderes Mal fühlte ich mich verwirrt, daß dies geschehen konnte, ohne daß ich auch nur wußte, wie ich mich verhalten sollte. Ich ärgerte mich, sah aber keine Möglichkeit, etwas anderes zu tun. Auch fühlte ich mich schuldig, weil dies vorehelichen Geschlechtsverkehr bedeutete. Und immer, immer wieder schämte ich mich, denn er war ja ein Vater.

Stets, wenn diese Gefühle die Oberfläche durchbrachen, war ich fest entschlossen, über diese sexuellen Begegnungen nicht nachzudenken. Wenn ich es dann doch tat, wurde ich von Zweifeln und wirren Empfindungen überwältigt. Ich fühlte mich zornig und verloren, denn ich meinte, Dr. X hätte mir zeigen müssen, wie gern er mich mochte. Gleichzeitig empfand ich einen Groll, der sich gegen mich wandte, nicht aber gegen ihn, und zugleich Furcht, daß dies immer und immer wieder geschehen würde und ich niemals in der Lage sei, dies zu beenden. Ich fühlte mich verlorener als damals, da ich in die Therapie eingetreten war. Anstatt diese Dinge nun als Gefühle anzuerkennen, stieß ich sie beiseite und überzeugte mich davon, daß man eben vertrauen müßte, egal welche Methoden auch immer er anwandte, weil er in seinem Beruf *der* Fachmann war. So wurde es einfacher für mich, auch weiterhin an ihn zu glauben. Ich tröstete mich, daß alles, was er tat, irgendwie dazu beitragen würde, mir zu helfen. Ich sah mich vor die große Aufgabe gestellt, meine Schuldgefühle zu entkräften, denn ich machte bei einer Sache mit, die mir so schmutzig schien.

Während dieses Jahres unserer sexuellen Begegnungen erzählte mir Dr. X von sich und seinen Problemen. Er sprach gelegentlich von seinem Zorn auf seine Frau, die ihn verlassen hatte, von dem Gefühl der Hilflosigkeit angesichts der Tatsache, daß sie die Scheidung anstrengte, über sein Unglücklichsein in der Beziehung zu seinen Eltern und seinen Kollegen. Darüber nahm die Diskussion über meine Probleme erheblich ab, aber ich trat dem nicht entgegen. Sein Elend war offensichtlich. Daher sorgte ich mich nun um ihn und verspürte zugleich ein Gefühl der Verpflichtung ihm gegenüber. Allerdings mußte ich ihm die vollen Sitzungen zahlen, obwohl wir nicht mehr meine Probleme bearbeiteten, da sie durch die Behandlung seiner Probleme verdrängt worden waren. Noch immer hoffte ich darauf, daß er *der* Mann sei, der mir Antwort auf alle meine Fragen geben, mich von meinen Depressionen befreien würde und endlich Licht in mein Verwirrtsein brächte.

Doch die sexuellen Begegnungen gingen weiter. Mir wurde langsam immer klarer, in welch hoffnungslose Situation ich mich da verstrickt hatte. Was ich am Anfang nicht wahrhaben wollte, wurde mir nun zur Gewißheit, Dr. X schlug aus beidem Kapital: aus meiner Abhängigkeit ihm gegenüber, und meiner Unfähigkeit, meinen Gefühlen zu vertrauen. Mehr als irgendein anderer hatte er begriffen, daß meine Beziehungen zu Männern von der Furcht vor Trennung und Ablehnung beherrscht wurden. Dies nutzte er rücksichtlos für sich aus. Meine Weigerung, mit ihm als Vaterfigur, die ich für natürlich und normal halte, zu schlafen, machte er zum Gegenstand der Therapie. Ich glaubte ihm, als er mir erklärte, mit ihm Sex zu betreiben, sei notwendig, um meine Unreife und mein ungeschicktes Verhalten Männern gegenüber zu überwinden. Seine Interpretation wurde mir bestätigt, als er mir direkt im Anschluß an unseren letzten Geschlechtsverkehr begeistert zurief: „Ich glaube, wir haben es geschafft. Endlich komme ich an dich heran!"

Ich war nicht in der Lage, diese Therapie aufzugeben. Hätte ich es getan, wäre ich niemals gesund geworden. Ich durfte Dr. X nicht abweisen, die Autorität, auf die ich mich voll und ganz verließ. Ich fühlte mich bei dem Gedanken gelähmt, ihm offen entgegentreten zu müssen. Mein erster indirekter Versuch, Geschlechtsverkehr mit ihm aufzugeben, bestand darin, daß ich aufhörte, die Pille zu nehmen. Dr. X reagierte darauf sehr ungehalten und nannte dies ein ungeschicktes Manöver, um mich für immer einer gesunden Beziehung zu Männern zu verschließen. Aber er hörte nicht auf, mich sexuell zu bedrängen. Während des Geschlechtsverkehrs achtete er sorgfältig darauf, kurz vor seinem Höhepunkt das Glied zurückzuziehen, um auf den Fußboden zu ejakulieren.

Mein nächster Schritt bestand darin, die Anzahl der Sitzungen in seiner Praxis zu reduzieren, nämlich auf zwei Mal im Monat. Die Sitzungen waren mir mittlerweile zum Alptraum geworden, so daß ich mich in Vorbereitung darauf gefühlsmäßig betäubte. Schon Stunden, bevor ich die Praxis von Dr. X betrat, mühte ich mich darum, meine verwirrten Gefühle und zornigen Gedanken zu unterdrücken. Wo anders sollte ich Hilfe suchen? Hilfe durch Familie und Freunde blieb mir verschlossen, denn es war mein Wunsch, niemandem etwas davon mitzuteilen, wie sehr ich mich hatte ausnutzen lassen und selber noch dazu beigetragen hatte. Dadurch begab ich mich in eine selbstauferlegte Isolation, und dies umso mehr, je stärker mir bewußt wurde, wie sehr Dr. X mich betrog.

Angesichts dieser fragwürdigen Beziehung und den anderen Problemen, die meinen Vater und meine Sexualität betrafen, vor allem der regelmäßige Geschlechtsverkehr mit Dr. X, begriff ich endgültig, daß inzwischen jede Chance für eine erfolgreiche Therapie vertan worden war. Immer mehr erkannte ich, daß meine Versuche, gesund zu werden, vergeblich waren. Ich wußte, es konnte mit mir nicht besser werden. Zugleich fühlte ich mich für Dr. X' Annäherungen mir gegenüber verantwortlich. Ich entwickelte Groll gegenüber den Männern in meinem Leben. Immer dann, wenn ich mit meinen Freunden schlafen wollte, kamen mir meine Gedanken beim Geschlechtsverkehr mit Dr. X in die Quere. Mein Zwiespalt gegenüber Steve, mit dem ich weiterhin schlief und von dem ich mich abhängig wußte, wuchs ständig.

Die Therapie hatte mir keinen Weg eröffnet, um mit meinen Problemen fertig zu werden. Mit Wut im Bauch sah ich mich Dr. X dafür bezahlen, ihm sexuell zu willen zu sein und mir seine Probleme anzuhören. Aber selbst das versetzte mich nicht in die Lage, ihn nach der Wirksamkeit seiner Therapie-Methode zu fragen. Ich wollte nicht riskieren, wieder den einzigen Menschen zu verlieren, dem ich völlig vertraut hatte, noch meine Illusion aufgeben, daß es richtig gewesen war, ihm von Anfang an zu vertrauen.

Ende der Therapie

Zu einem früheren Zeitpunkt der Therapie hatte ich es nur zögernd zur Sprache gebracht: ich beabsichtige, die Therapie zu beenden. Ich war überzeugt, meine Unfähigkeit, Dr. X sexuell entgegenzukommen und meine Abneigung, mich sexuell mit anderen Männern einzulassen, wären Symptome meiner Gemütskrankheit. Ich hatte darauf vertraut, Therapie wäre für mich notwendig und würde mir helfen.

Glücklicherweise gelang es mir, durch Erfolgserlebnisse in meiner Umwelt mein Selbstwertgefühl aufzubauen. In meinem letzten College-Jahr hatte ich damit begonnen, Oberschüler zu unterrichten, die mir eine entwaffnende Freundlichkeit und Verehrung entgegenbrachten. Diese Erfahrung stimulierte in mir ein Gefühl des Selbstbewußtseins und der Eigenliebe, das sechs Jahre lang in mir embryogleich geschlummert hatte. Da verstand ich, daß meine verwirrten Gefühle mit den sexualisierten Therapie-Sitzungen zusammenhingen. Sie waren die Ursache, daß ich nicht genesen konnte. Anstelle daraus meine Schlüsse zu ziehen und Dr. X zu verlassen, beschloß ich, ihn doch noch alle zwei Wochen aufzusuchen. Aber wieder kam es zum Beischlaf. Da beschränkte ich die Sitzung auf 30 Minuten. Als Grund gab ich vor, finanziell nicht leistungsfähiger zu sein. Ich wagte nicht, Dr. X wegen seines sexuellen Verhaltens direkt zu konfrontieren. Aber den Konflikt hatte ich begriffen. Obgleich ich nicht zugeben wollte, daß Dr. X mich mißbrauchte, mußte ich mir doch klarmachen, daß er mich sexuell ausnutzte.

Mein Entschluß, mit der Therapie bei Dr. X aufzuhören, zwang sich mir auf, so als könnte ich diesen Wunsch, endlich gesund zu werden, nicht länger unterdrücken, egal, wie verwirrt meine Gefühle auch wären. Das Ereignis, das mich dann zu diesem Entschluß führte, bahnte sich an, als ich eines abends Dr. X zu Hause anrief und ihm verzweifelt mitteilte, daß Steve und ich unsere formale Verlobung aufgehoben hätten. Ich weinte, war ärgerlich, überwältigt von der Furcht, verlassen zu werden. Dr. X wies mich an, sofort zu ihm zu kommen. Wir könnten dann alles in Ruhe besprechen. Als ich bei ihm eintraf, wartete er auf mich an der Tür, nahm meine Hand und ohne ein weiteres Wort führte er mich in sein Schlafzimmer. Er schloß die Tür hinter uns ab und begann mich zu küssen. Bevor auch nur eine Minute vergangen war, entkleidete er mich. Ich war blind vor Tränen, wollte ihm doch von Steve erzählen. Ich glaubte immer noch, Dr. X könne mich mit der Kraft ausrüsten, Steve zu dem werden zu lassen, wie ich ihn mir wünschte. Ich wehrte mich nicht, als er mich auf sein Bett warf und in mich eindrang. Das Ganze verlief so, wie ich es von seiner Praxis her gewohnt war: kurz, wortlos und mechanisch. Ich zog mich in mein wohlvertrautes Schneckenhaus zurück, wie immer, wenn ich mit Dr. X Sex machte, und dachte benommen an Steve.

Das Gefühl der Benommenheit hielt nicht lange an. Allmählich erlaubte ich mir zu erkennen, was da in Wirklichkeit mit mir geschah. Ich wurde mißbraucht, aber ich wollte nicht noch einmal mißbraucht werden. Ich beschloß von nun an, niemals mehr Sex mit Dr. X zuzulassen. Dieser Entschluß ließ mich ernsthaft überlegen, die Therapie bei Dr. X zu beenden. Mein Vertrauen in die Therapie war durch Dr. X schnöde mißbraucht worden.

Es gelang mir nicht, Dr. X' Handlungen mit meiner Vorstellung von ihm in Einklang zu bringen. Ich begriff nicht, daß er mir leichtfertig Schaden zugefügt hatte, in mir aber zugleich ein Gefühl der Scham und Verletzung wachrief, das ich zuvor so noch nie gekannt hatte. Diese paradoxe Situation verfolgte mich wie ein Spuk und irgendwie tut sie es immer noch.

Noch mangelte es mir an Mut, offen Dr. X entgegenzutreten. Immer noch konnte ich ihm nicht klarmachen, daß ich inzwischen begriffen hätte, seine Therapie sei in jeder Weise unangemessen, unprofessionell und über allem sehr schädlich für mich. Statt dessen erzählte ich ihm, ich befürchtete, daß meine Schulaufsichtsbehörde, mein künftiger Arbeitgeber, mich nicht weiter beschäftigen könnte, wenn man erführe, daß ich mich gegenwärtig einer psychotherapeutischen Behandlung unterzöge. Obwohl ihm bekannt gewesen sein muß, daß das höchstwahrscheinlich gar nicht in Frage gekommen wäre, und daß mein Grund, die Behandlung zu beenden, sehr fadenscheinig war, hat er mich deswegen niemals näher befragt, mich auch niemals aufgefordert, ihm ehrlich meine Meinung über ihn zu sagen.

Etwas anderes erfuhr ich von ihm. Er sagte mir, er wäre eifersüchtig auf die jüngsten sexuellen Beziehungen, die ich gerade eingegangen wäre. Ich erinnere, daß ich mich verwirrt fühlte, denn ich wollte ihm ja immer noch gefallen und wartete darauf, von ihm angenommen zu werden. Ich begriff nun, daß meine Handlung ihn zu Eifersucht anstachelte. Ich fühlte mich für seine Eifersucht verantwortlich. Sofort empfand ich in mir Groll. Aber dann, endlich, stieg in mir bewußt Zorn gegen Dr. X auf, der mich so schlecht behandelt hatte. Wahrscheinlich war es dieser Groll, der mich verstehen ließ, daß die Arzt-Patienten-Beziehung nun für immer zerbrochen war. Dr. X hatte sie selbstsüchtig zerstört, indem er seine Bedürfnisse durch eine Patientin ohne Selbstwertgefühl befriedigte.

Diese Enttäuschung, so notwendig sie auch war und die nun endlich eintrat, machte mich traurig. Ich erkannte die Ausmaße meiner Bedürftigkeit. Ich hatte mich darauf eingelassen, mich mißbrauchen zu lassen, anstelle es vorzuziehen, allein zu leben. Ich schämte mich. Aber ich war besonders ärgerlich auf Dr. X. Er hatte ganz systematisch mein Selbstvertrauen ausgehöhlt. Er hatte mich unfähig werden lassen, was mein Gefühl der Orientierung und mein Urteilsvermögen betraf. Ich hatte jegliche Chance verloren, meine Probleme, mit denen ich ursprünglich zu ihm gekommen war, zu lösen. Ich hatte die Möglichkeit verloren, mich mit den zusätzlichen Konflikten, die in der Therapie aufgebrochen waren, auseinanderzusetzen. Mehr noch: Ich hatte wiederum einen Vater verloren.

Das Nachspiel

Im Sommer 1977, also zwei Jahre nachdem ich sie begonnen hatte, beendete ich die Therapie bei Dr. X. Innerhalb von knappen zwei Monaten war mein Leben unerträglich geworden: dies durch die Auswirkungen des sexuellen Mißbrauches wie auch der ungelösten Probleme, die mich ursprünglich dazu veranlaßt hatten, eine Psychotherapie zu beginnen. Ich war von einer endlosen Depression geplagt. Meine Fantasie beschäftigte sich mit gelegentlichen Selbstmordabsichten und ich fragte mich, wie ich ihn wohl am besten ausführen könnte. Ich war von der Furcht gehetzt, keine Kontrolle über mein Leben zu besitzen. Ich fühlte mich unfähig, die Welt um mich herum zu begreifen, unfähig, meine innere Welt zu erfassen. Ich fühlte mich hin und hergerissen zwischen der Wertschätzung für Dr. X, dem ich so vertraut hatte, und dem Haß auf den Therapeuten, der mich sexuell so schrecklich mißbraucht hatte. Meine Verwirrungen kamen in Alpträumen zum Ausdruck, so daß ich manchmal schreiend erwachte. Es waren immer die gleichen Träume, die mich während jener Zeit verfolgten: Visionen von Dr. X, der mich mit einem offenen Messer in der Hand durch große Häuser, dunkle Passagen und mir unbekannte Räume verfolgte. Alpträume, in denen ich mich in einer belagerten Stadt wiederfand, wobei Dr. X Frauen, die vorüberzogen, Zuflucht und Sicherheit anbot, während meine eigenen Warnungen, die ich diesen Frauen zurief, ungehört verhallten. Es waren Träume, in denen ich tanzte, aber von der Hüfte an bis zu den Füßen gelähmt war. Ich wünschte mir, jemand, dem ich vertrauen könnte, sollte mich tragen, nachdem ich zum Krüppel geworden war. In dem gleichen Augenblick, da ich das Gesicht von Dr. X in der Menge erkannte, gab ich mich verloren.

Meine Verzweiflung und Verwirrung ließen mich ohne Hoffnung. Mein Groll auf Vaters Hilflosigkeit und Tod vermischten sich mit dem Zorn auf meinen Ex-Therapeuten und mit meinem Schamgefühl. Ich wollte mich liebhaben, doch mußte ich feststellen, daß ich überhaupt nicht liebenswürdig war. Ich wollte so gern anderen vertrauen und konnte doch die Furcht nicht ausschließen, gefühlsmäßig noch einmal enttäuscht zu werden.

Ich zürnte mir und meiner Naivität, nicht rechtzeitig das Doppelantlitz von Dr. X erkannt zu haben. Ich hätte mich davor bewahren können, weitere seelische Narben davonzutragen. Ich machte mir klar, daß ich von nun an unfähig sein würde, mir eine gesunde Beziehung aufzubauen und zu erhalten. Dadurch, daß ich nach den ersten sexuellen Erfahrungen noch in dem verblieben war, was notdürftig mit Therapie bemäntelt worden war, vergrößerte sich mein Mißtrauen mir selbst gegenüber. Ich entfernte mich weiter von meiner Familie, was nicht verwunderlich ist. Sollte jemand in meiner Familie schon früher einmal um psychotherapeutische Behandlung nachgesucht haben, so ist mir dies nicht bekannt. Ich jedenfalls glaubte, daß ich die erste war, die im Leben genug Schwierigkeiten anhäufte und der Hilfe bedurfte. Vor zwei Jahren, als ich meiner Mutter sagte, daß ich mich in Therapie begeben hätte, erregte dies bei ihr einen Tränenausbruch. Ich schämte mich, daß ich wegen meiner Schwäche Therapie nötig hatte. Ihr gar zu erzählen, was mir in der Therapie widerfahren war, daß mein wundervoller Doktor mir nicht zum Retter geworden wäre, sondern zu einem Heuchler, der mich mißbrauchte, dies wäre mir niemals über die Lippen gekommen.

In mir trug ich ein Geheimnis. Ich sah mich als Versager in der Therapie: Versager aus Gründen, die ich mir nicht eingestehen wollte, so sehr schämte ich mich dafür. Ich enthob Dr. X in dieser Angelegenheit der Verantwortung, machte mir statt dessen Selbstvorwürfe für das, was zwischen uns geschehen war.

Mein Schamgefühl wurde durch mein Schuldgefühl noch vertieft. Ich klammerte mich nach wie vor an Steve. Ich rächte mich an seinen Liebesaffären, indem ich mich Liebesaffären hingab. Ich wußte, daß ich diese Männer nicht liebte, sondern sie nur benutzte, um Steve in unserer Beziehung zu verletzen. Wäre ich besonnener gewesen, hätte ich mehr in Harmonie mit mir selbst gelebt, frei von der Last der Erfahrungen, die ich mit Dr. X gemacht hatte, ich hätte wahrscheinlich erkannt, daß einige dieser Männer mich damals wirklich liebten. Doch störrisch und besitzergreifend hielt ich an Steve fest. Ich blieb für andere gefühlsmäßig unerreichbar, unberührbar.

Ich pflegte damals nur wenige gute Beziehungen. Die meisten von ihnen waren durch Argwohn und Mißtrauen getrübt. Ich hielt mir meine Freunde, Liebhaber und Familienglieder auf Armeslänge vom Leib. Niemandem wollte ich wieder Vertrauen entgegenbringen. Erst wollte ich lernen, wie ich jemanden zu beurteilen hätte, ohne enttäuscht zu werden. Ich durfte nicht wieder einem Menschen in die Hände fallen, der mich dann ausnutzte. Ich verdächtigte jene, die für mich sorgten und die mich mochten. Selbst sie konnte ich von mir fortstoßen, wie jeden anderen auch.

In manchen Augenblicken zerbrach ich mir verzweifelt den Kopf darüber, wie groß die psychologische Aufgabe noch wäre, die ich mir da auf meinem Lebenweg aufgebaut hatte. Um mit meinem gefühlsmäßigen Chaos fertigzuwerden, mußte ich weitere Hilfe in Anspruch nehmen. Aber da ich weder genug Selbstliebe besaß noch Vertrauen für andere empfand, wartete ich länger damit, einen weiteren Therapeuten aufzusuchen, als dies gut gewesen war.

Noch einmal Therapie

Nach ungefähr drei Monaten wachsender Verzweiflung begab ich mich erneut in Therapie. Da ich besonders den Männern der Kirche vertraute, beriet ich mich mit dem Prediger unserer Gemeinde. Er wiederum setzte mich mit einem Geistlichen in Verbindung, der besonders in Familien- und Eheberatung ausgebildet war. Der einzige Grund, den ich mir eingestand, warum ich mich erneut in Therapie begab, war wiederum meine Beziehung zu Steve. Meine beständige Furcht, daß Steve sich von mir trennen könnte, hatte nicht nachgelassen. Seine zwiespältige Ausstrahlung mir gegenüber brachte ihn mir immer wieder zurück, selbst nachdem wir uns oft zerstritten hatten. Immer dann, wenn er mit Trennung drohte, weinte ich unkontrolliert und heftig. Gleichzeitig kam meine Trauer um meinen Vater an die Oberfläche. Ich konnte mich nicht beherrschen, auf jeden Bruch mit Steve hysterisch und übermäßig zu reagieren. Langsam stieg in mir der Wunsch auf, daß die nächste Auseinandersetzung mit Steve endlich die letzte sein möge.

Als ich mich zu dem Geistlichen in Behandlung begab, wobei ich nur langsam ihm gegenüber Vertrauen entwickelte, sprachen wir auch gelegentlich über meine frühere Therapie. Ich hatte ihm meine Gründe nicht näher erläutert, warum ich die Therapie beendet hatte. Wenn er sich das selber fragte, wovon ich überzeugt bin, dann stellte er mir jedenfalls keine Fragen. Nachdem ich bei ihm schon zwei Monate in Behandlung war, brachte er mich während einer Sitzung dazu, doch endlich darüber nachzudenken, warum es mir so schwer fiele, ihm gegenüber Vertrauen zu haben. In dem Augenblick, bevor einem von uns beiden überhaupt klar wurde, was da ablief, schrie ich ihn ärgerlich als Dr. X an. Mir war völlig unbewußt, daß ich ihn mit Dr. X' Namen ansprach. Beide waren wir von diesem Gefühlsausbruch überrascht. Als er mich dann freundlich darauf hinwies, er sei ja nicht Dr. X, da begann ich so heftig zu weinen, wie ich dies kaum je zuvor getan hatte; ausgenommen der Tag, an dem Vater starb.

Die Schleusentore waren geöffnet. Mein Schamgefühl, das ich über dieser inzestgleichen Beziehung empfand, wich einem Gefühl der Erleichterung, daß ich nun meine Geschichte jemandem erzählen konnte. Mein Berater war betrübt, als er erfuhr, wie sehr ich sexuell ausgenutzt worden war. Es überraschte ihn nicht, denn er hatte dergleichen schon zuvor über Dr. X gehört. Ich glaube, er wollte mich schützen, als er mir vorschlug, in dieser Sache gegen Dr. X rechtlich nichts zu unternehmen. Er versicherte mir vielmehr, daß früher oder später irgend jemand Dr. X zur Rechenschaft ziehen würde. Daher verharrte ich untätig. Ich wußte, in einem Vergehen dieser Art konnte das Opfer unweigerlich in die Reihe der Mittäter eingestuft werden. Meine sexuelle Ausnutzung durch Dr. X erstreckte sich nicht nur auf wenige Episoden, sondern war während eines Zeitraums von mehr als zwölf Monaten erfolgt.

Wie froh war ich, nun endlich mein wohlgehütetes Geheimnis jemandem mitteilen zu können. Das brachte mir unbegrenztes Vertrauen zu meinem Berater ein, so daß ich ihm mein Herz mit meiner Schwierigkeit, anderen Männern vertrauen zu sollen, ausschütten konnte. Erneut stellte ich mir die Frage, ob die Therapie von Dr. X nur schlecht gewesen war, doch war ich noch nicht bereit, mich damit näher auseinanderzusetzen. Für mich handelte es sich um eine inzestartige Bindung. Statt dessen beschränkte ich mich wiederum darauf, meine Trauer und Verwirrung zum Ausdruck zu bringen, die mit meiner Beziehung zu Steve zusammenhingen. Der Geistliche zeigte mir, wie sehr ich meinen Groll zurückhielt. Ohne Umschweife sprach er meine Verwirrung an und ermutigte mich, meinem Zorn freien Lauf zu lassen, von dem wir beide nicht wußten, daß er so groß war. Indem ich mir meinen Groll und Ärger von der Seele redete, begann der Prozeß der Heilung. Dieser Geistliche versicherte mir, daß ich ein Anrecht auf einen solchen Groll hätte. Das bedeutete mir eine große Hilfe. Endlich wurde mir klar, was Dr. X mir angetan hatte, wie sehr ich zugelassen hatte, daß dies geschehen konnte. Noch war ich nicht bereit, weder ihm noch mir dafür zu vergeben. Die Unfähigkeit, zu vergeben, hielt noch viele Jahre an.

Nach drei Monaten Behandlung ging mir das Geld aus, um die Therapie bei dem Geistlichen fortsetzen zu können. Ich war nicht bereit, dafür weitere Schulden auf mich zu nehmen. An Dr. X hatte ich bereits 2.200 Dollar gezahlt, und noch immer zahlte ich an einer weiteren Rechnung von 1.500 Dollar, die ich bei ihm mit 10 und 20 Dollar mühsam abstotterte. Gegenüber dem Geistlichen empfand ich Zuneigung und Dankbarkeit. Er hat mir zu einem Zeitpunkt meines Lebens weitergeholfen, an dem ich am meisten selbstmordgefährdet gewesen war. Es ging um einen Jahreswechsel, an dem ich mich zurückgezogen hielt und ihn allein verbrachte, nachdem Steve mir mitgeteilt hatte, er würde mit einer anderen Frau ausgehen, um Sylvester und Neujahr im Hause seiner Eltern zu verbringen. Voller Verzweiflung rief ich meinen Berater an und erzählte ihm meine Not. In scharfen Worten wies er mich zurecht, wie enttäuscht er von mir sein würde, sollte ich mein Leben wegen eines „solchen hergelaufenen Kerls" wegwerfen. In diesem Augenblick war ich meinem Berater für mehr als alles andere dankbar. Während meiner Arbeit mit ihm habe ich immer wieder versucht, meine Abhängigkeit von Steve zu ergründen, um zu erfahren, welche Wege ich wählen könnte, um endlich Ich selber zu werden, losgelöst von Steve. Noch hatte ich dieses Ziel nicht erreicht, aber ich ging bereits meine ersten Schritte in die richtige Richtung.

3

Die Entdeckung anderer Opfer: Ich bin nicht allein

Nachdem der Geistliche und ich die Möglichkeit diskutiert hatten, einen Prozeß gegen Dr. X anzustrengen, schenkten wir dieser Angelegenheit zunächst keine weitere Aufmerksamkeit. Das änderte sich zwei Monate nach Beendigung meiner Therapie bei ihm während meines ersten Jahres als Lehrerin an der High School. Eine meiner Studentinnen wurde mir zum Katalysator, doch rechtliche Schritte gegen Dr. X zu unternehmen. Sie erzählte mir nämlich eines Tages, daß sie auf Anweisung ihrer Mutter einen Psychiater besuche, der sie wegen psychischer Störungen behandeln soll. Dieser Psychiater hatte seine Praxis genau gegenüber der Praxis von Dr. X. Ich stellte mir dabei vor, daß dieses 16jährige Mädchen ebenso gut in

Dr. X' Praxis enden könnte. Was würde wohl ein anderes junges Mädchen – oder eine andere Erwachsene, wie immer man will – davon abhalten, bei Dr. X eine Therapie anzutreten? Was würde andererseits ihn davon abhalten, irgendeine andere naive Frau auszunutzen? Ich fand mich außerstande, dieses vertrauensvolle junge Mädchen noch weiterhin anzuschauen, bis ich bei mir den festen Entschluß gefaßt hatte, zu tun, was immer ich tun konnte, um diesen skrupellosen Therapeuten von weiterer Praxis abzuhalten und ihn zur Verantwortung zu ziehen.

Variation eines Themas

Zwei Wochen später, zu Beginn des Frühjahrs 1978, erfuhr ich durch Freunde, daß Suzanne Brown, eine ansässige Rechtsanwältin, die sich mit Familienrecht beschäftigte, gegen Dr. X die Interessen einer seiner früheren Patientinnen in einem Fall von Berufsvergehen vertrat. Ich war überhaupt nicht davon überrascht, daß irgend jemand anderes ihn gerichtlich verfolgte. Ich hatte mich niemals der Illusion hingegeben, ich könnte etwa die einzige Patientin sein, der Dr. X sexuell zu nahe getreten wäre. Da mir dies nun deutlich wurde, fühlte ich mich erleichtert. Noch am gleichen Tag, da ich mir die Anschrift von Suzanne Brown hatte geben lassen, traf ich mit ihr eine Verabredung. Später erzählte sie mir, daß, als sie meiner Geschichte zuhörte, sie ein so seltsames Gefühl darüber befallen hätte, daß meine Geschichte der ihrer ersten Mandantin so überaus ähnlich gewesen wäre. Es waren, wenn man will, nur Variationen zum gleichen großen Thema. Hätte Suzanne Brown von mir nicht mehr erfahren, sie hätte meine Geschichte selber erzählen können. Immer dann, wenn ich aufhörte, hätte sie alle weiteren Details einsetzen können. Alles, was ich ihr erzählte, bestätigte sie in ihrem Verdacht, daß Dr. X systematisch in einem *modus operandi* vorging, wobei er zumindest zwei Patientinnen in ihrem Vertrauen zu ihm und in ihrer Abhängigkeit bestärkte, um sie dann später schamlos auszunutzen.

Die erste Klägerin: Vertragsbruch

Während ich mich weiter mit Suzanne Brown unterhielt, erfuhr ich in Kürze mehr von dem Fall, in dem Dr. X und eine seiner Patientinnen verwickelt waren. Vor drei Monaten war diese junge Frau an Suzanne Brown herangetreten und hatte ihr erzählt, daß sie während der Behandlung von einem Psychologen sexuell mißbraucht worden war. Die Reaktion dieser ersten Patientin war völlig verschieden von meiner eigenen gewesen. Sie erkannte in diesem Geschlechtsverkehr sofort ein Mißverhalten durch den Psychotherapeuten.

Aus dem Gefühl heraus, daß sie für diese Sitzung, in der der Geschlechtsverkehr erfolgte, nicht hätte zu zahlen brauchen, wandte sie sich direkt an Dr. X, der sich aber weigerte, ihr das Geld zurückzugeben. So wandte diese Patientin sich an die Anwältin, die Dr. X wegen Vertragsbruch verklagen sollte, wie sie es sah, wobei sie lediglich erwartete, Dr. X solle sie für die bezahlte Sitzung entschädigen.

Die Anwältin erfuhr von ihrer Mandantin, daß Dr. X seiner Patientin gesagt habe, er würde öffentlich ihre Anschuldigungen abstreiten. So beschlossen sie, die Klientin sollte mit einem verborgenen Mikrofon zur Praxis zurückkehren in der Hoffnung, Dr. X werde etwas von seinen Handlungen in einer auf Band aufgezeichneten Konversation zugeben. Ich selber erfuhr von diesem Ergebnis der Zusammenkunft zwischen der Klientin und Dr. X durch Suzanne Brown. Diese ihre erste Klientin hatte Dr. X gefragt, warum er mit ihr in Geschlechtsverkehr eingetreten wäre, und warum dies in seiner Praxis erfolgte? Dr. X gab zu, daß für ihn dieser Geschlechtsverkehr schädlich gewesen wäre, daß er ein unruhiges Leben führe und sich selber als Opfer sehe. Er glaube, er sorge zu sehr für andere Leute, und eben dies habe ihn in Schwierigkeiten gebracht.

Suzanne Brown glaubte, daß das Gesamtergebnis dieser ersten Bandaufnahme ihr noch nicht genug Material liefere, um vor Gericht damit bestehen zu können. So ging ihre Mandantin, tapfer genug, meine ich, noch einmal in die Praxis von Dr. X zurück. Während dieses Besuches gab Dr. X erneut zu, daß er mit ihr Geschlechtsverkehr betrieben habe. Er gab sogar zu verstehen, daß es einen Bruch in seinem berufsethischen Verhalten bedeute, sexuellen Kontakt mit ihr gehabt zu haben. Er erklärte zugleich, daß er jede Lüge wagen werde, wenn es darum ginge, seine Lizenz als Therapeut zu behalten.

Als ich nun hörte, was Dr. X gesagt hatte, wurde mir deutlich, daß er sich seine Unfähigkeit eingestand, zu jener Zeit ein kompetentes Urteil als Therapeut über diese Frau abzugeben. Er hatte vielmehr zugegeben, daß er sich zwischen dem Wunsch, einerseits ihr Freund, zum anderen ihr Therapeut zu sein, als Gefangener fühlte. Noch mehr erstaunte mich das Versprechen von Dr. X., es werde keine weitere Möglichkeit geben, daß er sein sexuelles Verhalten gegenüber einer Klientin wiederholen werde.

Auf der Suche nach weiteren Zeugen

Nachdem Suzanne Brown sich entschlossen hatte, auch meinen Fall zu übernehmen, schaute sie sich nicht nur die Gemeinsamkeiten zwischen meiner Geschichte und der ihrer ersten Mandantin an, sondern auch die Unterschiede. Sie erkannte nun, daß sie zwei Mandantinnen besaß, die sich in ihrem Wunsch einig waren, Dr. X sowohl auf beruflicher Ebene als auch zivilrechtlich zu verfolgen. Dies teilte sie Dr. X mit, schrieb ihm zugleich von der Existenz der Tonbänder.

Selbst angesichts des kriminologischen Beweises befürchtete Suzanne Brown, der nun folgende Rechtsstreit würde weitaus mehr Geld kosten, als ihr zur Verfügung stand. Sie übernahm beide Fälle gegen Dr. X auf einer gemeinsamen Basis, doch brauchte sie noch weiteren Rechtsbeistand, um die vorauszusehenden Gerichtskosten gering zu halten. Daher wandte sie sich an verschiedene Rechtsanwälte in der Stadt. Der erste Anwalt war nicht bereit, darauf einzugehen, denn er glaubte, ein solcher Fall würde ihm nicht genug Geld einbringen.

Der zweite Anwalt, an den sie sich wandte, erwartete von Suzanne Brown, daß sie alles notwendige Geld vorschießen müsse, etwas, was ihre kleine Kanzlei nicht übernehmen konnte. Endlich wandte sie sich an Bill Whitehurst, einen jungen Anwalt, der genug Erfahrung besaß in Fällen von Berufsvergehen und Verletzung der Intimsphäre. Er interessierte sich sofort dafür und war begeistert, als er erfuhr, es gebe Tonbänder, die als belastendes Beweismaterial verwandt werden könnten.

In der Zwischenzeit hatte Dr. X die Niederschriften dieser Bänder gelesen und sehr schnell begriffen, daß sie ihm gefährlich werden konnten. Sehr bald danach eilte er ans Telefon und rief mich mehrmals am Tage an. Meine Zimmernachbarin nahm diese Anrufe entgegen, während ich selber versuchte, Suzanne Brown oder Bill Whitehurst zu erreichen. Einmal hörte ich mit, wie Dr. X gegenüber meiner Zimmernachbarin per Telefon jammerte. Er sagte ihr, sollte ich wirklich mit dieser Strafverfolgung fortfahren, dann würde ich damit seine Praxis zerstören und sein Leben ruinieren.

Es war unglaublich schmerzlich für mich, aus seiner Stimme diese Verzweiflung herauszuhören. Aber wiederum zog ich mich in mein gefühlsmäßiges Schneckenhaus zurück; jenes Schneckenhaus, das ich zum erstenmal während der Therapie bei ihm kennengelernt hatte, in dem ich mich vor meinen eigenen Gefühlen sicher wußte. Innerhalb einer Stunde erreichte ich Bill Whitehurst, der sofort forderte, daß Dr. X' Anwalt ihn „zurückpfeife".

Durch diesen Anwalt machte Dr. X ein Angebot, den Konflikt beizulegen. Er verpflichtete sich, ein Jahr lang keine Klientinnen zu behandeln. Außerdem verpflichtete er sich, für sich eine Therapie einzugehen. Weiterhin bot er den Klägerinnen an, monatlich einmal die Praxis kontrollieren zu lassen, ob die Bedingungen eingehalten würden. Auf Anraten unserer Anwälte Brown und Whitehurst lehnten wir diesen Vorschlag ab.

Inzwischen war Whitehurst davon überzeugt, daß dieser Gerichtsfall bereits zwei Hindernisse überwunden hatte. Zum ersten waren die Tonbänder unsere Verteidigung, sollten wir beschuldigt werden, Dr. X falsch angeklagt zu haben. Zum anderen garantierten die mitgeschnittenen Unterhaltungen genug Beweis dafür, daß Dr. X sich für seine früheren Handlungen verantwortlich fühlte.

Obwohl meine Geschichte sich von der der ersten Klientin letztendlich erheblich unterschied, etwa in unserem anfänglichen Verhalten in dieser Verführungssituation und in der Weise, wie wir damit umgingen, waren unsere beiden Anwälte sehr davon beeindruckt, welche Ähnlichkeiten sie aufwiesen: die Diskussionen, die angebliche sexuelle Attraktivität, die beide für Dr. X empfunden hätten; der zunehmende körperliche Kontakt mit ihm, und seine Anweisung, uns auf den Fußboden hinzulegen. Hinzu kommt noch, wir beiden hatten um Hilfe gesucht, um unsere Schwierigkeiten in unseren heterosexuellen Beziehungen behandeln zu lassen. Und endlich, wir empfanden beide Dr. X als eine Vaterfigur, fühlten uns von ihm immer mehr angezogen und vertrauten blindlings seinen Fähigkeiten und seinen Absichten.

Whitehurst malte sich schon aus, wie er den Schmerzensgeldanspruch gegen Dr. X dadurch erhärten könnte, daß er psychische und emotionale Schäden nachweise. Um aber solche Schäden nachweisen zu können, sei es nötig, von jeder Klägerin psychologische Daten zusammenzustellen, die ihren Zustand vor ihrer sexuellen Verführung mit den Daten danach verglichen. Dr. X' Krankenkartei war durch Gerichtsbeschluß beschlagnahmt worden. Daher unterzog man uns einer neuen Folge psychologischer Tests. Dazu wählten die Rechtsanwälte einen örtlichen Psychologen, der mit uns die Tests durchführte. Wir füllten Fragebögen nach unserem Lebenslauf aus und mußten uns diagnostischen Interviews unterziehen. Die Ergebnisse aus diesen Tests und Fragebögen-Resultaten, die wir brauchten, um den Strafprozeß durchzuführen, werden im Kapitel 11 dieses Buches diskutiert.

Die dritte Klägerin:
Angeblicher Mißbrauch einer Minderjährigen

Die Rechtsanwälte Brown und Whitehurst reichten den Fall ihrer dritten Mandantin gegen Dr. X einen Tag vor Fristablauf ein. Dieser Fall war bei weitem schwieriger und unterschied sich auch von den ersten zwei. Er schloß Drogenmißbrauch durch die Klientin ein und beschuldigte Dr. X der Vernachlässigung seiner Klientin.

Diese junge Frau war von Dr. X untersucht worden, nachdem sie als Teenager von zu Hause ausgerissen war. Sie wies aggressives Verhalten auf und wurde deshalb im Krankenhaus aufgenommen. Dr. X hatte sie besucht, um sie psychologisch zu beurteilen; dies zu einer Zeit, da er sich selber nach seinen eigenen Aussagen „sehr macho-istisch" verhielt. Während ihrer Zeit im Hospital befand sie sich in einer Gruppentherapie mit Dr. X und begab sich drei Jahre später in eine individuelle Psychotherapie bei ihm, um ihren Drogenmißbrauch und ihre sonstigen psychischen Probleme behandeln zu lassen. Zu der Zeit, da der erste angebliche sexuelle Mißbrauch erfolgte, war sie noch minderjährig. Die Zeitspanne, in der Dr. X sie in Einzeltherapie behandelte, überlappte mit jener Zeit, in der ich mich in Behandlung bei ihm befand. Auch sie hatte Brown und Whitehurst aufgesucht, nachdem sie von den ersten beiden Fällen gegen Dr. X gelesen hatte.

Nachdem auch dieser dritte Fall eingereicht worden war, brachte Dr. X sein Gefühl, er werde zum Opfer gemacht, einem Reporter gegenüber zum Ausdruck, indem er sagte: „Dies ist einfach lächerlich! Wenn es bisher noch nicht jedem deutlich geworden ist, was hier gespielt wird, dann wird dies nie geschehen. Was soll ich sagen?"

Während er widerstrebend eingestand, daß er mit mir und Suzanne Browns erster Mandantin Geschlechtsverkehr gehabt hätte, gab Dr. X an, er hätte diese junge Frau lediglich auf seinem Schoß sitzen lassen. Bei ihr ging er in seinem sexuellen Kontakt anders vor, als er das bei mir und der ersten Klägerin getan hatte: Angeblich kniete er sich neben sie auf den Fußboden und erging sich über die Größe ihrer Brüste. In seiner Aussage unter Eid ging er jedoch soweit, endlich zuzugeben, daß die sexuelle Szene sich ungefähr so abgespielt habe, wie dies nun in den ersten beiden Fällen dokumentiert worden war:

Frage: Haben Sie sie aufgefordert, sich auf den Fußboden zu legen und sich zu entspannen?
Antwort: Ich erinnere mich, daß sie bei einer Gelegenheit auf dem Fußboden lag. Ich erinnere, daß auch ich mich auf dem Fußboden befand. Ich weiß nicht, ob wir Seite an Seite lagen oder ... auf dem Boden saßen, aber wir befanden uns beide in meiner Praxis auf dem Fußboden.

Dr. X wollte nicht zugeben, daß die Anschuldigungen seiner dritten Ex-Klientin stimmten, besonders nicht, daß er sie während ihres ersten Krankenhausaufenthaltes zärtlich gestreichelt habe, als sie noch Teenager war. Hätte er es getan, so würde dies bedeuten, wegen sexuellen Mißbrauches einer Minderjährigen angeklagt zu werden.

Weitere Nachforschung

Für die Rechtsanwälte Brown und Whitehurst war es wichtig, frühere Fälle dieser Art in den Vereinigten Staaten ausfindig zu machen. Ihre Nachforschungen auf diesem Gebiet ergaben, daß nur wenige Zivilgerichtsfälle durch Patienten gegen ihre Therapeuten wegen sexuellen Vergehens vor Gericht gebracht worden waren. Noch weniger dieser Fälle waren auch gewonnen worden. Dennoch stellte sich ihre Nachforschung um veröffentlichtes Material auf diesem Gebiet als ermutigend heraus, warnte sie aber zugleich vor der höchst unerfreulichen Publizität, die ihren Mandantinnen und deren privatem Leben zuteil werden würde, wovor sie geschützt werden müßten. Sie überlegten, wie sie am besten mit der delikaten und intimen Materie dieser Fälle umgehen könnten. Endlich entschieden sie

sich dafür, freiwillig so viel Einzelheiten wie möglich bekanntzu-
geben, anstatt abzuwarten, bis die Verteidiger von Dr. X solches
Material samt Einzelheiten ausgraben und gegen uns anwenden
würden. Diese Entscheidung basierte auf drei Ergebnissen, die
sie in ihrer Nachforschung ausfindig gemacht hatten.

Zum Ersten hatten sie entdeckt, daß ihr Plädoyer, das sie
vorbringen würden, viel sorgfältiger im Detail sein mußte als ein
allgemeines Plädoyer. In einem allgemeinen Plädoyer brauchten sie nur zu sagen: „Im Verlauf der Therapie hat sich der
Angeklagte sexuell mit der Klägerin eingelassen." Dies würde
Dr. X erlaubt haben, dem zu begegnen: „Aber es war ja nur eine
Affäre; sie hat versucht, mich zu verführen", oder „Wir hatten
eine persönliche Beziehung außerhalb der Therapie". Zum Zweiten glaubten sie, daß Dr. X wiederholter *modus operandi* für sich
sprechen würde und ein Schlaglicht auf sein unmoralisches
Verhalten werfen könnte, wenn wir unsere Aussagen vortrugen.
Endlich hofften sie, eine schwierige, intime und aufdringliche
Befragung dadurch zu umgehen, die uns bei unseren Aussagen
unter Eid begegnen könnte, daß wir von Anfang an all unsere
Aussagen so gründlich wie möglich machten. Das war der
Grund, warum unsere Anwälte von Anfang an unsere Berichte
von dem, was uns in der Praxis von Dr. X widerfahren war, in
ihren Plädoyers in allen Einzelheiten aufführten.

Die anderen Frauen

Als die Geschichte dieses Gerichtsfalles einschließlich
detaillierter Berichterstattung über Dr. X' sexuelles Vorgehen in
den örtlichen Zeitungen erschien, sah sich Suzanne Brown mit
Telefonanrufen von anderen Ex-Patientinnen von Dr. X überflutet. Einige dieser Frauen bestätigten frei heraus, daß diese
Zeitungsberichte genau das aussagten, was auch ihnen zuvor
schon bei Dr. X widerfahren war. Die Rechtsanwälte Brown und
Whitehurst gingen jede einzelne Geschichte dieser Frauen sorgfältig durch und fragten sich, wieweit dies wohl in ihren beiden

Fällen helfen würde, oder ob sie in einer gemeinsamen Klage gegen Dr. X vorgehen sollten. Während einige der Frauen durchaus ihr Interesse kund taten, als Zeuginnen gegen Dr. X auszusagen, waren andere dazu wiederum nicht bereit oder vermochten dies nicht zu tun. Einige fürchteten sich vor der gefühlsmäßigen Belastung. Andere scheuten die Öffentlichkeit. Niemand war daran interessiert, einen eigenen Fall daraus werden zu lassen.

Von den Frauen, die anriefen, waren sechs dazu bereit, als Zeuginnen aufzutreten. Unter ihnen wählten die Anwälte nur die aus, deren angebliche Erfahrung sexuellen Mißbrauchs durch Dr. X sich nicht sehr von dessen üblichen Verführungsmethoden unterschied. Aber, ob sie nun als Zeuginnen in den ersten beiden Fälle gebraucht würden oder nicht, alle diese sechs Frauen waren von dem einen Wunsch erfüllt: Sie wollten die Gewißheit, daß Dr. X niemals mehr fortfahren könnte, sich seinen Patientinnen sexuell zu nähern.

4

Das Labyrinth der Strafver-
folgung: Wohin gehen wir?
Wann kommen wir dort an?

Stille Verhandlungen

Bevor die Rechtsanwälte Brown und Whitehurst die ersten beiden Rechtsfälle gegen Dr. X einreichten und bekanntmachten, verhandelten sie mit der Versicherungsgesellschaft von Dr. X. Sie waren davon überzeugt, daß in diesen beiden ersten Fällen sehr viel Sprengstoff enthalten war, den Ruf von Dr. X zu vernichten. Sie rechneten sich aus, falls er daran interessiert wäre, seinen Ruf retten, er ebenfalls an Verhandlungen mit uns interessiert sein könnte und damit verhindern würde, daß die Fälle überhaupt ins Rollen kämen. Nach Aussagen seiner Versicherungsgesellschaft war Dr. X geneigt, sich darauf einzulassen. Die Anwälte Brown und Whitehurst erlitten aber bei den Verhandlungen eine Niederlage, so daß sie im Sommer

1978 die Fälle wegen Berufsvergehens beim Bezirksgericht einleiteten. Die Anklage bestand auf Vorwurf beruflicher Vernachlässigung, Körperverletzung, irreführender Geschäftemacherei, Schwindel, Betrug, Vertragsbruch und beabsichtigter Zufügung von emotionalem Leiden. Meine Anklageschrift sah im einzelnen so aus:

> Der Beklagte, lizensierter Psychologe und niedergelassen als praktizierender Psychologe, schuldete der Klägerin in dieser Gemeinde eine Psychotherapie, wie sie den Regeln entspricht. Der Beklagte versagte gegenüber der Klägerin in der Ausübung seines Berufes, indem der Beklagte
>
> a) es unterließ, der Klägerin eine entsprechende konstruktive Psychotherapie zukommen zu lassen;
> b) sie sexuell attackierte und mißbrauchte und dies gegenüber der Klägerin, seiner Patientin, unter dem Vorwand der Psychotherapie bemäntelte;
> c) es unterließ, das Patienten/Therapeuten-Verhältnis mit seiner Klientin zu beenden und sie für eine ordnungsgemäße psychologische Behandlung einem anderen zuzuweisen;
> d) die Klägerin in ihrer Abhängigkeit von ihm als der einzigen vertrauenswürdigen männlichen Gestalt im Leben der Klägerin ermutigte.
>
> Solches Verhalten verletzt in besonderem Maße die ethischen Richtlinien des Berufes von Dr. X, wie sie in der American Psychological Association's Ethical Standard of Psychologists (1981) festgesetzt worden sind, in denen ausdrücklich betont wird:

... Psychotherapeuten müssen sich ständig klar machen, worin ihre eigenen Bedürfnisse bestehen, worum sie zu kämpfen haben und welch eine starke Macht ihnen in der Position vis-à-vis mit ihren Klienten verliehen ist, damit sie sich jederzeit bewußt sind, deren Vertrauen und Abhängigkeit niemals auszunutzen. Psychotherapeuten sind aufgefordert, sich ständig vor einer doppelten Beziehung mit ihren Klienten in acht zu nehmen und sich zugleich klarzumachen, daß solche Beziehungen sie in ihrer professionellen Urteilsfähigkeit beeinträchtigen können oder mit zum Risiko dazu beitragen, daß ihre Klienten ausgebeutet werden. Beispiele solcher doppelten Beziehung schließen die Behandlung von Angestellten, Supervisanden, enge Freunde und Verwandte ein. Sexuelle Intimitäten mit Klienten sind unzulässig.

Der Zivilprozeß

Schon am Anfang der Verhandlung warnte mich Rechtsanwalt Whitehurst, daß dieser Fall gegen Dr. X nur der erste von zwei Rechtsfällen sein könnte. In einem zweiten Gerichtsverfahren gegen die Versicherungsgesellschaft von Dr. X könnte es notwendig werden, nachzuweisen, daß diese die Verantwortung dafür zu übernehmen habe, sexuelles Mißverhalten abzudecken; etwas, was sie von Anfang an bestritten hatte. Damit wurde mir klar, daß ich mich auf etwas eingelassen hatte, was sich über Jahre hinziehen könnte. Die Versuchung, „das Schiff zu verlassen", ging mir mehr als einmal im Kopf herum.

Innerhalb von zwei Tagen, nachdem der Fall eingereicht war, antwortete der Anwalt von Dr. X dem Gericht, indem er „jede einzelne der Anschuldigungen, die in der Klageschrift der Klägerin aufgeführt ist, abstritt". Nachdem ihm durch unsere Rechtsanwälte Brown und Whitehurst eine Liste schriftlicher Fragen zugestellt worden war, bestritt Dr. X ebenfalls viele dieser Anschuldigungen. Aber seine Anworten änderten sich sowohl im Laufe der Zeit wie auch jeweils vor dem Gericht, vor dem ihm dieselben Fragen gestellt wurden. Zum Beispiel bestritt Dr. X beharrlich Befragungspunkt 73: „Daß Sie im Verlauf der Behandlung der Klägerin die Ethikregeln der American Psychological Association verletzt haben, in denen es heißt: ‚Sexuelle Intimitäten mit Klienten sind unmoralisch'". Aber im folgenden

Monat, als Dr. X damit rechnen mußte, daß man seine Behandlungslizenz widerrufen würde, beantwortete er die letzte Frage des Vorsitzenden bejahend: „Fühlen Sie sich in Ihrem professionellen Urteil schuldig, ein unprofessionelles Verhalten bewiesen zu haben in bezug auf jene Anschuldigungen, die die Anklägerin gegen Sie vorgebracht hat?" (Auf die bejahende Antwort zu dieser Frage verlor Dr. X als Ergebnis dieses Verhörs vorübergehend seine Lizenz als Therapeut, wie dies in Kapitel 5 beschrieben wird.)

Ganz abgesehen davon hatte Dr. X in früheren Verhandlungen den Versuch unternommen, die tatsächliche Patienten-Arzt-Beziehung zu seinen Gunsten darzustellen. Sein Argument war, daß wohl eine doppelte Beziehung zwischen ihm und jeder seiner beiden Patientinnen bestanden habe, aber wir hätten niemals für die Zeit bezahlen müssen, in der sexueller Verkehr stattgefunden hätte. In Beantwortung des Befragungspunktes 70: „Daß Sie jedesmal der Klägerin die Rechnung stellten, egal ob es sich dabei um praktizierten Geschlechtsverkehr gehandelt hat oder nicht", antwortete Dr. X: „Ich kann weder zugeben noch abstreiten, daß die mir gestellte Frage richtig ist, und dies aus folgendem Grund: Es kann sein, daß ihr die Sitzung in Rechnung gestellt worden ist, aber sie wurde ihr niemals in Rechnung gestellt während der Zeit, als Geschlechtsverkehr stattfand."

Die Frage der Zusammenhänge des sexuellen Verkehrs in der Therapiesitzung entwickelte sich bald zum entscheidenden Argument in diesen Fällen. Wir argumentierten, Dr. X habe uns dazu veranlaßt, mit ihm Geschlechtsverkehr in seiner Praxis während der Psychotherapie-Sitzungen durchzuführen, für die wir ja schon bezahlt hatten, und daß wir den Geschlechtsverkehr als einen Teil der Therapie betrachtet hätten. Dr. X dagegen behauptete, daß dieser Geschlechtsverkehr von der Therapie zu unterscheiden gewesen wäre und nur zusätzlich erfolgte. Er behauptete weiterhin, zwischen ihm und jeder von uns beiden Klägerinnen hätte eine persönliche Beziehung bestanden. Damit, so folgerte er, wären wir psychologisch frei gewesen und keine Patientinnen mehr. Wir hätten uns für den Geschlechtsverkehr frei entscheiden können.

Dr. X verweigerte sich beharrlich weiteren Befragungen, die es uns ermöglicht hätten, noch andere frühere Patientinnen von ihm als zusätzliche Zeuginnen auftreten zu lassen. Die Raffinesse, mit der er dabei vorging, zeigt sich im Befragungspunkt 50, der bald zum beherrschenden Thema dieser juristischen Kämpfe wurde und die gesamte Tonskala im Gericht bestimmte:

> Bitte sagen Sie uns, ob Sie jemals eine Ihrer gegenwärtigen oder früheren Patientinnen, die zu behandeln Sie übernommen hatten, geküßt haben, berührten, umarmten, streichelten oder sonstigen sexuellen Kontakt in irgendeiner Weise hatten, Geschlechtsverkehr eingeschlossen. Falls so, geben Sie bitte an:
> a) den vollen Namen einer solchen Patientin,
> b) das Datum eines jeden sexuellen Kontaktes,
> c) eine ausführliche Beschreibung eines jeden Sexualaktes und -kontaktes und
> d) ob ein solcher Akt und Sexualkontakt in Ihrer Praxis oder an einem anderen Ort stattfand. Sollte es an einem anderen Ort gewesen sein, so geben Sie die genaue Adresse jener Örtlichkeit an.

Runde 1: Gerichtsstationen

Im Oktober beantragte Dr. X beim Richter des Bezirksgerichts eine Schutzmaßnahme, die seine anderen Patienten schützen sollte, damit nicht auch sie in diese Sache hineingezogen würden. Er behauptete dabei, daß weitere Informationen nicht mehr notwendig wären und argumentierte, daß, wenn man seine weiteren Krankenkarteien heranziehen würde, dies eine Verletzung der konstitutionellen Rechte auf sein Privatleben bedeutete. Dies habe er als der Therapeut zu tun, der seine

Patienten schützen müsse, wie dies auch Schutz für ihn selbst bedeuten würde. Dagegen argumentierten Brown und Whitehurst, daß weitere Informationen einfach notwendig wären, denn sie hätten zu beweisen, wie sehr das Vorgehen von Dr. X nach einem bestimmten Schema ausgerichtet wäre. Sie wären davon überzeugt, daß Dr. X sich eines vorbereiteten Planes bediente, um seine Patientinnen systematisch zu verführen.

Befragungspunkt 50 wurde niemals zufriedenstellend beantwortet. Wahrscheinlich bestand die Archillesferse darin, daß es hier um Verallgemeinerungen ging, nicht aber ausschließlich um sexuellen Kontakt. Die Worte *touched (berührt)* und *hugged (umarmt)* weiteten die Untersuchung seines Verhaltens unmäßig aus. Dagegen erhob der Anwalt von Dr. X Einspruch. Er argumentierte damit, falls die Beweiserhebung wegen angeblichen sexuellen Kontaktes mit anderen Patientinnen zugelassen würde, das Gericht dann jede einzelne Patientin anhören müßte, die jemals von Dr. X behandelt worden wäre. Der Therapeut müßte dann in der Lage sein,

> im Zeugenstand jede einzelne Patientin auftreten zu lassen, mit der er keinerlei sexuelle Beziehung unterhalten hat, jene, mit denen er sexuelle Beziehungen hatte, falls es solche gibt, vorher oder als Konsequenz während der Zeit der psychologischen Behandlung, und jene, mit denen er sexuelle Beziehungen hatte, falls es solche gibt, während der Zeit oder zusätzlich zu seiner psychologischen Behandlung ... extreme juristische Verwirrung und Vorurteile würden dies notwendigerweise mit sich bringen.

Was Dr. X Berufung auf das Grundrecht zum Schutz des Privatlebens anging, so argumentierten Brown und Whitehurst, daß sich dieses Grundrecht nicht auf den sexuellen Kontakt mit Patienten eines Psychologen beziehe. Sollte wirklich der Anschauung des Therapeuten nachgegeben werden, daß der Geschlechtsverkehr im einzelnen außerhalb der Arzt-Patienten-Beziehung erfolgt sei, dann laute ihr Argument so:

Gemäß Staatsgesetz gibt es keine besonderen Beziehungen zwischen Ärzten und ihren Patienten... es gibt kein Gesetz, daß ein solches Vorrecht in der Beziehung Psychotherapeut-Patient einräumt ... in bezug auf den Einwand von Dr. X, daß seine sexuellen Handlungen mit Patienten nicht Teil der Therapie gewesen wären, ist Dr. X inkonsequent, wenn er nun argumentiert, daß diese seine Handlungen durch das Vorrecht eines Arztes oder Psychologen gewährleistet und geschützt seien.

Es ist richtig, daß der Staat ein allgemeines Recht, die Privatsphäre zu schützen, anerkennt. Brown und Whitehurst glaubten aber, daß sie auf weitere Informationen über Patientinnen angewiesen wären, weil es sich hier um eine Frage der öffentlichen Meinung und damit der Öffentlichkeit handelte. Außerdem wären sie darum bemüht, so weit wie möglich die Privatsphäre zu schützen: Dr. X sollte ihnen die Namen in einem verschlossenen Umschlag überreichen. Das Gericht würde dann entscheiden, ob und wann dieser Umschlag geöffnet würde, und wer im einzelnen vorzuladen sei. In den Gerichtsakten könnte man dann die Namen jeweils durch einen Buchstaben des Alphabetes wiedergeben, so daß die Anonymität gewährleistet sei. Schließlich könnte eine weibliche Fachkraft aus dem Gesundheitswesen schon zuvor bei den einzelnen Patientinnen vorsprechen. Dies nach vorheriger vertraulicher Absprache mit Brown und Whitehurst.

Der Richter ordnete an, daß Dr. X unsere Anwälte mit den Antworten zu Befragungspunkt 50 zu versorgen hätte. Aber er reduzierte die Fragen auf die Zeit, da Dr. X die Beschwerdeführerin behandelte. Die Antworten sollten dem Gericht in einem versiegelten Umschlag überreicht werden. Jeweils eine Kopie davon ginge an die Anwälte der Klägerinnen. Die Information in diesen Umschlägen dürfte aber nicht bekanntgegeben werden.

Fest entschlossen, diese Informationen nicht herauszurücken, wurde Dr. X wegen Nichtachtung des Gerichtes zu Gefängnis verurteilt, bis er die Namen zur Verfügung stellen würde. Am folgenden Tag verhaftete man ihn, aber er wurde gegen eine Kaution von 100 Dollar sofort wieder freigelassen, da er an ein höheres Gericht appellierte. Doch der State Supreme Court wollte keine der beiden Seiten anhören, wollte aber auch nicht das Urteil wegen Mißachtung des Gerichts durch Dr. X aufheben. Dagegen legte der Therapeut Berufung ein. Aber auch dieses Mal behielt der Richter seinen Rechtsspruch aufrecht.

Unbeeindruckt davon appellierte Dr. X an die nächste Gerichtsinstanz. Damit aber entstand für uns eine neue Situation. Während der Prozeß gegen Dr. X noch lief, hatte die Gesetzgebung des Staates ein neues Gesetz erlassen, und zwar mit Wirkung vom Sommer 1979, das die Beziehung Arzt-Patient für vertraulich erklärte und darauf bestand, daß Schweigepflicht gewahrt werden müsse. Das örtliche Gericht sah sich nun nicht mehr in der Lage, in bezug auf Dr. X, der sich ja darauf berief, daß die konstitutionell zugesicherte Intimsphäre gewahrt werden müsse, eine so weitreichende Entscheidung zu treffen. Damit wurde der Fall an das Bezirksgericht verwiesen. Dieses Gericht erhielt zugleich die Auflage, festzustellen, ob in diesem Fall das neue Gesetz angewandt werden müsse oder nicht. Nun befanden wir uns schon im zweiten Jahr der Prozeßführung, und der ganze Prozeß artete immer mehr in ein gerichtliches Karussell aus.

Runde 2: Das Bezirksgericht
Das Oberste Gericht des Staates

Der Richter des Bezirksgerichts, der noch einmal sein früheres Urteil überdachte, kam zu der Meinung, das neue Gesetz würde Dr. X in bezug auf seine sexuellen Kontakte mit seinen Patientinnen nicht schützen. Noch einmal wurde das Urteil ausgesprochen, Dr. X müsse ins Gefängnis. Dieser Gefängnisaufenthalt dauerte aber nur einen Nachmittag lang, den Dr. X im Privatbüro des Sheriffs verbrachte. Die Rechtsanwälte beider Seiten machten sich darauf gefaßt, daß der ganze juristische Zirkus nun noch einmal von vorn beginnen würde. In diesem Fall müßten Anwälte und Richter klären, welche Einwirkungen das neue Statut auf Befragungspunkt 50 haben würde. Noch einmal beantragte Dr. X, daß sein Fall an das Oberste Gericht des Staates übergeben werde und er argumentierte damit, daß dieses Gesetz nun im nachhinein auf ihn angewendet werden müsse. Das konstitutionell verbürgte Recht eines jeden Patienten auf seine Privatsphäre verbiete, deren Namen preiszugeben. Endlich, im Frühjahr 1981, nach langen abwägenden Beratungen, traf das Gericht seine Entscheidung. Das Hauptaugenmerk war dabei auf die Frage gerichtet, ob die staatliche Gesetzgebung das neue Gesetz so verabschiedet hätte, daß es nur zukünftig gelte, oder ob es auch rückwirkend einzusetzen sei. Sollte das Gesetz wirklich rückwirkend angewendet werden, dann hätte das Gericht zu entscheiden, ob der Inhalt der Information, die durch Befragungspunkt 50 gewonnen werden sollte, eben unter dieses Statut falle.

Die Mehrheit der Richter kam zu der Überzeugung, wenn das Gesetz wirklich rückwirkend anzuwenden sei, dann fiele auch das erbetene Informationsmaterial darunter und seine Veröffentlichung wäre nicht statthaft:

Die Hauptfrage, die in Befragungspunkt 50 untergebracht ist, erfordert als Antwort ein klares „Ja" oder „Nein" auf eine gründliche Befragung, ob der Angeklagte sich daran vergangen hat, daß er in einer Reihe von Fällen sich hat dazu hinreißen lassen, frühere Patientinnen unsittlich zu berühren oder gar Geschlechtsverkehr mit ihnen zu haben. Ein „Ja" als Antwort braucht es, selbst wenn er sich anderen Patientinnen nur intim genähert hat. Doch die Interpretation von einem „Ja" als Antwort könnte einschließen, daß der Beklagte Geschlechtsverkehr mit anderen Patientinnen hatte. Dies könnte im höchsten Grade peinlich werden oder sich auf bestehende Familienbande solcher Frauen zerstörerisch auswirken, die zu irgendeinem Zeitpunkt nach 1972 seine Patientinnen waren.

Darüber entspann sich ein scharfer juristischer Streit. Die Meinungen waren geteilt, wieweit durch dieses Statut Informationen über sexuelle Kontakte ein besonderes Vorrecht genießen:

In diesem Statut gibt es keinen Anhalt dafür, daß Beziehungen, die über die professionelle Beziehung und die Arzt/Patientin/Klientin-Beziehung hinausgehen, ein besonderes Vorrecht genießen ... die Gesetzgebung ist von der Absicht ausgegangen, daß nur Beziehungen, die wirklich in die professionelle Beziehung hineingehören, das heißt in bezug auf Diagnose, Befunderhebung oder Behandlung eines Patienten/Klienten, ein besonderes Vorrecht genießen. ...(der Angeklagte) hat in seinen Antworten auf die Befragungen und in seinen Ausführungen ausdrücklich verneint, daß seine sexuellen Kontakte mit den Klägerinnen Teil einer professionellen Therapie der Klägerinnen gewesen wären. Daraus ist zu folgern, daß irgendwelche weiteren „sexuellen" Kontakte, die er mit anderen Patientinnen oder Klientinnen gehabt hat, in gleicher Weise nicht zur Therapie gehörten, die er bei ihnen anwandte, und damit nicht Teil einer professionellen Beziehung ihnen gegenüber bildeten.

Während man den offensichtlichen Wunsch des Angeklagten verstehen kann, „not to kiss and tell" (Anspielung auf eine amouröse, biografische Buchreihe. A.d.Ü.), haben ihn in diesem Fall die Klägerinnen beschuldigt, daß seine Verführungen nur ein ekliger Anteil jener Kapitel gewesen wären, in denen er ihnen im Verlauf der Psychotherapie nachgestellt habe, was für ihn nicht ungewöhnlich gewesen wäre. Die Befragungen und Geständnisse (des Angeklagten), die aufgezeichnet sind, gehen alle in die Richtung, daß diese sexuellen Übergriffe ursprünglich von den Klägerinnen ausgingen ... daher ist es von entscheidender Bedeutung, ja, einfach unerläßlich, daß in diesem Fall den Klägerinnen eine Möglichkeit gegeben wird, das Verhalten des Beschuldigten aufzuzeigen.

Es ist schwer, dem Gericht in seiner kavalierhaften Weise, unbenannte frühere Patientinnen zu schützen, entgegenzutreten. Doch ich wage zu behaupten, daß das Gericht sich darum weniger bemüht haben würde, wenn es sich um männliche Patienten gehandelt hätte. Diese geschlechtsbestimmte Diskriminierung hat sich auch in früheren Entscheidungen des Gerichts gezeigt ... die traurige Kehrseite dieser Ritterlichkeit besteht darin, daß dieser Prozeß, der doch bemüht ist, die Wahrheit herauszufinden, nur nutzlos verlängert wird. Die Entscheidung des Gerichts bringt weitere Ungerechtigkeit, die ja durch den Gesetzgeber nicht beabsichtigt ist. Diese Entscheidung erlaubt einem Psychotherapeuten, seinen Patienten ernsthaften psychischen Schaden zuzufügen, während sie ihn selber mit Schutz ummäntelt und ihm das Vorrecht gewährt, seine Taten zu verdecken ... Es geht hier letztlich um das Privileg, daß dem Täter Recht eingeräumt wird, nicht aber dem Opfer.

Mit einer fünf zu vier-Abstimmung entließ das Gericht Dr. X aus der Verurteilung wegen „Mißachtung des Gerichtes" und gab ihm nun nach langer Zeit das Recht, weitere Informationen bezüglich sexueller Kontakte mit anderen Patientinnen zurückzuhalten. Dies war eine weitreichende Entscheidung, und für viele professionelle Psychotherapeuten in unserem Staat wirkte sie sich positiv aus. Für uns aber bedeutete es, daß wir zunächst unseren Fall als verloren ansahen.

Verlegung des Gerichtsortes

Schon während der Zeit, da unsere Fälle von einem Gericht zum anderen wanderten, wobei es um den Schutz der Privatsphäre ging, kämpften unsere Rechtsanwälte Brown und Whitehurst bereits an einer zweiten Front. Ende 1978 beantragte der Anwalt von Dr. X, die Verhandlungen an einen anderen

Gerichtsort zu verlagern. Dies bedeutete für uns eine große Bedrohung, und unsere Anwälte sahen sich vor die neue Aufgabe gestellt, zu beweisen, daß es nicht zutraf, wenn Dr. X behauptete, „an diesem Ort gibt es zu viele Vorurteile", die es verhinderten, daß ihm eine faire und unparteiische Gerichtsverhandlung zuteil würde. Ganz unrecht hatte er zwar nicht, denn seit vier Monaten waren die örtlichen Zeitungen von Berichten über die Verhandlungen voll, und dies bereits auf den Titelseiten.

Brown und Whitehurst engagierten daraufhin einen Berater, der durch eine Anzeigenagentur herausfinden sollte, wie es um die öffentliche Meinung bestellt sei, und wieviele Leute tatsächlich von diesen Geschichten erreicht worden wären. Das Ergebnis war, wenn man alle Erhebungen auswertete, daß nicht mehr als ein Drittel der Bevölkerung in dieser Gegend von den Fällen überhaupt gehört hatte. Mit diesen Ergebnissen versehen, wehrten sich unsere Anwälte vehement dagegen, daß der Gerichtsort verlegt werden sollte.

Dazu ließ sich vieles zu unseren Gunsten sagen. Während in kriminellen Fällen die konstitutionellen Rechte gegen Voreingenommenheit auf das Stärkste geschützt werden müssen, und Verlagerung des Gerichtsortes bereits dann angeordnet wird, wenn auch nur der leiseste Hinweis in der Bevölkerung dies gerechtfertigt erscheinen läßt, hat man dagegen in Zivilklagen kaum jemals einem solchen Wechsel des Gerichtsorts zugestimmt. Dennoch zog der Richter es in diesem Fall vor, als Gerichtsort eine benachbarte Kleinstadt zu benennen, denn er war davon überzeugt, daß in Zivilklagen nur wenig Publizität schon genügt, um „den Brunnen zu vergiften". Er zeigte sich darum besorgt, daß die Öffentlichkeit durch die Natur dieses Rechtsstreites, den Verlust der Lizenz von Dr. X und die schwerwiegenden Vorwürfe, die gegen ihn erhoben waren, das alles zusammen seine Chancen mindern könnten, einen fairen Prozeß zu erhalten.

Man wollte die Gerichtsverhandlung vor allem deshalb in eine kleinere Stadt verlegen, weil in solcher Umgebung die Geschworenen weniger Symphathie für Patientinnen zeigen, die unverheiratet sexuell aktiv sind. Suzanne Brown hat von Anfang an zugegeben, daß sie und Whitehurst sich dadurch entmutigt gefühlt hätten, als sie sahen, wie sehr die Geschlechterrolle stereotypisch gehandhabt worden wäre. Immer wieder trafen sie mit Leuten zusammen, für die es ganz selbstverständlich war, daß sich Frauen sexuell nicht belästigt fühlen dürften, es sei denn, sie wären vergewaltigt worden. Sie machten sich Sorgen darüber, in einer Kleinstadt von zweitausend Einwohnern nicht genug Geschworene zu finden, die frei von solchen Vorurteilen wären. Diese Sorge erwies sich jedoch späterhin zu unserer Erleichterung als unbegründet, nachdem wir sieben Verhandlungen hatten beobachten können. Unsere drei Fälle wurden endlich für den späten Herbst 1982 angesetzt.

Es wird ernst

Ursprünglich hatten Brown und Whitehurst vorgehabt, unsere Fälle getrennt verhandeln zu lassen. Diese Entscheidung brachte es mit sich, daß wir uns fünf Jahre lang in einem Balanceakt befanden. Die Klägerinnen sahen sich kaum jemals, und niemals war es ihnen gestattet, sich einander mitzuteilen. Diese strenge Regel war uns von unseren Anwälten Brown und Whitehurst auferlegt worden, und damit begann ein Jonglierakt, wie es ihn in der Rechtsgeschichte zuvor so noch nicht gegeben hat. Alle Verabredungen, die für die Klägerinnen getroffen werden mußten, so etwa mit den Gutachtern und anderen Personen, die über uns Erhebungen oder Beurteilungen anzustellen hatten, durften niemals so gelegt werden, daß wir uns dabei begegneten. Am zeitraubendsten war diese Vorsichtsmaßnahme für unsere Anwälte, die nun alles in dreifacher Weise zu erklären hatten, von den Rechtsbestimmungen bis dahin, welchen Fortschritt unsere Fälle machten. Wichtigster Grundsatz dabei war, daß niemand später uns einen Vorwurf machen konnte, es hätte zwischen den Klägerinnen Absprachen gegeben.

Im Sommer 1982 beantragte der Anwalt von Dr. X, alle drei Fälle zu einem zusammenzulegen. Brown und Whitehurst machten sich deutlich, wieviel Zeit schon vertan war und wie teuer es wirklich wäre, die drei Fälle weiterhin getrennt zu führen. Daher legten sie dagegen nur einen formalen Protest ein. Von nun an führten wir einen Gruppenprozeß, und das konnte nur zu unserem Vorteil sein. Wir waren nun in der Lage, Dr. X eine Verführungsmethode nachzuweisen, um dennoch bei allen Gemeinsamkeiten auf Unterschieden zu bestehen, die sein Verhalten bei jeder einzelnen von uns ausgelöst hat.

Ich wußte von vornherein, daß dieser Prozeß nicht so ablaufen würde, wie er geplant war. Um einen Vorgeschmack davon zu bekommen, wie ich mich in diesem Gerichtssaal fühlen würde, mischte ich mich unter die Zuhörer, als es darum ging, aus den drei Fällen einen werden zu lassen. Die Verhandlung schleppte sich mühsam dahin. Dies zeigte mir, warum inzwischen so viel Zeit darüber vergangen war. Traurigkeit überfiel mich, als ich einsah, daß ich es kaum aushalten würde, das Ende dieses Prozesses zu erwarten. Ich konnte mir nicht vorstellen, mir drei Wochen lang oder gar noch länger das juristische Hickhack zwischen den Anwälten mitanhören zu müssen. Ein Gefühl der Hilflosigkeit überwältigte mich im Gerichtssaal und wurde nur noch von der Ungeduld übertroffen, daß das doch alles einmal enden müßte. Den Richter erlebte ich als humorvoll, der ruhig kleine Scherze mit den Anwälten machte, und diese wiederum ähnelten eher wohlwollenden Kollegen als erbitterten Widersachern. Der Richter brachte sein Bedenken darüber zum Ausdruck, daß die Geschworenen durch einen Gruppenprozeß überfordert sein könnten, wenn zugleich jede Klägerin auch als Zeugin für die beiden anderen auftreten würde. Dennoch war er bereit, dem Antrag von Dr. X nachzukommen, offensichtlich versöhnt durch die Bemerkung von dessen Anwalt: „Dies wird kein Prozeß sein, in dem die Geschworenen einschlafen werden, Euer Ehren."

Obwohl es nun um einen Gruppenprozeß ging, sahen sich die drei Klägerinnen weiterhin gezwungen, sich strikt an die

Anordnung zu halten, nicht miteinander zu verkehren. Brown und Whitehurst hielten dies immer noch für notwendig. Unser selbstauferlegtes Schweigen schloß die Möglichkeit aus, daß ein Fall mit dem anderen vermischt würde. Tatsächlich haben wir bis zu jenem Tag, da der Fall sein Ende fand, kein einziges Wort miteinander gewechselt.

Lösung

Im Herbst 1982 waren sich beide Seiten einig, daß die Kosten dieses Prozesses erheblich sein würden. Die Gerichtsverhandlung würde mindestens drei Wochen dauern und eine Kleinstadt beherrschen, die 75 Meilen von daheim entfernt war. Unsere Rechtsanwälte spekulierten, daß sie schon mit einem außerordentlichen Urteil gewinnen müßten, um einigermaßen gut dabei wegzukommen. Auch der Rechtsanwalt von Dr. X sah hohe finanzielle Kosten auf sich zukommen. Nach vier Jahren und neun Monaten Prozeßführung waren beide Seiten bereit, den Fall abzuschließen. Auch die Versicherungsgesellschaft von Dr. X, die daran interessiert war, den Fall abgeschlossen zu sehen, zeigte sich geneigter zu verhandeln, nachdem immer deutlicher wurde, daß es zu pathologischen Schäden gekommen war.

Monate zuvor war Dr. Annette Brodsky als Fachgutachterin vorgeladen worden. Ihre Aufgabe bestand darin, wenn dies überhaupt möglich war, herauszufinden und zu begutachten, wie sehr wir durch unsere sexuelle Beziehung mit Dr. X psychisch geschädigt worden wären. Bald nachdem sie berufen worden war, begutachtete sie uns, und viel später, zu Prozeßende, ein zweites Mal. Ihre Aussagen waren dazu angetan, bei den Rechtsanwälten von Dr. X den Eindruck zu hinterlassen, wir könnten tatsächlich die Geschworenen davon überzeugen, daß die Handlungen von Dr. X an uns schädigend gewirkt hätten. Innerhalb von vier Wochen, nach dem Gutachten von Dr. Brodsky, machte die Versicherungsgesellschaft von Dr. X ein ernst zu

nehmendes Angebot. Und dies nach all den Jahren der Prozeßführung. In meinem Freudenausbruch nannte ich die Wirkung
ihrer Begutachtung „den Brodsky-Effekt".

Die Verhandlungen, die diesem Ereignis folgten, wurden
in wenigen Tagen abgeschlossen. Von den 110.000 Dollar, die
wir gewannen, erhielt meine Anwaltskanzlei 26.000 Dollar.
Schon damals und auch jetzt sehe ich diese finanzielle Entschä-
digung, die ich erhielt, mehr als symbolisch an. Diese Lösung
schien mir immer noch besser, als weiterhin zu prozessieren,
auch wenn sie in keiner Form den Schaden wettmacht, den Dr. X
in mir angerichtet hat. Einen Teil des Geldes verwandte ich für
meine Therapie, die ich erneut begonnen hatte und die ich
während vieler Monate aufrechterhalten mußte. Ein weiterer Teil
des Geldes ging in meine Weiterbildung, um Psychologin werden zu können, ein Ziel, das ich mir ja schon als Teenager
gesteckt hatte. Dieses Ziel nahm ich nur zögernd wieder auf,
denn meine böse Erfahrung mit Dr. X hatte mich für diesen Beruf
verdorben. Ich konnte mir nicht vorstellen, den gleichen Beruf zu
ergreifen, den er in so schrecklicher Weise ausgeübt und mißbraucht hatte.

Als ich meinen Anteil am Schmerzensgeld erhielt,
wünschte ich, dieses schreckliche Strafgericht möge für immer
vorüber sein. Dies aber war nicht der Fall. Die Berufserlaubnis
von Dr. X war nur zwischenzeitlich aufgehoben worden. Er durfte
nun weitere Beratungen in seiner Praxis durchführen. Er war
„wieder draußen", das wußte ich. Ich wußte aber auch, daß ich
mit ihm und den Folgen dessen, was er mir angetan hatte, noch
längst nicht fertig war. Das wußte ich genau.

Der Preis für den Zivilprozeß

Suzanne Brown sagte mir einmal, sie sei nicht sicher,
welcher Aspekt eines Zivilprozesses für ihre drei Klientinnen
wohl der schwerwiegendste wäre: Die Frustration, die dadurch

entsteht, daß zahlreiche Prozeßdaten festgesetzt und dann nicht eingehalten würden, oder die gefühlsmäßige Belastung, die auftritt, ehe der Prozeß überhaupt beginnt. Während ich unter Eid vernommen wurde, erlitt ich ein Trauma nach dem anderen, daß mir so intime, manchmal gar verletzende und oft auch irrelevante Fragen gestellt wurden. Während meiner ersten Vernehmung unter Eid hielt es Rechtsanwalt Whitehurst für notwendig, den Prozeß zwei Stunden lang zu unterbrechen, um sich auf die Suche nach einem weiblichen Gerichtsreporter zu machen. Er bestand darauf, es wären zu viele Männer als Reporter gegenwärtig, angelockt von der Materie, die da vorgetragen würde.

Auch während jener Stunden, da Dr. X unter Eid vernommen wurde, durchlief ich eine Zeit schrecklichster Verzweiflung, denn Dr. X stellte mich als Lügnerin und als Verführerin dar. Dennoch diagnostizierte er, ich sei emotional gesund und frei jeglicher psychischer Schädigung. Seine Diagnose basierte auf nichts anderem als seinem Eindruck, als wir unter Eid auszusagen hatten und ich damit unter Streß stand:

Frage: Dr. X, Sie sind also der Meinung, daß durch diese Umstände keinerlei Schädigung erfolgte?
Antwort: Das ist richtig.
Frage: Womit begründen Sie Ihre Meinung?
Antwort: Ich habe Carolyn beobachtet ... ich schaute sie einfach an. Ich habe sie während ihrer eidlichen Aussage erlebt, und ich habe sie heute gesehen, auch gestern ...
Frage: Sie sagten, Sie hätten sich Ihre Meinung zum Teil dadurch gebildet, daß Sie diese Frauen beobachtet hätten?
Antwort: Das ist richtig.
Frage: Was ist Ihnen an Carolyn aufgefallen, daß Sie zu dem Schluß gekommen sind, sie habe durch Ihre Handlungen keinerlei Schaden davongetragen?
Antwort: Nun, sie erscheint mir körperlich gesund. Ihre Haltung ist den Umständen angepaßt.

Frage: Den Umständen angepaßt. Wollen Sie mir sagen, was Sie darunter verstehen?

Antwort: Sie lacht, wenn sie etwas als lustig empfindet, und sie ist ernst, wenn sie glaubt, es wird von ihr erwartet, ernsthaft zu sein. Und ihre Laune und ihr Betragen entsprechen genau dem, was um sie herum vorgeht.

Während jener drei Tage, da ich – nur durch einen Tisch von ihm getrennt – Dr. X gegenübersaß und seine Aussagen unter Eid mit anhörte, empfand ich Abscheu, aber auch Trauer. Es gab sogar einen Augenblick, da er mir zublinzelte, als wollte er sagen: „Wir bleiben trotz allem Freunde!" Ebenfalls während seiner Aussage unter Eid erwähnte er gegenüber Brown, daß er mich, selbst jetzt noch, schätze. Ich hörte ihn sagen, daß er meinen Vorwurf, in seiner Therapie nicht genug Hilfe erfahren zu haben, für unwichtig hielt. Auch glaubte er meiner Behauptung nicht, daß meine schlechte therapeutische Erfahrung auch jeder anderen Patientin hätte zuteil werden können.

Frage: Dr. X, haben Sie zu irgendeinem Zeitpunkt in Ihrer Praxis den Vaginalbereich der Klägerin berührt?

Antwort: Ja, das ist richtig.

Frage: Und war dies in...einer regulären therapeutischen Sitzung oder einer Sitzung, die sie extra erbeten hatte, um mit der Therapie fortzufahren?

Antwort: Ich bin unzufrieden mit der Weise, in der Sie mich befragen, und zwar in bezug auf Ihre Wortwahl. Ich möchte Ihnen sagen, daß Carolyn und ich dann intim waren, wenn wir uns abgestimmt hatten, intim zu sein, und daß wir uns dann in Therapie befanden, wenn wir uns geeinigt hatten, die Therapie fortzusetzen.

Frage: Und Sie glauben wirklich, daß Sie mit einer Patientin, die doch neurotisch war, die sich von Ihnen abhängig wußte, die unter Depression litt, die Gefühle der Unsicherheit zeigte, und die um Ihre Zustimmung nachsuchte, Sie glauben also wirklich, daß diese Patientin in der Lage gewesen ist, zu sagen: Okay, jetzt machen wir Sex, und nun betreiben wir Therapie?

Antwort: Ja, ich glaube schon, daß sie in der Lage gewesen ist, solche Entscheidungen zu treffen.

Frage: Und Sie glauben das immer noch?

Antwort: Ich glaube, daß ist genau das, was sich in unserer Beziehung zwischen Carolyn und mir abgespielt hat.

Frage: Glauben Sie nicht, daß bei Ihnen dafür die Verantwortung lag, darauf zu achten, daß so etwas nicht geschehen konnte?

Antwort: Doch, das denke ich.

Frage: Aber Sie haben nicht entsprechend gehandelt, oder doch?

Antwort: Das ist richtig.

Frage: Glauben Sie, Sie haben sich an Carolyn vergangen?

Antwort: Nicht ausgesprochen, nein ...

Frage: Ich nehme es für gegeben an, daß Sie die Meinung vertreten, Carolyn ist durch Ihre Taten in keiner Weise zu Schaden gekommen?

Antwort: Das ist richtig.

Frage: Womit begründen Sie Ihre Meinung?

Antwort: Es liegen keinerlei Zeichen dafür vor.

Frage: Können Sie das begründen?

Antwort: Ich habe keinerlei Hinweise oder Anzeichen dafür finden können, daß sie in irgendeiner Weise geschädigt worden ist, außer, daß sie solche Anschuldigungen vorbringt.

Frage: Haben Sie Einblick in die psychologische Befunderhebung gehabt?

Antwort: Ich habe den Bericht gelesen.

Frage: Und das ist für Sie nicht der Beweis dafür, daß solche Schäden aufgetreten sind?

Antwort: In keiner Weise.

Frage: Und weil Sie nun glauben, daß keine solchen Schäden nachgewiesen werden können, glauben Sie

auch, daß es unmöglich ist, Sie mit irgendwelchen Schäden, die sie erlitten hat, in Verbindung zu bringen?
Antwort: Davon bin ich absolut überzeugt. Durch psychologische Tests kann dies begründet werden...
Frage: Glauben Sie nicht, daß Carolyns Unfähigkeit, einem Mann zu vertrauen, nicht doch eine bleibende Behinderung, eine Beschädigung ist?
Antwort: Das glaube ich nicht...

Nur ein einziges Mal ergab sich für mich während dieser
langen Stunden der Vernehmung auch die Möglichkeit zu lächeln. Während Dr. X unter Eid vernommen wurde, war sein
Anwalt darüber verzweifelt, daß sein Klient auf die Fragen meines Anwalts nicht schlicht und einfach antwortete, um dann den
Mund zu halten. Der Anwalt schlug die Hände über dem Kopf
zusammen und versank so tief in seinem Sessel, daß er damit
fast unter dem Tisch verschwand. Aber Dr. X wollte immer noch
nicht aufhören, über sich selbst zu reden, und mit vielem, was
er da vorbrachte, gab er Brown und Whitehurst so viel für ihn
selbst gefährliche Information in die Hände, bis sie schließlich
mehr Material für das Kreuzverhör gefunden hatten, als sie dies
überhaupt brauchten.

Vielen Psychologen in unserer Stadt war bewußt gewesen, daß Dr. X unter dem Ruf stand, seine weiblichen Angestellten und Mitarbeiterinnen sexuell zu belästigen. Zweifellos waren
viele von ihnen darüber frustriert, sich nicht in der Lage zu sehen,
etwas gegen Dr. X zu unternehmen. Das, was diese Psychologen für die Patientinnen taten, die später ihre Sache in die
eigene Hand nahmen, war nicht ernstzunehmen. Vielleicht lag
es daran, daß diese Kollegen sich neutral und unvoreingenom-
men halten wollten nach dem Motto: eine Krähe hackt der
anderen kein Auge aus. Vielleicht aber waren diese Kollegen
auch von Dr. X's Leumund beeindruckt, daß er jedermann mit
einem Prozeß drohte, der es nur wagte, einen Beschwerdebrief
gegen ihn loszulassen. In all den fünf Jahren des Rechtsstreites
erhielt ich durch meine Anwälte nur einen einzigen Brief, der von

einer Psychologin der örtlichen Universität geschrieben worden war. Sie dankte mir und den beiden anderen Klägerinnen für den Mut und die Stärke, die ich aufgebracht hätte, meine Beschwerde gegen Dr. X zu erheben und meinen Fall bis zum Ende durchzuziehen.

Auf diese Weise publik zu werden, war mehr Quelle der Demütigung als des Stolzes. Ich habe öffentlich zugegeben, daß ich mir zuvor nicht klar gemacht hätte, wie hoch der Preis für den ist, der sich einer Psychotherapie unterzieht. Obwohl ich in einem akademischen Sinn intelligent bin, war ich psychologisch dennoch nicht klug genug, um zu begreifen, was da mit mir geschah, noch mir klarzumachen, welche schrecklichen Folgen das für mich haben würde. Es ist schwer, jemandem begreiflich zu machen, wie es ist, als depressiver Patient in sich abgekapselt in der Vorhölle einer Psychotherapiesitzung zu hocken, bereit, keinerlei Vorurteile gegenüber dem Psychotherapeuten aufkommen zu lassen. Mehr als einmal wurde ich von Leuten gefragt, die keinerlei Erfahrung damit besaßen, daß man von seinem Therapeuten abhängig sein kann: „Aber du siehst doch ganz gesund aus; wie konnte dir so etwas nur passieren?"

Zwar hatte ich schon genug Enttäuschung an mir selbst erlebt, doch das wurde nun noch schlimmer und von Alpträumen begleitet, als ich meinen Kampf begann, um Dr. X in seiner Praxis davon abzuhalten, weiterhin Patientinnen zu verführen. Während des Zivilprozesses erreichte ich endlich die letzte Stufe des Erwachsenwerdens und verlor die letzten Spuren meiner Naivität, die mir seit frühester Kindheit anhafteten. Die Anwälte von Dr. X arbeiteten sehr schnell und persönlich. Dr. X hat auf immer neuen Wegen versucht, den Eindruck zu schaffen und zu erhalten, daß das, was da geschehen war, unter seine wie unsere Verantwortung fiele, wobei er uns noch mehr Verantwortung zumaß: Er erklärte, das Opfer von drei arglistigen Verführerinnen zu sein.

Während all der Jahre, die sich der Prozeß hinzog, kam ich mit vielen Leuten in Berührung, die mir immer wieder überzeugt erklärten, daß eine Frau stets „nein" sagen könnte, und wenn sie schon nicht „nein" sage, dann wäre sie für die Folgen, die dies mit sich brächte, allein verantwortlich. Der Irrtum, der sich in diesem Vorurteil verbirgt, führte mich dazu, endlich zu begreifen, wieviele Opfer sexueller Gewalttaten durch solche Vorurteile betroffen sind. Es ist dann gleichgültig, um welche Gruppe es sich handelt: Vergewaltiger, Familienmitglieder, Therapeuten, Ärzte, Zahnärzte oder Arbeitgeber.

Während dieser vielen langen Stunden der Vernehmungen wurde immer wieder darauf hingewiesen, daß es allein meine Schuld gewesen wäre, daß geschehen konnte, was sich da in der Praxis von Dr. X abspielte. Während ich Dr. X am Verhandlungstisch gegenübersaß, mußte ich die Namen meiner Freunde aus Kinderzeit aufzählen, die Namen meiner ersten Boyfriends, meine High School-Gefährten, die Namen jener, mit denen ich am College ein Zimmer teilte, und die Namen der Vermieter. Ich mußte die Namen jener Jungen angeben, mit denen ich zum erstenmal sexuellen Kontakt hatte, jener, die nun schon erwachsen waren und ihren eigenen Familien vorstanden. Der Anwalt von Dr. X ging soweit, mich danach zu befragen, in welcher Weise ich es mit jedem sexuell getrieben hätte, mit dem ich jemals ausgegangen bin. Wie lange eine solche Freundschaft dauerte, wie lange die sexuelle Beziehung in jeder Freundschaft anhielt, und ob ich nicht zur gleichen Zeit mehrere Freundschaften gepflegt hätte, in denen ich mich auch sexuell betätigte. Er fragte danach, ob ich nicht mit meinem Professor geschlafen hätte – einem Mann, 35 Jahre älter als ich –, für den ich während meiner College-Zeit als Laborassistentin gearbeitet hatte. Da kamen mir Zweifel, ob der Verteidigung wohl bekannt wäre, daß diesem Professor der Ruf als Schürzenjäger vorauseilte, wovon ich damals jedoch bis zu dem Augenblick keinerlei Ahnung hatte, bis ich dies am eigenen Leibe erfuhr, oder ob sie von mir nur ein Bild zeichnen wollten als das einer jungen Frau, die sich von älteren Männern angezogen fühlte. Glücklicherweise konnte ich die Frage so beantworten, daß ich mich damals geweigert hätte, auf seine sexuellen Anspielungen einzugehen.

Ich wurde weiterhin in meiner Aussage unter Eid dazu aufgefordert, genau zu beschreiben, was damals sexuell in der Therapie abgelaufen war. Konnte ich mich beherrschen, daß meine Scheide nicht feucht wurde? In welchem Winkel waren meine Beine gespreizt? Kam ich zum Orgasmus? Kam es zu diesen sexuellen Begegnungen während der ersten oder während der letzten fünf Minuten der Sitzung? Mußte ich für diese Minuten bezahlen oder nur für die Zeit der Therapie? Und wieso kam es eigentlich dazu, daß ich niemals die Praxis schreiend verlassen hätte, um diese Vergewaltigung anzuklagen? Weil ich nun nicht in der typischen Weise antwortete, wie es von einer züchtigen Maid in Bedrängnis erwartet wurde, ließ man sich dazu herab, mich nun auch noch über mein sexuelles Verhalten in meinen Beziehungen zu anderen Männern auszufragen:

Frage: Hatten Sie jemals die Möglichkeit, mit anderen Partnertausch zu praktizieren?
Antwort: Nein, Sir.
Frage: Haben Sie jemals Sex vor anderen betrieben?
Antwort: Nein, Sir.
Frage: Und wenn Sie sich schon Sex hingaben, haben Sie sich dann mit diesen Leuten auf Geschlechtsverkehr beschränkt, oder haben Sie mit denen auch oralen Sex betrieben?
Antwort: Manchmal war auch oraler Sex dabei.

Ein Zivilprozeß mit all seinen niederträchtigen Anzüglichkeiten bereitet großen Schmerz. Mein Verdruß begann in dem Augenblick, als mein Versuch, psychotherapeutische Hilfe zu erhalten, sich als ein Schuß in den Ofen erwies. Mein Entschluß daraufhin, dieses Berufsvergehen anzuprangern, berührte alle Teile meines Lebens. Familienmitglieder und Freunde gleichermaßen reagierten bestürzt darauf, als sie von der Anklage und dem Prozeß, den ich anstrengte, erfuhren. Sie schämten sich meiner, entfremdeten sich oder zweifelten, ob sie mich wirklich noch weiterhin unterstützen könnten.

Zwei Tage bevor ich die Klage einreichte, sah ich mich vor die schwierige, schmerzhafte, aber unvermeidliche Aufgabe gestellt, meiner Mutter davon zu erzählen, worum es hierbei ging. Dieser Augenblick erinnerte mich an die peinliche Situation vor drei Jahren, da ich ihr hatte sagen müssen, daß ich einen Psychologen in Anspruch nehmen wolle, da ich mich für unfähig hielte, mit meinen Problemen allein fertig zu werden. Nun mußte ich ihr weiter gestehen, daß ich dumm genug gewesen war, mich mißbrauchen zu lassen, zu abhängig, um damit aufzuhören, dennoch aber ärgerlich genug, um die mir zugefügte Schmach an die Öffentlichkeit zu bringen. Die Antwort meiner Mutter, nachdem ich ihr dies alles vorgetragen hatte, bestand in Tränen und Schmerz, Verwirrung und Scham. Sie machte mich auf die Schande aufmerksam, die ich nun über unseren Familiennamen bringen würde, und auch die Schande, die ich damit dem Andenken meines Vaters zufügte. Immer wieder stieß sie hervor: „Ich verstehe nicht, wie das alles geschehen konnte!" Unfähig, mich selbst zu trösten, erlebte ich mich ohnmächtig, meine Mutter zu trösten. Aber Mutter lernte schnell ihre eigene Lektion in bezug auf die menschliche Natur. Sie fand heraus, daß sie nicht zum Spott ihrer Freunde wurde oder deren Mitleid erregte. Vor allem die Mitglieder ihrer Kirche, ihre Arbeitskollegen und ihre Nachbarn zeigten ihr, wie stolz sie auf ihre Tochter sein könne, die solchen Mut bewiesen habe.

Obwohl Mutter mit meinem Tun in keiner Weise einverstanden war, würde sie mich doch niemals im Stich lassen, weder sie noch irgendein anderes Mitglied unserer Familie. Meine Tanten und Onkel, alles Angehörige einer konservativen Generation, brachten es niemals über die Lippen, etwas zu diesem Rechtsstreit gegen Dr. X zu sagen. Es war wie bei einer skandalumwitterten Scheidung, wie das geheimnisumwitterte Skelett in der Familie, das man im Keller verbarg: man sprach nicht darüber.

Selbstverständlich war Mutter mit dem, was ich eingeleitet hatte, nicht einverstanden. Sie wollte, ich sollte den Kampf aufgeben, ehe er begonnen hatte. Ich aber zeigte ihr meine

Entschlossenheit. Sofort rief sie meine Brüder und Schwestern zusammen und bekniete sie, mir Beistand zu leisten. Alle außer einem waren sofort dazu bereit, obwohl sie nicht ganz verstanden, wieso sich das alles zugetragen hatte. Michael rief mich von Houston an und ermutigte mich, fest zu bleiben. Richard und Debbie besuchten mich und hörten sich meine Nöte an, auch meine Sorge, daß dieser Prozeß mehr Schmerz als Gutes für die Familie bringen könnte. Mein ältester Bruder war zurückhaltender, mir Unterstützung zu gewähren. Er meinte – dies erfuhr ich später – daß ich diesen Kampf allein zu führen hätte. Der Onkel, der mir am nächsten stand, forderte mich auf, nachzugeben. Er war ehrlich um mich besorgt. Auch das wußte ich.

Steve verhielt sich angesichts der kommenden Tortur dieses Prozesses unentschlossen. In dem Augenblick jedoch, als ich wankelmütig wurde, ob ich den Rechtsstreit fortsetzen sollte, forderte er mich auf, lieber auszusteigen. Die Zeiträume zwischen unseren Trennungen wurden immer größer. Ich fühlte mich immer weniger ermutigt, zu ihm zurückzukehren, um mit ihm gemeinsam ein Leben aufzubauen. Einmal sagte er mir, er sei nur darum besorgt, wie es ihm gehen werde, wenn er während des Prozesses nach langer Trennung zu mir zurückkehrte. Diese Aussage war für mich ein weiterer Meilenstein in unserer Beziehung. Steve war mir keine Hilfe. Mir wurde plötzlich erschreckend deutlich, daß er mir niemals im Leben eine Hilfe sein könne, gleichgültig, welches Ziel ich anpeilte. Steve hatte über die Frauenrolle in dieser Welt seine eigenen Ansichten.

Leute, die ich schon jahrzehntelang oder länger kannte, intime Freunde wie auch Bekannte, wurden plötzlich zu gewichtigen Zeugen, die Aussagen zu machen hatten. Sie konnten entweder die Angaben über meinen Charakter bekräftigen oder andererseits meine Glaubwürdigkeit durch ihre Aussagen erschüttern. Die Tatsache, daß ich während meiner Zeit in der High School einmal flüchtig mit einem schwarzen jungen Mann ausgegangen war, wurde durch den Rechtsanwalt von Dr. X plötzlich aufgetischt. Dies erschreckte meine Anwälte, denn wir wußten, daß unsere Fälle an das Gericht einer konservativen Kleinstadt gingen, um dort verhandelt zu werden. Ebenfalls zu College-Zeiten hatte ich vorübergehend mit einem Mann Umgang, den ich nicht näher kannte, der mich aber in einer demütigenden, wenn auch nicht verletzenden Weise vergewaltigte. Dies lange, bevor ich Anzeige erstattete. Diese Erfahrung konnte ich jetzt aber nicht mehr berichten, denn dann hätte ich mich als eine Frau dargestellt, die schon dann „Vergewaltigung!" schreit, wenn sie nur Lust und Laune dazu verspürt. Schrecklich genug: viereinhalb Jahre lang mußte ich nun einem jeden einzelnen Mann, mit dem ich Kontakt hatte, schon vorher sagen, daß er später einmal vor Gericht geladen werden könnte, um vor diesem Gericht unter Eid auszusagen, ob er mit mir Geschlechtsverkehr gehabt hätte oder nicht.

Bald entdeckte ich, daß Dr. X einen Privatdetektiv angeheuert hatte, der mir folgen sollte, zweifellos in der Hoffnung, daß er etwas finden könnte, das meine Glaubwürdigkeit untergraben würde. Obwohl ich bemerkte, daß ich niemals verfolgt wurde, gab es doch Zeiten, in denen ich zutiefst traurig war und mir bewußt machte, daß ich die schönsten Zeiten meines Lebens dafür opferte, um Dr. X zur Strecke zu bringen.

Schließlich veränderte dieser Zivilprozeß auch mein berufliches Leben. Der Direktor meiner Schule und sein Stellvertreter waren sich klar darüber, daß sie durch mich auf der Zeitbombe eines Skandals saßen. Innerhalb von zwei Stunden, nachdem meine Geschichte in den Zeitungen abgedruckt worden war, gab man mir zu verstehen, ich dürfe unter keinen Umständen auf dem Schulgelände diese Angelegenheit diskutieren. Ohne Widerspruch akzeptierte ich diese Forderung. Ich war glücklich, als einige Kollegen mir zuflüsterten, sie würden mich unterstützen, oder mir kleine Zettel zusteckten mit der Frage, wie sie mir helfen könnten? Whitehurst tröstete mich, als ich von meiner Furcht sprach, daß man mich auffordern könnte, meine Entlassung einzureichen. „Das werden die niemals wagen", sagte er, „die wissen, sie würden ihren eigenen Prozeß bekommen, falls sie Sie unter Druck setzten".

In diesen fünf Jahren der Prozeßführung gab es keinen einzigen Augenblick, in dem ich frei war von dem Gefühl, mich hoffnungslos verstrickt zu haben. Ich war fest davon überzeugt, daß mir die Behandlung von Dr. X Schaden zugefügt hatte. Dieser Schaden machte mir die Probleme der Trennung von meinem Vater und dem Verlorensein gegenüber Männern schmerzhaft fühlbar. Er machte es mir schwerer, meine Sexualität zu verstehen. Auch zerstörte er in mir die Fähigkeit, meinen Gefühlen zu vertrauen und andere Menschen richtig einzuschätzen. Weiter war ich davon überzeugt, daß Dr. X noch viel mehr Patientinnen mißbraucht hatte. Alle diese Gründe waren ausreichend, dies an die Öffentlichkeit zu bringen, auch wenn ich einen hohen Preis dafür zahlte. Ich fand mich durch viele Familienmitglieder und Freunde unterstützt. Sie würden mich nicht im Stich lassen. Ich verspürte Verantwortung dafür, daß es nun an mir war, dafür zu sorgen, daß Dr. X in Zukunft keinen anderen Frauen schaden konnte.

5

Vom Zwiespalt, einen Therapeuten anzuklagen: Ist es das, was du wirklich willst?

Lagebericht 1978

Von dem Augenblick an, da wir Dr. X anzeigten, hatten ich und die anderen Mitklägerinnen wie auch Brown und Whitehurst nur ein einziges Ziel: Wir wollten, daß Dr. X die Lizenz entzogen würde. Zu meiner großen Überraschung waren wir die ersten, die sich an den State Licensing Board for Psychologists gewandt hatten, um eine Beschwerde wegen Verletzung der beruflichen Ethik einzureichen. Es gab lediglich einige frühere Vorkommnisse mit dem Vorwurf des sexuellen Fehlverhaltens. So bedurfte es schon besonderer Verfahren, um die Lizenz von Dr. X zu widerrufen.

Bevor die Aufsichtsbehörde und die Staatsanwaltschaft mit ihren Untersuchungen begannen, wurden wir Klägerinnen aufgefordert, eine detaillierte Beschwerde, notariell beglaubigt, einzureichen. Im Frühjahr 1978 reichte ich endlich die erforderlichen Unterlagen ein. Hier ein Auszug:

Seine Übergriffe begannen damit, daß er mich aufforderte, mich auf den Fußboden seiner Praxis zu legen und mich zu entspannen. Eine Woche später saß er neben mir und rubbelte mir den Bauch. Dabei fragte er mich, ob, und wenn so, warum mich seine Handlung so nervös mache. In der nächsten Sitzung begann er damit, den Reißverschluß meiner Hose aufzuziehen und meine Geschlechtsteile zu berühren. Plötzlich bemerkte ich, daß er sich auf mich legte. Aber immer noch wurde mir nicht klar, daß er im Begriff war, in mich einzudringen, bis er es getan hatte. Da ich mich damals ungeheuer von ihm abhängig fühlte, war ich zu furchtsam, um mich dagegen zu wehren.

Viele „Therapiesitzungen" bestanden darin, daß er mich veranlaßte, mich auf den Fußboden zu legen, daß er sofort Geschlechtsverkehr mit mir ausübte, um dann die restliche Zeit der 45 Minuten-Sitzung dazu zu benutzen, um von eigenen Problemen mit seiner Frau und seiner Scheidung zu sprechen, die zu dem Zeitpunkt eingeleitet worden war. Dabei fühlte ich mich immer mehr ausgenutzt, so, als hätte ich zunächst für einen männlichen Prostituierten zu zahlen, den ich mir gar nicht erbeten hatte, und den ich darüber hinaus auch noch zu beraten hatte.

Während der Fall seinen Fortgang nahm, wurde deutlich, daß wir uns tiefer in Probleme verstrickten. Einmal ging es um das Widerrufen der Lizenz, zum anderen um die Entwicklung des Zivilprozesses. Bald, nachdem ich meine eidesstattlichen Aussagen eingereicht hatte, entschieden Brown und Whitehurst, daß wir unseren Rechtsstreit gefährdeten, wollten wir uns zunächst darauf versteifen, die Lizenz von Dr. X widerrufen zu lassen. Zwar konnten wir damit rechnen, daß eine negative Öffentlichkeit gegen Dr. X sich auf diesen nachteilig auswirken würde. Wenn ihm seine Aufsichtsbehörde dagegen eine Anhörung gewährte, könnte dies zu seinem Vorteil sein. Weiter befürchteten Brown und Whitehurst, daß, wenn Dr. X schon aufgrund unserer Beschwerden durch seine Aufsichtsbehörde um seinen Lebensunterhalt gebracht würde, ein Schwurgericht nach dem Grundsatz: „Hat er nicht schon genug gelitten?" ihm mehr Sympathie gewähren könnte. Zum anderen hatten unsere Anwälte entdeckt, daß sie uns vor der Aufsichtsbehörde von Dr. X nicht vertreten durften. Sie könnten höchstens Einwände machen. Allerdings würden alle unsere Aussagen vor der Aufsichtsbehörde durch die Anwälte von Dr. X im Zivilprozeß auch gegen uns verwandt werden.

Brown und Whitehurst gingen sorgfältig Schritt für Schritt in den Maßnahmen vor, die am erfolgversprechendsten schienen. Wie zum Beispiel würde es den Zivilprozeß beeinflussen, wenn die Lizenz von Dr. X widerrufen wäre? Nachdem Brown und Whitehurst mit jeder einzelnen von uns Klägerinnen gesprochen hatten, ersuchten sie die Aufsichtsbehörde, den Fall Dr. X „ruhen zu lassen", bis der Zivilprozeß entschieden wäre. Niemand von uns war mit diesem Kompromiß sehr glücklich, denn wir wußten, wir müßten später an diese Aufsichtsbehörde mit unseren Vorwürfen gegen Dr. X erneut herantreten.

Die Wartezeit erwies sich als kürzer, als wir angenommen hatten. Dr. X leugnete beharrlich alle Vorwürfe gegen ihn, unterstützt durch seine Versicherungsgesellschaft, die von Anfang an nicht damit einverstanden gewesen war, außerhalb des Gerichts über eine Schadenssumme abzuschließen. So kam es im Sommer 1978 dazu, daß die beiden ersten Klagen eingereicht wurden. Nachdem sich die Medien dieser Neuigkeit bemächtigten, waren alle unsere Versuche zum Scheitern verurteilt, die Öffentlichkeit herauszuhalten. Brown und Whitehurst waren nach wie vor davon überzeugt, daß Dr. X viel Sympathie erlangen würde, sollte es seiner Lizenz an den Kragen gehen. Wir wußten, daß es Jahre brauchen könnte, um diesen Rechtsfall zu entscheiden. Wir alle waren davon überzeugt, daß viele zukünftige Patientinnen in der Praxis von Dr. X sexuell sehr gefährdet wären, erlaubte man ihm, noch weiterhin zu praktizieren. Wir mußten die Aufsichtsbehörde von Dr. X davor warnen, was in seiner Praxis vor sich ging. Daher erneuerten wir vor dieser Behörde unsere Beschwerden gegen Dr. X.

Anhörung vor der Kammer

Im Spätherbst 1978 trat der State Licensing Board for Psychologists zum erstenmal zusammen, um sich dieser beiden Beschwerden gegenüber einem ihrer Therapeuten-Kollegen anzunehmen. Diese Sitzung fand unter Zulassung der Öffentlichkeit statt. Dies mißfiel dem Anwalt von Dr. X, denn schon am Vorabend hatte er darauf hingewiesen, daß das delikate Material, das dort ausgebreitet würde, Schutz vor Öffentlichkeit brauche. Außerdem hatte er beantragt, diese Sitzung auf später zu verschieben, da zwei Psychologen, die als gewichtige Zeugen geladen waren, unabkömmlich wären. Damit kam der Anwalt von Dr. X nicht durch, denn die Aufsichtsbehörde entschied, daß „die Aussagen dieser Doktoren mehr zu tun haben mit dem Charakter der Strafverfolgung als mit den Fakten der vorgebrachten Beschwerde".

Als ich das riesige Auditorium betrat, wo die Sitzung stattfinden sollte, sah ich weit mehr Leute, als ich erwartet hatte. Dr. Evelyn Hammond, die ich im Auditorium erblickte, erklärte mir, daß die meisten unter diesen Leuten Psychologen wären. Dr. Hammond ist beratende Psychologin. Ich hatte sie zuvor schon ein paar Mal aufgesucht, um bei ihr Hilfe zu finden, wie ich endlich mein Problem lösen könnte, von Steve frei zu kommmen. Damals ahnte ich noch nicht, daß ich sie auch in Zukunft wieder sehen würde, noch hatte ich den leisesten Schimmer davon, daß wir in dieser Arbeit psychologisch Berge versetzen würden. Der Weg zur Heilung, um die Auswirkungen dieser schrecklichen Tortur zu überwinden, die nun vor mir lag, war mit Dr. Hammond verbunden, die mich künftig auf diesem Weg begleitete. In diesem Augenblick aber, da mich das Auditorium aufnahm, konnte ich nur noch darum beten, daß ich unsichtbar werden möge. Ich fühlte mich in einer zwiespältigen Situation: Auf der einen Seite folgte ich meinem Pflichtbewußtsein, zum anderen schämte ich mich meiner Rolle, in der ich als ein verletztes und anklagendes Opfer auftrat, so daß ich mich fürchtete.

Die Fotografen der Ortspresse hatten sich geweigert, der Bitte von Whitehurst nachzukommen, keinerlei Bilder von uns aufzunehmen. Ich beobachtete sie voller Spannung, wie sie im Auditorium nach „den drei Frauen" Ausschau hielten. Beschämt senkte ich den Kopf, denn ich fürchtete, daß mein Bild in der Zeitung abgedruckt von meinen Studenten entdeckt werden könnte. Schon jetzt fragte ich mich, ob und wie ich wohl in der Lage sein würde, deren Fragen zu beantworten, was meinen Fall anging. Mehr noch: Ich fürchtete mich um die Reaktion der Eltern meiner Studenten. Würden diese meine Schulbehörde anrufen und darauf bestehen, daß zukünftig niemand mehr auf ihre Kinder Einfluß ausübte, der skandalumwittert war, ganz besonders noch durch einen Skandal, der sexueller Natur war?

Schließlich war ich auch noch dadurch beeindruckt, daß ich nun vor dieser ernst dreinblickenden Gruppe von Männern aussagen sollte. Alles Kollegen von Dr. X. Da saßen sie nun als Aufsichtsbehörde: fünf Psychologen, nur Männer, keine einzige Frau. Weiter anwesend waren der stellvertretende Bezirksankläger, der die Interessen der Aufsichtsbehörde wahrnahm, der Verteidiger von Dr. X, zwei oder drei Frauen, die zugunsten von Dr. X aussagen sollten, die erste Klägerin und Brown und Whitehurst, die entschlossen waren, nicht zu gestatten, daß durch die Anwälte von Dr. X irgendwelche indiskriminierende Fragen gestellt würden.

Verteidigung einer Lizenz

Die Verteidigung von Dr. X wies viele Facetten auf. Sein Anwalt bestritt zunächst einmal die Beschuldigung, Dr. X hätte sich in bezug auf „professionelle Berufsführung schuldhaft verhalten, wie sie durch die Regeln der Aufsichtsbehörde festgelegt sind". Er argumentierte, daß Dr. X sich nicht in ethischer Hinsicht falsch verhalten hätte, sondern daß die entsprechenden Berufsbestimmungen auf diesem Gebiet zu vage festgelegt wären:

Indem die Aufsichtsbehörde den tatsächlich durchgeführten Geschlechtsverkehr im Auge hat, den Dr. X als ein törichtes Verhalten zugegeben hat, muß sie entscheiden, ob er dabei „eine sensible Einschätzung der sozialen Normen und moralischen Erwartung der Allgemeinheit" im Auge gehabt hat. Es heißt dort nicht, daß Verletzung der sozialen Normen und moralischen Erwartungen verboten sind. ...Oberflächlich gesehen könnte man glauben, daß Dr. X nicht sensibel genug war in dem was er tat, und daher Prinzip 3 (Unterabschnitt der Berufsverpflichtung. A.d.Ü.) verletzt hat. Ich aber argumentiere so, daß man darüber hinauszugehen hat. Ich möchte besonders betonen, daß Dr. X sich keinesfalls seiner Affären oder der Tatsache, daß er mit irgend jemandem Geschlechtsverkehr ausgeübt hat, gerühmt hat. Auch hat sich Dr. X darum bemüht, dies so weit wie möglich im Privaten stattfinden zu lassen. Keine Klägerin war in der Lage zu bezeugen, daß sie jemals gehört hätte, Dr. X habe sich ihres Namens gerühmt oder irgendeine Information weiter darüber verbreitet, daß er sich mit ihnen sexuell eingelassen hätte. Außerdem besaßen diese beiden Frauen erhebliche sexuelle Erfahrungen, bevor sie sich mit Dr. X einließen.

Während ich diesem Argument des Anwalts lauschte, war ich zutiefst davon erschrocken und wurde ärgerlich darüber. Wiederum wurde diese typische Anschauung deutlich: Frauen, die keine Jungfrauen mehr sind, bedürfen geringeren Schutzes gegenüber sexueller Ausnutzung, und selbst wenn man eine solche Frau zum Geschlechtsverkehr zwang, dann war das eine Lapalie. Voller Furcht fragte ich mich wiederum: „Du lieber Gott! Wollen sie uns einfach in die Wüste schicken, nur weil wir keine Jungfrauen mehr sind?" Während aller dieser Verhandlungen und während des gesamten Verlaufs des Rechtsstreits hatte ich das Gefühl, daß mein Glaube in die Gegenwart und Wirksamkeit der Gerechtigkeit auf die Probe gestellt würde. Manchmal schien die Idee der Gerechtigkeit einfach nur von der klugen Antwort irgendeines Anwalts abhängig zu sein. In diesem Augenblick aber wurde mein Glaube dadurch etwas unterstützt, daß ein Mitglied der Aufsichtsbehörde einwandte, sie wären nicht hierher gekommen, um diesen Fall in einer sexuell vorurteilsvollen Weise zu behandeln.

Das nächste, wogegen sich der Anwalt von Dr. X wandte, war der Vorwurf, der Charakter seines Mandanten sei „moralisch anfechtbar". Wiederum führte er aus, die Definition dieses Begriffes sei so breit angelegt, daß keine einzige Interpretation dafür gefunden werden könnte:

Niemand kann einheitlich definieren, ob der Charakter eines Menschen „moralisch einwandfrei" sei ... und die Gewalt, die der Aufsichtsbehörde durch die Legislatur übertragen worden ist, kann nicht aufgrund einer Sprache ausgeübt werden, die so breit und vage angelegt ist, daß Psychologen von allgemeiner Intelligenz erst darüber herumrätseln müssen, was damit gemeint sei und sie so zur Anwendung bringen.

Sein nächster Punkt war die Beantwortung des Vorwurfs der Beschwerdeführerin, daß Dr. X „sich des Schwindels und Betruges in Verbindung mit seinen Leistungen, die er als Psychologe erbrachte", schuldig gemacht hätte. Sein Argument lautete:

Schwindel und Betrug gemäß meinem Verständnis bedeuten, daß ein Psychologe seiner Patientin in irgendeiner Weise klar macht, daß Geschlechtsverkehr zwischen ihm und der Patientin ein besseres Selbstverständnis bedeuten würde, emotionale Entwicklung oder Verbesserung ihrer Gesundheit in irgendeiner Hinsicht. Hier muß die Aufsichtsbehörde entscheiden, ob sie den Klägerinnen oder Dr. X glaubt, nicht aber, ob sie daran zweifelt, daß es zu diesem Sexualverkehr gekommen ist, denn der ist ja bereits zuzugeben, sondern wie es dazu überhaupt kommen konnte ... Bei jedem einzelnen Anlaß wußte die Partei der Klägerinnen, daß es zu sexuellem Verkehr kommen würde, hat selber aktiv dazu beigetragen und sich erst sehr, sehr viel später dazu entschlossen, dieser Aufsichtsbehörde davon Kenntnis zu geben, indem sie Dr. X um eine dreiviertel Million Dollar als Schadensersatz verklagte.

Der Anwalt von Dr. X machte in seinen weiteren Ausführungen deutlich, daß Geschlechtsverkehr überhaupt nicht das Problem wäre, mit dem sich die Aufsichtsbehörde zu beschäftigen hätte. Obwohl Dr. X von Anfang an, als die Strafanträge gestellt wurden, solche sexuellen Kontakte leugnete, habe er inzwischen doch zugegeben, daß er mit den zwei Klägerinnen sexuell intim gewesen wäre. Vielmehr gehe es nun darum, so führte der Anwalt aus, daß die Aufsichtsbehörde zu entscheiden hätte, ob das Arzt-Patienten-Verhältnis nicht vorzeitig durch diese Ereignisse aufgehoben worden sei, bevor es offiziell beendet wurde. Der Anwalt behauptete, daß während der vorletzten Sitzung der ersten Klägerin nicht nur das Arzt-Patienten-Verhältnis aufgehoben gewesen wäre, sondern es wäre durch eine intime Beziehung zwischen zwei Freunden ersetzt worden.

Indem er noch einmal auf die Ungenauigkeiten der Beschwerden gegen seinen Mandanten hinwies, argumentierte der Anwalt von Dr. X weiter, daß ein verbotenes Verhalten, wenn es nicht ganz genau definiert ist, nicht Gegenstand einer Anklage werden könne. Damit spielte er auf die Meinungsverschiedenheit innerhalb der Mitglieder der psychologischen Gesellschaft an, von denen ein Teil davon überzeugt war, daß sexuelle Kontakte mit Patienten durchaus heilsam und hilfreich sein könnten. In seinem Plädoyer gab er eine Beschreibung der Integrität des Mannes ab, der da vor seiner Aufsichtsbehörde stand und faßte sein Argument noch einmal zusammen:

Ich weiß, daß es in der Vergangenheit (der Aufsichtsbehörde) keinen einzigen Fall gegeben hat, in dem ein lizensierter Psychotherapeut die Kühnheit und die Standhaftigkeit besessen hat, zuzugeben, was ihm da unterlaufen ist und wie es damals dazu kam. Dr. X ist ein solcher Mann.

Aber ebenso gut weiß ich, daß diese Aufsichtsbehörde sich andererseits mit einigen unbequemen Fragen herumschlagen müßte. Und sie muß sich ohnehin herumschlagen mit einigen unbequemen Fragen, denn zum gegenwärtigen Zeitpunkt ist es in der Mitgliedschaft der American Psychological Association recht neu, daß die APA nun speziell sexuelle Intimitäten zwischen Patienten und Psychologen verbietet.

Innerhalb des psychiatrischen und des psychologischen Berufsstandes gibt es eine heftige Diskussion darüber, ob diese Art von Therapie jemals für einen Patienten von Vorteil sein kann. Es gibt eine Minorität im psychologischen und psychiatrischen Berufsstand, die davon überzeugt ist, daß dies gelegentlich von Vorteil in der Therapie sein kann.

Diese Frage wird Sie in diesem Fall nicht beschäftigen, es sei denn, Sie glauben der strittigen Ausführung der Klägerin, daß Dr. X ihr zu einem Zeitpunkt zu verstehen gegeben habe, daß dies mit Therapie zu tun hätte, und dies zu einem Zeitpunkt stattgefunden hat, da eine professionelle Beziehung noch bestand. Wenn Dr. X in bezug auf unprofessionelle Berufsführung schuldig ist, so mag sein großer Fehler darin bestanden haben, daß er geglaubt hat, er könnte zum Wohl der Patientin eine doppelte Beziehung schaffen und aufrechterhalten. Heute nun weiß er, daß er diese Fähigkeit nicht besessen, sondern falsch gehandelt hat. Er gibt es öffentlich zu, daß er falsch gehandelt hat.

Später wird er der Aufsichtsbehörde einen Beweis dafür erbringen, um zu zeigen, daß er für das, was immer er falsch gemacht hat, inzwischen einen schweren Preis zu zahlen hatte. Sein Ruf ist dahin. Seine Existenz ist praktisch zerstört.

Der Anwalt von Dr. X bezweifelte dann das Recht der Aufsichtsbehörde, sich Klagen anzuhören, in denen es um sexuelles Fehlverhalten mit Patientinnen ging, indem er behauptete, die Gesetze der Aufsichtsbehörde würden so etwas nicht vorsehen. Dieser Einspruch wurde abgewiesen, denn die Aufsichtsbehörde entschied sich dafür, daß wie auch immer geartetes unprofessionelles Verhalten Grund genug sei, ihrem Urteil unterworfen zu werden. Nach einiger Zeit hatte der Anwalt von Dr. X wirklich all sein Pulver verschossen, um diese Anhörung zu beenden oder zu vertagen, so daß er sich geschlagen geben mußte.

Ich verspürte Erleichterung aber auch zunehmende Ängstlichkeit, während die Anhörung ihren Fortgang nahm. Als die erste Klägerin vernommen werden sollte, kam Whitehurst auf mich zu und empfahl mir, den Raum zu verlassen. Wir sollten unsere alte Regel aufrechterhalten, daß jeder seine persönliche Geschichte vortrug und sich durch die der anderen nicht beeinflussen ließ. Aber dadurch hatte er mich den Fotografen ausgeliefert. Deshalb führte er mich schnell aus dem Raum und verbarg mein Gesicht hinter Aktendeckeln. Er ließ mich in seinem Auto allein zurück. Ich kauerte mich in den Fahrersitz und versuchte, in meine gemischten Gefühle Ordnung zu bringen.

Später erfuhr ich, daß während des ganzen Verhörs der Rechtsanwalt von Dr. X versucht hätte, durch bohrende Fragen in das Privatleben der Klägerin einzudringen, obwohl der Vorsitzende ihn immer wieder unterbrach, um dies zu vermeiden. Statt dessen wies der Vorsitzende immer wieder darauf hin, daß die Aufsichtsbehörde lediglich in der Klarstellung von drei entscheidenden Faktoren der Beschwerdeführerin interessiert wäre: daß sie bei Dr. X um Hilfe nachgesucht hätte, daß die Beratungen ein Teil einer professionellen Beziehung gewesen wären, und daß die sexuelle Beziehung oder der Zwischenfall früher erfolgt wäre als die Beendigung der professionellen Beziehung. Unbeeindruckt davon, bestand der Anwalt von Dr. X auf seinem Recht, der Beschwerdeführerin weiterhin Fragen zu stellen, was ihr persönliches und ihr berufliches Leben anging:

> Eines der größten Vorrechte des Kreuzverhörs ist dies, daß wir nicht unbedingt als wahr übernehmen müssen, was die Klägerin uns vorträgt. Und um herauszukriegen, wie wir ihre Aussagen zu beurteilen haben, und damit Sie sich vorstellen können, ob sie offenherzig ist oder nicht, ehrlich, oder ob Dr. X offenherzig, ehrlich ist, wird es von unschätzbarem Dienst sein, etwas über die Person zu wissen, die da vor Ihnen steht ... Wir sehen hier jemanden vor uns, der zwar von seinem Psychologen Unrecht erfahren hat, der nun aber unerbittlich dafür eine Entschädigung verlangt.

Der Anwalt von Dr. X versuchte eine neue Beweisführung. Er zeigte, daß es deshalb keinen direkten sofortigen Protest gegen den sexuellen Kontakt gegeben habe und daß die Klägerin deshalb nicht sofort die Therapie abgebrochen hätte, weil die Arzt-Patienten-Beziehung durch eine völlig neue Beziehung ersetzt worden wäre. Er zeigte ferner auf, daß die Arzt-Patienten-Beziehung nur einige Minuten oder Sekunden, bevor es zur sexuellen Beziehung gekommen war, außer Kraft gesetzt worden wäre, da beide Personen dieser neuen sexuellen Beziehung zugestimmt hätten. Doch die Aufsichtsbehörde bestand darauf, daß die Patientin gar nicht in der Lage gewesen sei, diese beiden Beziehungen so klar auseinanderzuhalten, daß sie damit überfordert gewesen wäre, sich ihren Psychologen als Therapeuten anders vorzustellen, als es zum sexuellen Kontakt kam. Nachdem die Mitglieder der Aufsichtsbehörde die Aussage der ersten Beschwerdeführerin gehört hatten, waren sie sich darüber einig, sie brauchten mich nicht mehr anzuhören. Sie hatten in der Tat schon genug gehört.

Nach einigen Stunden kehrte ich in das Auditorium zurück, um zu hören, wie Dr. X vernommen wurde. Als ihn der

Bezirksankläger vernahm, bestätigte er, daß er in einer professionellen Beziehung zu der ersten Beschwerdeführerin gestanden und sich tatsächlich mit ihr zwei Wochen lang auf Sexualverkehr eingelassen hätte.

Auf Befragung seines Anwaltes gab er zu, daß nach seiner professionellen Meinung die Arzt-Patienten-Beziehung niemals vollständig aufgelöst gewesen wäre, sondern auch während der intimen sexuellen Beziehung weiter bestanden habe. Weiterhin bekräftigte er, er hätte geglaubt, daß für beide Beschwerdeführerinnen der sexuelle Kontakt mit ihm von wohltuender Wirkung gewesen sei. Unter Kreuzverhör bestätigte Dr. X dann seine Anschauung, daß die Arzt-Patienten-Beziehung durch eine intime Beziehung ersetzt worden wäre. Als sie sich dann endlich auf dem Fußboden wiederfanden, sei die professionelle Beziehung zu einer persönlichen geworden.

Die Mitglieder der Aufsichtsbehörde kamen zu dem Schluß, daß die Version der Beschwerdeführerin zu Recht bestände, zu welchem Zeitpunkt die Arzt-Patienten-Beziehung zu einem Ende gekommen wäre: Nicht Augenblicke vor dem Geschlechtsverkehr, sondern am letzten Tag ihrer Therapiesitzung. Sie urteilten, es lägen genug Beweise dafür vor, um Dr. X der unprofessionellen Berufsführung gemäß der entsprechenden Gesetze für schuldig zu befinden. Die Aufsichtsbehörde beschloß eine zeitweilige Widerrufung der Lizenz und Praxiserlaubnis für Dr. X, wirksam vom gleichen Tage an, bis zwei Monate später in einer weiteren Sitzung ein endgültiges Urteil erfolgen würde. Ein weiterer Psychologe erschien vor der Aufsichtsbehörde und wurde damit betraut, sich der Patienten von Dr. X anzunehmen. Dann unterrichtete die Aufsichtsbehörde Dr. X von seinen Rechten, die ihm bis zur nächsten Sitzung zustanden. Er könnte Zeugen und Unterlagen in dreifacher Hinsicht vorbereiten: Angabe eigener psychischer Krankheit, während er die Beschwerdeführerin behandelte, professionelle Behandlung, der er sich seit jenem Zeitpunkt selber unterzogen hätte, und seine professionelle Verhaltensweise vor und nach der Behandlung der Klägerin.

In dieser letzten Sitzung bot der Anwalt von Dr. X der Aufsichtsbehörde „Schutzmaßnahmen" in der Form an, daß Dr. X nur noch Ehepaare behandelte, Familientherapie praktiziere oder sich allein auf männliche Patienten beschränke. Obwohl dieses Angebot gemacht war, beschloß die Aufsichtsbehörde einstimmig, die Praxiserlaubnis und die Lizenz von Dr. X für ein Jahr zu widerrufen. Die Aufsichtsbehörde beschloß weiterhin, Dr. X dürfe nicht vor Ablauf von zwei Jahren erneut um Praxiserlaubnis nachsuchen. Unklar bei dieser Entscheidung blieb, auf welche Weise ein erneutes Gesuch behandelt werden solle. Offen blieb die Frage der Rehabilitation.

Lagebericht 1980

Fast zwei Jahre später beantragte Dr. X, erneut zugelassen zu werden; dies als Vorbedingung, um wieder seine Lizenz zu erhalten. In einer geschlossenen Anhörung im späten Herbst 1980 stellte die Aufsichtsbehörde fest, daß im Leben von Dr. X ein bemerkenswerter Wandel eingetreten wäre: Er hätte sich eine Zeitlang einer Psychotherapie unterzogen und für sich einen Plan aufgestellt, um weitere persönliche und professionelle Rehabilitation zu gewährleisten. Als Ergebnis dafür sah sich die Aufsichtsbehörde in der Lage, seine erneute Zulassung ins Auge zu fassen.

Die Aufsichtsbehörde machte seine Wiederzulassung aber von Bedingungen abhängig. Dabei beabsichtigte sie drei Dinge: Sie wollte Dr. X die Möglichkeit zu weiterer Rehabilitation gewähren, falls er sich befähigt sah, die Aufsichtsbehörde zu entlasten, die ihm wiederum neue Verantwortung übertrug, da niemand mit absoluter Sicherheit voraussagen konnte, ob psychologische Rehabilitaion erfolgreich wäre. Weiterhin wurde ihm zur Auflage gemacht, während der folgenden zwei Jahre regelmäßig die Aufsichtsbehörde aufzusuchen. Die Aufsichtsbehörde war bereit, ihm seine Paxiserlaubnis in dem Augenblick wieder zu erteilen, wenn folgende Bedingungen erfüllt wären:

1. Die Aufsichtsbehörde erhält eine laufende psychologische Begutachtung durch einen Psychologen, den Dr. X aus einer Liste von klinischen Psychologen, die die Aufsichtsbehörde zur Verfügung stellt, selbst wählen kann;
2. Dr. X arbeitet in einem ihm freigestellten Institut oder als Mitarbeiter eines Psychologen während der Dauer von mindestens zwei Jahren. Während dieser Zeit wird Dr. X durch einen Psychologen als Supervisor beaufsichtigt, deren Wahl die Aufsichtsbehörde zugestimmt hat. Dieser Supervisor hat der Aufsichtsbehörde vierteljährlich Berichte zu deren Begutachtung einzureichen;
3. Dr. X wird dazu verpflichtet, an einer Universität mit einem psychologischen Trainingsprogramm, das von der American Psychological Association genehmigt worden ist, einen Kurs in professioneller Ethik auszuwählen und das Examen dafür zu bestehen;
4. Dr. X begibt sich gleichzeitig zu dem Zeitpunkt, da er seine Zulassung wiedererhält, in Psychotherapie, die erst nach dem Urteil des Psychotherapeuten beendet werden kann. Der ihn behandelnde Psychotherapeut ist verpflichtet, der Aufsichtsbehörde vierteljährlich Berichte einzusenden;
5. Nachdem alle diese Bedingungen erfüllt worden sind, wird die Aufsichtsbehörde darüber entscheiden, ob sie Dr. X erneut eine Lizenz als Psychologen erteilt.

Aber die Aufsichtsbehörde hat sich nicht an diese fünf Auflagen gehalten. Das Ergebnis der ersten psychologischen Begutachtung, das in der ersten Auflage gefordert worden war, schien nicht ausreichend genug zu sein, um eine Rehabilitation zu gewährleisten. Die zweite Auflage mußte geändert werden: Dr. X fand keinen Platz, an dem er eine klinische Assistenzzeit absolvieren konnte. Niemand wollte ihn annehmen. Vielleicht befürchtete die Aufsichtsbehörde einen aufwendigen Prozeß, den Dr. X anstrengen würde, wenn man ihm die Möglichkeit verweigerte, wieder zu einer Praxis zugelassen zu werden. Vielleicht hofften sie auch so darauf, daß es zu einer Rehabilitation kommen würde. Was immer auch der Grund gewesen sein mag: die Aufsichtsbehörde erwies sich als flexibler als den Beschwerdeführerinnen und ihrem Rechtsbeistand lieb sein konnte. Sie verzichtete auf die Bedingung der erneuten Assistentenzeit. Statt dessen bestand sie auf der Auflage, daß Dr. X unter der Supervision eines lizensierten Psychologen zwei Jahre praktizieren sollte, wenigstens 1.500 Stunden pro Jahr.

Aus den Aufzeichnungen sowohl der Aufsichtsbehörde wie auch aus dem Zeugnis von Dr. X geht hervor, daß er in der Supervision von mindestens drei verschiedenen Psychologen stand. Der letzte Psychologe war offenbar der einzige, der darauf bestand, daß Dr. X wenigstens noch für weitere Monate unter Supervision verbleiben müsse. Es schien so, als versuche Dr. X beständig, die Versuche seiner Supervisoren zu vereiteln, indem er die Zusammenarbeit in den wöchentlich ausgemachten Konsultationen verweigerte. Ironischerweise hatte Dr. X auf der Suche nach Supervisoren jenen Geistlichen ausgewählt, von dem er wußte, daß er mich behandelt hatte; dieser lehnte aber das Angebot ab. Ebenfalls hatte Dr. X sich an jenen Kollegen gewandt, der vor Jahren, nachdem er zum erstenmal von den sexuellen Kontakten Dr. X's mit seinen Klientinnen hörte, diesen zurechtgewiesen hatte, daß dies eine Verletzung seiner berufsethischen Pflichten bedeute. Daraufhin hatte Dr. X diesem Psychologen mit einer Strafverfolgung gedroht, falls dieser wage, mit seinen Anschuldigungen fortzufahren, und er hatte seinen Anwalt veranlaßt, diese Drohung durch weitere telefonische Anrufe zu bestätigen. Ich brauche nicht zu erwähnen, daß auch dieser Psychologe sich daraufhin weigerte, mit Dr. X in ein Arbeitsbündnis als Supervisor einzutreten. Offenbar war die Kollegenschaft ein wenig müde geworden, ihren früheren Kollegen nun durch eine freiwillige berufliche Interaktion auch noch zu unterstützen. Daher war offensichtlich, daß selbst die veränderte Version dieser zweiten Auflage für die Rehabilitation darunter litt, daß Dr. X sich als unfähig erwies, ihr nachzukommen. Auch schien Dr. X davon überzeugt, daß es nicht notwendig war, der vierten Auflage stärkere Aufmerksamkeit zu widmen. Er veranlaßte seinen Therapeuten nicht, vierteljährlich Berichte an seine Aufsichtsbehörde zu schicken, noch unterzog er sich nennenswerter Therapie.

Und dennoch, obwohl Dr. X sich weithingehend den Auflagen seiner Aufsichtsbehörde entzog, wurde ihm erlaubt, männliche und weibliche Patienten unterschiedlichen Alters unter der Aufsicht seines letzten Supervisors zu behandeln. Weiterhin war er in der Lage, wieder den Kontakt zur medizinischen Gesellschaft herzustellen und überzeugte sogar einige Geschäftsleute, Gelder für eine neue Organisation zu sammeln, die er „Counseling Centers of America" (Beratungs-Zentren) nannte. Durch diese Zentren erhoffte er sich Zugang zu Tageskliniken für psychisch Kranke in den größeren Städten des Staates zu erlangen.

Während Dr. X immer noch in der Klinik seines Supervisors behandelte und auf weitere Geldspenden für seine Zentren wartete, trug er bereits auf seinem weißen Kittel ein Namensschild, das ihn als „Direktor" auszeichnete. Bald stellte sich heraus, daß es niemals zu diesem „Counseling Centers of America" kommen würde, weil nicht genug Geld zusammenkam. Der Supervisor von Dr. X, der sich darum Sorgen machte, Patienten könnten glauben, Dr. X wäre der Direktor der Klinik, die tatsächlich dem Supervisor gehörte, verlangte von ihm, diesen selbstverliehenen Titel von seinem Namensschild zu entfernen.

Der Profi, der sich für unfähig erklärte

Ende 1980 gab Dr. X der Stadtzeitung ein Interview, um sich darin über eine „landesweite Erhebung" auszulassen. Es ging ihm dabei um die „behinderten Professionellen", insbesondere um die, die etwa die gleichen Probleme hatten wie er, daß sie sich sexuell mit Patienten eingelassen hatten. Er sagte gegenüber den Reportern:

Die meisten gegenwärtigen Hilfsprogramme wenden sich an Drogenabhängige oder Alkoholiker. Zum Glück wird sich die Szene bald wenden, denn Strafe hat noch niemals erreicht, daß auf diesem Gebiet etwas gebessert wird, ... aber es scheint so zu sein, daß ein wachsendes Interesse darin besteht ... behinderten Professionellen ... zu helfen ... was erheblich besser ist, als sie hinter den Holzschuppen zu führen und kräftig durchzuprügeln, ... anstelle daß nun die Professionellen glauben, daß sie alle Superklasse sind und sich nur von dem einen faulen Apfel lösen müssen, um damit das Problem in Ordnung zu bringen ... nach alledem sind auch Professionelle nur Leute, die das gleiche Geld verwenden, die gleichen gefühlsmäßigen und sexuellen Probleme wie andere auch haben. Und je eher sie damit beginnen, die Leute nicht mehr glauben zu lassen, sie wären Halbgötter in Weiß, desto besser ist es.

Obwohl Dr. X davon überzeugt war, er hätte das Dilemma der Rehabilitation solcher behinderter Professioneller genügend studiert, mangelte es ihm doch erheblich an Einsicht in seine eigenen Fälle, in denen er Patientinnen mißbraucht hatte. Er hatte sich seit der Zeit, da er zum ersten Mal unter Eid aussagte, nicht gewandelt. Immer noch sah er sich als Opfer an, und zwar als Opfer von ein oder zwei isolierten Fällen, die ihm „Affären" bedeuteten oder wo bei ihm ein vorübergehender Mangel an Urteilsfähigkeit bestanden hätte. Diese Haltung bekräftigte er in seinen Aussagen unter Eid immer wieder und, Jahre später, in seinen Erklärungen, die seinen zukünftigen Patienten galten. Außerdem behauptete er weiterhin, die dritte Beschwerdeführerin hätte in dem allem nur deshalb mitgemacht, um Geld zu fordern, das ihr später durch den Rechtsstreit zugesprochen werden würde.

Dr. X stellte den Antrag und erhielt seine Zulassung als professioneller Berater (eine untergeordnete Tätigkeit, verglichen mit der früheren Stellung von Dr. X. A.d.Ü.) durch eine Aufsichtsbehörde, die 1981 vom Staat bestimmt worden war. Suzanne Brown argwohnte, daß zwar der Professional Counselor's Board sich dagegen wandte, Dr. X erneut eine Lizenz zu gewähren, doch hätte dieser tatsächlich alle Bedingungen erfüllt, die ihm vorgeschrieben worden wären. Diese Aufsichtsbehörde mag befürchtet haben, daß ihr ebenfalls ein Gerichtsprozeß ins Haus stand, hätte sie ihm eine entsprechende Lizenz verweigert. Tatsächlich hatte eine Gruppe, die sich für Patienten einsetzte, die nach eigenen Angaben von Therapeuten mißbraucht worden waren, dem State Board mit einem Prozeß gedroht, wenn sie einen Therapeuten, der wegen seiner Verstöße bekannt war, weiterhin als Berater arbeiten ließ. Wie auch immer, der Anwalt von Dr. X drehte den Spieß um und drohte dem Counseling Board, ihn zu verklagen, sollte er sich weigern, Dr. X die Lizenz zu erteilen. Er argumentierte, die Berufsordnung würde keinerlei Angaben enthalten, daß man einem Therapeuten eine Lizenz vorenthalten könnte, nur weil er überführt worden wäre, daß er sich in einem früheren Beruf unethisch verhalten hätte. Unglücklicherweise waren die Aufsichtsbehörden durch die Gesetzgebung des Staates noch nicht genug ermächtigt, sich mit den ethischen Verfehlungen ihrer professionellen Hilfsberufe auseinanderzusetzen. Nachdem nun aber Dr. X sowohl eine Lizenz als professioneller Berater erhalten hatte und zugleich auch als Diplompsychologe, der zwar unter Supervision stand, sah Dr. X sich endlich sogar noch in dem Vorteil, diese Titel gemeinsam für sich zu verwenden.

6

Psychische Genesung:
Wann bin ich damit fertig?

Aus dem Trott ausbrechen

Nachdem ich meinen zweiten Therapieversuch mit dem Geistlichen beendet hatte, erklärte ich, daß ich nun versuchen wolle, eine Zeitlang ohne Behandlung weiterzuleben. Vielleicht waren es nur Zeit und Geduld, die ich brauchte, um meine Depressionen loszuwerden. Immer noch traf ich mich mit Steve, aber meine Begeisterung für ihn ließ nach. Er rebellierte immer wieder und immer stärker dagegen, daß ich mich so sehr an ihn klammerte. Und immer wieder beklagte er sich darüber, daß er unsere Beziehung als Last erlebe. Nach dem Vorwurf, ich hätte ihn in Ketten gelegt, konnte er mich manchmal für Wochen hintereinander allein lassen. Aber stets kehrte er zu mir zurück, und es schien so, als fürchtete er sich, endgültig sein Verhältnis zu mir zu beenden. Wenn wir dann glücklich wieder vereint waren, verstieg er sich dazu, mir zu versichern, niemals würden wir jemals einen anderen Menschen so lieben können, wie wir uns beide liebten. Aber in seiner Liebeserklärung empfand ich auch eine Drohung, als er mir versicherte, „wir sind einander Seelenfreunde".

So lange klebten wir nun aneinander, waren immer wieder begierig darauf, uns einander das Gefühl der Sicherheit zu schenken, wie dies im sexuellen Kontakt geschieht. Wir schlugen uns und wir vertrugen uns. Das war die einzige Weise, wie wir intim miteinander umgingen. Es schien so, daß wir emotionale Intensität mit Liebe verwechselten. Niemals gab es zwischen uns Hinweise auf Vertrauen, und niemals fanden wir Frieden. Immer wieder, wenn Steve erneut von mir floh und mich mit einer Gnadenfrist zurückließ, fühlte ich mich abgewiesen und eifersüchtig. Immer wieder fühlte ich mich von dem Gedanken gepeinigt, er würde Affären mit anderen Frauen haben. Zwar vergewisserte er mich stets aufs Neue, daß dies nicht der Fall sei. Aber ich mißtraute ihm. Immer wieder nahm ich ihn erneut bei mir auf. Ich fürchtete mich davor, allein zu bleiben. Der Gedanke war mir fremd, daß ich eine bessere Behandlung von ihm und von mir verdiente.

Mit der Zeit wurde das starke Leitbild, das ich mir von Steve aufgebaut hatte, immer blasser. Endlich begann ich damit, den Fesselgriff in unserer Beziehung zu lockern. Selbst wenn ich die Zeit meines bisherigen Lebens damit verbracht hatte, Männer zu idealisieren, konnte ich nun nicht länger die Last ertragen, wie ich sie mir mit Steve aufgebürdet hatte. Im Laufe der Jahre hatte ich ein paar Mal Frauen getroffen, mit denen Steve sich abgegeben hatte. Von jeder einzelnen erfuhr ich, daß sie sich in ihn verliebt hätte. Plötzlich begriff ich, daß Steve gar nicht in der Lage war, sich mir ganz hinzugeben, daß er überhaupt unfähig war, mit irgend jemandem eine feste Bindung einzugehen. Auf einmal waren alle die Gründe, die er mir genannt hatte, warum er sich nicht nur mit mir allein abgeben könnte, weniger wichtig. Oft genug hatte er mir geklagt, daß ich ihn nicht so liebte, wie er es verstehen und akzeptieren könnte, denn ich würde nicht dem entsprechen, was er unter einer „christlichen Ehefrau" verstünde.

Je älter ich wurde, desto ungereimter und unverständlicher erschienen mir seine Forderungen, die er an mich stellte. Ich begriff, daß er sich eine ihm treu ergebene, ihn anhimmelnde Puppenhaus-Ehefrau wünschte. Mutter sollte ich für ihn werden und mich zugleich für ihn aufopfern, sollte alle meine Ziele seinen unterordnen, und mein Lohn wäre es gewesen, durch diesen Prozeß meine Erfüllung als Frau zu erleben. Es schien so, als erwartete Steve, ich sollte mich in der Weise verhalten, wie er es gewohnt war: eine Verhaltensweise, die ich endlich ablegen wollte. Bisher war ich Männern gegenüber immer nur gehorsam gewesen. Niemals hatte ich infrage gezogen, was sie eigentlich von mir wollten, und automatisch hatte ich sie über mir in einer Rolle der Autorität angeordnet. Nun begriff ich plötzlich, daß ich mir selber in dieser Beziehung eine Falle gestellt hatte. Dieses Gefühl machte mich elend.

Ich fragte mich weiterhin, ob unsere schlechte Beziehung nicht Hauptursache dafür wäre, daß ich mich beständig als müde empfand. Ich hatte mich zu lange in dieser Abhängigkeitsrolle befunden, in der ich mich samt eigenen Stärken und Schwächen verbarg. Ich hatte versucht, Steve für alle meine Gefühle verantwortlich zu machen. Ich schob ihm die Schuld zu, daß er kam und ging, ohne zu bedenken, warum ich bereit war, mich jedesmal erneut mit ihm zu versöhnen. Warum konnte ich nicht in mich gehen und mir ein Gefühl der Eigenverantwortlichkeit aufbauen? Warum fühlte ich mich so, als hätte ich nicht die geringste Gewalt über mein Leben? Immer dann, wenn Steve wieder zu mir zurückkommen wollte, hatte ich gezögert, dazu „nein" zu sagen. Nun aber wußte ich, wenn ich wirklich frei werden wollte, dann müßte ich diejenige sein, die bestimmte, daß es nun zu einer endgültigen Trennung zwischen ihm und mir käme.

Damit war mir klar, daß ich wiederum einen Therapeuten brauchte. Dieses Mal schien es mir notwendig, daß es eine Therapeutin sein müsse. Die Erfahrung mit Dr. X hatte mich gelehrt, daß ich gegenüber der Autorität von Männern meiner nicht sicher genug wäre, und dies erst recht gegenüber Therapeuten. Mir wurde immer wichtiger, daß ich in der Therapie ein Gefühl der Geborgenheit suchte. Dieser Gedanke war mir in dem Augenblick gekommen, als ich mir vornahm, mich von einer Frau behandeln zu lassen. Auch meine Beziehung zu Suzanne Brown bestärkte mich darin, nun eine Therapeutin aufzusuchen, denn bei ihr hatte ich inzwischen gelernt, daß auch eine Frau ein Gefühl der Autorität aufbauen kann.

Mein Bruder Michael schlug Dr. Evelyn Hammond vor. Bereits in unserer ersten Sitzung erzählte ich ihr davon, wie Dr. X mich sexuell mißbraucht hätte, habe das aber nicht weiter vertieft. Von ihr wollte ich nichts anderes als Hilfe, um endlich aus meiner Beziehung zu Steve auszusteigen. Aber selbst, während ich mich ruhig mit Dr. Hammond unterhielt, brach plötzlich ein Groll auf Dr. X durch. Mehr als einmal bot sie mir die Chance an, diese Gefühle zu bearbeiten, aber noch war ich nicht so weit, dies tatsächlich zu tun. Immer noch fühlte ich mich zu schuldig, als daß ich auf Dr. X überhaupt auch nur zornig war.

Während ich herauszufinden versuchte, wer ich wäre, zeigten sich die Parallelen in meiner Beziehung zu diesen beiden Männern. Die Misere, in der ich mit Steve lebte, ließ mich seinerzeit bei Dr. X um Therapie nachsuchen. Die Behandlung von Dr. X verstärkte das, was Steve bei mir suchte: angepaßtes Verhalten, völlige Unterordnung unter seine Bedürfnisse. Nachdem ich bisher so viel an Gefühl investiert hatte, um anderen zu gefallen, fühlte ich mich restlos verloren, um weder den versteckten Aufforderungen von Dr. X entgegenzutreten, noch den ausdrücklichen Forderungen von Steve nachzukommen. Ich wußte beim besten Willen nicht mehr, wer ich war, wer ich sein wollte, noch viel weniger, was ich tun sollte.

Dadurch, daß ich stets die chaotische Beziehung mit Steve im Auge hatte, wurde ich nicht meiner inneren Leere gewärtig. So aggressiv-gehemmt-angepaßt war ich nichts weiter als Steves bequeme, kapriziöse Geliebte. Ich kämpfte mit diesem Zwiespalt, mich sowohl Steve als auch Dr. X zu unterwerfen, während ich doch zum anderen darum bemüht war, daß beide ihren Griff über mein Leben lockerten. Beide Männer wirkten auf mich als eine mächtige und erdrückende Gegenwart. Dies ließ mir nichts anderes übrig, als zu glauben, daß diese beiden alle Antworten wüßten und mich viel lieber hätten, als mir ihre Taten bewiesen. Da es in mir keinerlei eigene Autorität gab, hatte ich mich ihrer Autorität restlos anvertraut. Mir wurde unmißverständlich klar, daß ich noch nicht meinen Kinderglauben aufgegeben hatte, daß man Männer idealisieren müsse, sie niemals infrage stellen dürfe, und daß es notwendig sei, sich ihnen zu unterwerfen, um sich ihrer Liebe zu vergewissern.

In meiner neuen Beziehung zu Dr. Hammond sah ich mich einer Frau in einer starken Rolle gegenüber. Sie gebrauchte niemals ihre Macht, um mich auszunutzen. Niemals hat sie mich ermutigt, mich stärker von ihr abhängig zu fühlen, was ich nur zu gern getan hätte. Zum anderen machte sie es mir aber auch nicht übermäßig leicht zu lernen, von nun an mir selbst zu vertrauen. Plötzlich begriff ich, daß ich einen Selbstwert besaß, unabhängig von jedem anderen Wertgefühl, das ich mir von den Männern in meinem Leben erborgt hatte. Ich beschloß, endlich die mir vertraute Rolle des Opfers aufzugeben, dies umso mehr, nachdem ich einsah, wie erschöpfend diese Rolle für mich geworden war. Innerhalb der ersten fünf Monate der Therapie bei Dr. Hammond verließ ich Steve für immer.

Aber meine Gefühle der wachsenden Unabhängigkeit von Steve waren nicht das einzige, was wir miteinander bearbeiteten. In einer Sitzung schlug Dr. Hammond mir vor, ich solle mir vorstellen, Dr. X säße in einem leeren Stuhl in der Ecke ihrer Praxis. Bevor ich mich auch nur zu fassen vermochte, schrie ich lauthals: „Hätte ich nur ein Gewehr, ich würde ihn erschießen!" Sofort verspürte ich, wie sich meine Augen mit Tränen füllten und es war mir unmöglich, ihnen Einhalt zu gebieten. Das war das erste Mal, daß ich auf Dr. X wegen all der Dinge, die er mir angetan hatte, Haß verspürte. Das nächste, was ich dann empfand, war Gram. Der Groll war mir zu erschreckend, als daß ich ihn in mir bewahren konnte, auch wenn ich wußte, daß er mich noch ausfüllte. Lange Zeit sagte ich kein weiteres Wort. Über Dr. X haben wir nur sehr wenig gesprochen. Trotz meines zutiefst empfundenen Grolls schien es mir immer noch Verrat, wollte ich irgendeiner anderen Person davon berichten, wie sehr seine Handlungen mich verletzt hatten.

Dr. Hammond war klug genug, niemals tiefer in mich und meine Gefühle einzudringen, als ich es selber zuließ. Sie gestattete mir, unsere Gesprächsthemen zu wählen, und in der Bearbeitung überließ sie es mir, gemäß meinem Wunsch die entsprechenden Schlüsse zu ziehen. Diese therapeutische Art der Gesprächsführung erlaubte mir eine neue Erfahrung, die mir bisher unbekannt gewesen war: ein stetiges Gefühl der Kontrolle und Verantwortung über mich und mein Leben. Aber immer war ich noch nicht in der Lage, in ganzer Tiefe den Schmerz und die Verwirrung anzugehen, die mir durch den Verrat von Dr. X angetan worden waren. Ich hatte diese Therapie begonnen, um mich endgültig von Steve zu lösen. Das gelang mir nach wenigen Monaten Therapie. Zum dritten Mal beendete ich meine Therapie, und beflissen überhörte ich Dr. Hammonds Einladung, jederzeit zu ihr zurückzukehren, falls und wann immer ich es brauchte. Nun war ich überzeugt, ich wäre „kuriert" und würde niemals mehr einer neuen Therapie bedürfen.

Posttraumatischer Streß

Das folgende Jahr sah mich glücklicher, als ich jemals seit meiner Kindheit gewesen war. Ich spielte mit dem Gedanken, noch weiter zu studieren. Ich entwickelte zu meiner Mutter ein besseres Verhältnis. Ich gewann neue Freunde, und zu mehreren Frauen, die bisher in meinem Leben wichtig gewesen waren, vertiefte ich meine Freundschaft. Ich stellte mich als freiwillige Mitarbeiterin für ein Zentrum zur Verfügung, in dem mißbrauchte Frauen Zuflucht fanden, und zog mit zwei anderen Frauen in eine Wohngemeinschaft. Meinen Wagen fuhr ich zu Schrott. Bald danach hatte ich regelmäßig Verabredungen mit Ken, dem

Verkehrspolizisten, der meinen Unfall aufgenommen hatte. Ihn fand ich in einer mir völlig neuen Weise attraktiv. Innerhalb von drei Monaten entwickelte ich zu ihm eine tiefere Liebe, als ich sie jemals zu anderen Männern verspürt hatte. Doch diese glücklichen, vertrauten Augenblicke wurden überschattet von dem Prozeß, der auf uns zukam. Meine Anwälte warnten mich vor den Gefahren, die er mit sich bringen würde. Kein einziger Bereich meines Lebens, der nicht ausgeleuchtet werden würde, keine Privatsphäre mehr. Ich glaubte, mit all dem schon fertig zu werden, wenn es mir nur gelänge, meine Ängstlichkeit besser unter Kontrolle zu bringen. Aber selbst wenn ich mich noch so tapfer zusammenriß, waren doch die besten Tage überschattet von der Ungewißheit, die da auf mich zukam. Wie könnte ich Dr. X im Prozeß gegenübertreten? Würden die Leute mir glauben oder würden sie mir vorwerfen, daß ich die verführerische, sich rächende Patientin wäre? Meine Sorge, wie ich Dr. X öffentlich gegenübertreten könnte und mein beständiges Bemühen, die Auswirkungen seines sexuellen Mißbrauches auf mich nicht wahrhaben zu wollen, verschlechterten meinen Zustand. Ich war fest entschlossen, niemandem mehr zu erlauben, mir gefühlsmäßig Schaden zuzufügen. Aber um dieses Ziel zu erreichen, mußte ich andere, die mir ehrlich entgegentraten, richtig beurteilen. Während ich darauf wartete, daß sich selbst in mir ein unfehlbares Urteil entwickelte, ging ich dazu über, anderen Leuten weniger zu vertrauen. Irgendwie gelang es mir, sowohl Nähe wie auch Entfremdung innerhalb meiner Freundschaften zu vermeiden. Als nächstes nahmen Ken und ich eine gemeinsame Wohnung, aber dennoch fühlte ich mich ihm gegenüber oft fremd. Ich war einfach unfähig, mich auf mein Urteil zu verlassen, daß er tatsächlich der Mann wäre, dem ich mich anvertrauen konnte. Wohl wußte ich, daß ich in ihm einen Mann gefunden hatte, der nicht daran interessiert war, mich zu kontrollieren, aber irgendwie erwartete ich von ihm, daß er es dennoch versuchen würde.

Je mehr neue Gefühle und Gedanken über Dr. X in mir auftraten, desto mehr wuchs mein emotionaler Konflikt ihm gegenüber. Dabei geriet ich von einem Extrem ins andere. Einerseits verachtete ich ihn, zum anderen wollte ich ihn vergessen. Ständig war ich deswegen mit chronischen Leibschmerzen geplagt. Meine Launenhaftigkeit und meine Nervosität ließen mich unleidlich werden. Nachts schlief ich unruhig, fuhr hoch, wurde von Alpträumen geplagt, die immer häufiger und schrecklicher wurden, je mehr es dem Prozeß entgegenging. Endlich hielten wir es nicht mehr aus, denn Ken und ich waren auf das höchste alarmiert durch die Anzahl der Nächte in jeder Woche, in denen ich schreiend und zitternd hochschreckte.

Damit sah ich mich endlich gezwungen, wieder einmal etwas zu tun. Emotional fühlte ich mich völlig erschöpft und ich erlebte mich unfähig, so weiterzuleben. Nur widerstrebend entschloß ich mich, eine Langzeittherapie einzugehen, aber mir wurde der Schmerz und die Verwirrung bewußt, die ich so lange verdrängt hatte. Sowohl im Wachen wie im Schlafen zahlte mein ganzer Körper nun einen hohen Preis dafür, daß ich mir immer noch keine Ruhe gewähren konnte. Meine alten Trennungsängste wurden mir wieder deutlich: Der Kummer und Gram um meinen Vater, die ich niemals genügend aufgearbeitet hatte, und meine Unfähigkeit, meiner Mutter als einer Frau entgegenzutreten, die eben andere Werte verkörperte als ich selbst. Auch meine neueren Probleme hatte ich noch nicht genügend durchgearbeitet: Die Scham, die ich darüber empfand, daß ich mich an meiner eigenen sexuellen Ausnutzung beteiligt hatte, und zum anderen meinen Groll darüber, daß ich sexuell mißbraucht worden war.

Vor allem diese nächtlichen Alpträume waren der Grund dafür, daß ich zu Dr. Hammond zurückkehrte. Von all diesen schrecklichen Alpträumen während jener Zeit bleibt mir einer ganz besonders im Gedächtnis, weil er mich nach dem Erwachen verletzt und erschrocken vorfand. Ich habe diesen Alptraum in mein Tagebuch eingetragen:

Ich befand mich in einer Stadt, die im Zustand der Belagerung war. Ich ging an einem einstöckigen Gebäude vorbei, das mich an jenes Gebäude erinnerte, in dem sich Dr. X' Praxis befindet. Er stand auf dem Fußweg und rief Frauen hinterher, die vorübergingen, Frauen, die sich auf der Flucht befanden, und er sagte ihnen, hier könnten sie Zuflucht finden. Mich ergriff Panik. Ich war zutiefst erschrocken und versuchte, diese Frauen von Dr. X fernzuhalten, indem ich sie warnte, daß ihnen Gefahr drohe. Dann veränderte sich der Traum. Ich lebte mit meinen Eltern in einem großen Schloß. In dem Haus war ein Mann, der versuchte, mich mit einem Messer zu töten. Er arbeitete dort in dem Haus. Ich hatte meine Mutter aufgefordert, ihn zu entlassen, aber sie konnte das nicht. Er verfolgte mich durch das ganze Haus, das im Dunkeln lag. Ich sah hohe Zimmer und bedrückend wirkende Wände. Ich fragte ihn, warum er mich verletzen wolle, aber er gab keine Antwort. Als er begann, mich zu verfolgen, lief ich in mein Zimmer. Es war ein kleiner, abgedunkelter Raum. Die schwere hölzerne Tür besaß nur ein schwaches Schloß, das ihn nicht zurückhalten konnte. Er brach durch die Tür, ergriff mich und begann, in meine Brust zu stechen, wieder und immer wieder. Dann war plötzlich eine zweite Frau zwischen uns, und ich wachte auf, erschrokken. Mein Herz schlug heftig.

Indem ich solche Träume wie diesen mit Dr. Hammond bearbeitete, wurde ich allmählich mit dem Konflikt in mir fertig, den der böse Vater, wie ihn Dr. X verkörperte, in mir ausgelöst hatte. Zunächst versuchte ich mir zu sagen, ich hätte es gar nicht nötig, mich mit dieser Erfahrung, von Dr. X mißbraucht worden zu sein, auseinanderzusetzen. Ich versuchte mich glauben zu machen, daß ich die Auswirkungen davon schon hinter mir wüßte, und ich kämpfte weiter, indem ich meinen Zorn und meine Ängste ignorierte. Statt dessen versuchte ich mich stark zu machen für den Prozeß, der immer näher kam, dessen Termin endgültig für den nächsten Monat festgesetzt war. Vor diesem gefürchteten Prozeßtermin arbeitete Dr. Hammond geduldig mit mir, um mir genug Eigenstärke und Selbstvertrauen zu geben, wie ich meine Überängstlichkeit, vor Gericht aussagen zu müssen, beruhigen könnte. Es gelang mir, genügend Abstand zwischen mir und meinen Erinnerungen zu schaffen. Dr. Hammond versuchte gar nicht erst, mich das starke gefühlsmäßige Chaos in mir erkennen zu lassen. Dies war der Zeitpunkt, um mich innerlich aufzubauen, nicht aber meine Fähigkeiten, mit der Situation fertig zu werden, infrage zu stellen.

Zu meiner großen Erleichterung wurde der Streitfall außerhalb des Gerichts beigelegt. Whitehurst schien erstaunt darüber, daß ich so schnell bereit war, mich gütlich zu einigen. Wo war nun die Kämpferin? Die war nach fast fünfjähriger Selbstquälerei, wie der Fall wohl ausgehen könne, sehr müde geworden. Obwohl nun der Rechtsstreit vorüber war, wußte ich doch, daß ich noch nicht bereit war, meine Behandlung zu beenden. Die emotionale Pein hatte noch nicht begonnen. Ich fühlte eine Unsicherheit in mir, die nichts mit jener Erleichterung zu tun hatte, daß der Fall außerhalb des Gerichts beigelegt worden war. Vier Jahre lang hatte ich damit verbracht, die Auswirkungen des Mißbrauches durch Dr. X auf mich zu leugnen. Je deutlicher sich diese Auswirkungen aber abzeichneten, desto härter versuchte ich zu behaupten, daß sie überhaupt nicht weiter existierten. Doch die Alpträume des nachts lehrten mich eines besseren, und ich war bereit, mich den Problemen dieses erlebten Mißbrauches zu stellen. Ich wollte versuchen, diese häßliche Erfahrung abzuklären.

Ich vertraue mir und anderen

Gemeinsam mit Dr. Hammond änderte ich das Ziel meiner Therapie. Sie machte mir klar, daß ich zu lernen hätte, wie man andere Leute einschätzt, und wie ich meinem eigenen Urteil vertrauen könnte. Ich durfte mir nicht länger den Luxus leisten, andere Leute sofort und ohne viel Gedanken zu idealisieren. Ich mußte ebenfalls lernen, wie man mit einer gesunden Wachsamkeit Leuten gegenübertrat, die nicht vertrauenswürdig erschienen. Dies bedeutete, ich mußte im Verstehen anderer Leute Risiken eingehen, wobei ich meiner eigenen Intuition zu vertrauen hatte, etwas, was ich zuvor nur selten jemals getan hatte. Es gab da eine Ermessensfrage, wieweit man jemandem vertrauensvoll begegnen kann und wie sehr es andererseits angezeigt war, ein gewisses Mißtrauen zu bewahren. Etwas, das mich in Selbstzweifel stieß, inwieweit mein eigenes Urteilsvermögen gerechtfertigt wäre. In meiner Beziehung zu Dr. Hammond erfuhr ich ein Vertrauensverhältnis, das niemals infrage gezogen wurde. Sie bot mir einen sicheren Ort, von wo aus ich Risiken eingehen konnte. Dabei wurde mir deutlich, daß mein Urteil niemals unfehlbar sein werde, sondern daß ich dennoch das Risiko eingehen müßte, mir selber zu vertrauen wie auch anderen, oder ein Leben mit emotionaler Isoliertheit zu führen.

Wir begannen darüber zu sprechen, wie meine alten Probleme ausgesehen haben: Mein Unglücklichsein in einer intimen Beziehung, meine Depression, meine geringe Selbsteinschätzung, meine absolute Unfähigkeit, mir selber zu vertrauen, und der abgrundtiefe Schmerz über das Dahinscheiden meines Vaters. Und wir sprachen ebenfalls über Dr. X. Je mehr wir über ihn sprachen, desto furchterregender wurden meine Träume. Wenigstens einmal pro Woche fuhr ich aus dem Schlaf hoch, schreiend, stand neben meinem Bett und versuchte Ken davon zu überzeugen, daß die schrecklichen Spinnen, die ich im Traum gesehen hatte, wirklich wären.

Ich fühlte mich durch Eindringlinge bedroht, wobei ich über meine Verletzbarkeit erschrocken war, die in meiner eigenen Naivität begründet lag. Solange Zeit hatte ich mit einem Konflikt gelebt. Oberflächlich machte ich Dr. X für meine Probleme verantwortlich. Zugleich empfand ich glühenden Zorn darüber, daß ich in all diesem Mißbrauch mitgewirkt hatte. Einer meiner Träume, den ich in meinem Tagebuch aufzeichnete, zeigte mir deutlich, wie sehr ich mich deswegen selber haßte, und ich befürchtete, daß ich davon niemals wieder frei werden würde:

Ich träumte, ich wohnte in einem Motel, und die Besitzerin war eine Hexe. Kaum hatte ich mich darin eingerichtet, versuchte sie auch schon, in meinen Raum zu kommen, um mich zu töten, entweder dadurch, daß sie die Tür zerstörte, oder daß sie durch das Fenster „materialisierte". Sie kam in mein Zimmer und ich schlug auf sie ein, immer und immer wieder, bis sie nur noch ihre Hände bewegen konnte. Aber diese Hände konnten sich wunderbarerweise in alle Richtungen bewegen, um mich dort zu erreichen. Ich versuchte, all meine persönliche Habe zusammenzusammeln – alle Gegenstände lagen um mich herum verstreut – während ich weiterhin angestrengt ihre Hände bekämpfte. Ich hatte keine Chance zu entfliehen.

Im Verlauf unserer Therapiesitzungen gelang es Dr. Hammond, in mir Mitgefühl zu erwecken, wie ich es so zuvor noch nicht gekannt hatte. Ich begriff, daß die Weise, in der ich mich als Opfer erlebte, und mein Verhalten Männern gegenüber, von denen ich mich abhängig fühlte, eine Quelle der Macht für mich bedeutete. Ich hatte mich selber Dr. X und seinen sexuellen Machenschaften in einer Weise überlassen, wie ich dies auch gegenüber Steve getan hatte, indem ich es ihm überließ, in unserer Beziehung seine chronische Unentschlossenheit mir gegenüber auszuspielen. Je größer meine Abhängigkeit von diesen beiden Männern wurde, desto verletzlicher wurde ich, was mein Verlassenheitsgefühl anging. Um den Zeitpunkt des Verlassenseins aufzuschieben, war ich immer mehr bereit, mich selber aufzuopfern. Dies war ein altes Schema des Abhängigseins. Denn schon als Kind hatte ich mühsam gelernt – und dies bis zu dem Punkt des gefährlichen Unausgeglichenseins –, daß ich den Forderungen der Autorität Gehorsam und Respekt entgegenzubringen hatte. Aber genau zu dem Zeitpunkt, da viele junge Leute ernsthaft damit beginnen, diese elterliche Autorität infrage zu ziehen, da erlebte ich meinen Vater auf dem Sterbelager. Ich wagte es nicht, mich gegen ihn aufzulehnen, denn ich sah, wie er immer hilfloser wurde. Nicht einmal gegen meine trauernde Mutter vermochte ich zu rebellieren.

Beihilfe zu meiner Ausnutzung

Während der Therapie erzählte ich Dr. Hammond von meinem Schamgefühl, das nicht enden wolle. Scham darüber, daß ich in dieser sexuellen Beziehung mitgemacht hatte, einer Beziehung, die mich zerstörte. Dabei wurde mir ebenfalls bewußt, daß ich gegenüber Dr. X ein Schuldgefühl hegte, weil ich gegen ihn einen Prozeß angestrengt hatte. Diese Bekenntnisse werfen ein Schlaglicht auf die Ursache meiner inneren Konflikte. Auch wenn ich behauptete, Dr. X treffe für alle Handlungen die Schuld, dann fühlte ich mich doch mitschuldig in dem, was die sexuellen Handlungen betraf. Nach alledem: waren Frauen nicht dafür verantwortlich, was ihnen angetan wurde? Und waren Männer in verantwortungsvoller Position nicht gut und ehrenwert?

Dr. Hammond half mir, zwei Dinge richtig zu begreifen: Daß Dr. X als mein Psychologe für diesen Mißbrauch moralisch verantwortlich wäre, und daß meine eigenen Bedürfnisse mich dazu geführt hätten, willig in dem mitzutun, was ich eigentlich nicht hätte tun wollen. Ich begann zu begreifen, wie ich zu einer Person geworden war, die man ausnutzen konnte. Ich hatte mir bisher nicht gestattet, meine eigenen Gedanken in diesen sexuellen Begegnungen vor Augen zu führen. Statt dessen hatte ich dem zugestimmt, weil ich so dringend auf das Gefühl, von Dr. X angenommen zu sein, angewiesen war. Damit verdammte ich gleichzeitig den, der mich angenommen hatte, aber auch mich selber.

Klarheit in dieses Dilemma zu bringen, „wer denn nun verantwortlich wäre", war eine der schwierigsten Aufgaben, der ich mich in meiner Therapie gegenübersah. Immer noch sah ich mich nicht in der Lage, die unmoralische Art und Weise zu begreifen, in der ich mißbraucht worden war. Niemals sagte ich: „Dieser dreckige Kerl hat versucht, mich in seiner Therapie zum Sex zu zwingen!" Statt dessen entwickelte ich ein verworrenes Bild von Dr. X: Der gute Mann, der mich mißbraucht hatte. So lange Zeit war er der „gute Vater" gewesen. Dieses Bild von ihm konnte ich aber nicht mit seiner destruktiven Handlungsweise in Einklang bringen. Aber er *war eben nicht* der fürsorgliche Vater, wie ich ihn zunächst gesehen hatte. Ihn hatte ich idealisiert, er mich aber mißbraucht. Und so war es geschehen, daß ich ihm und seinen Handlungen vertraut hatte, bis hin zum Geschlechtsverkehr, und davon überzeugt war, sie sollten mir helfen, anstatt Dr. X als dem verräterischen Vaterleitbild den Laufpaß zu geben.

Während ich damit beschäftigt war, dieses Bild von dem vertrauenserweckenden Doktor – ich weigerte mich einfach beharrlich, dieses Bild aufzugeben – mit seinen Taten, die er begangen hatte, in Einklang zu bringen, sah ich mich von Fragen überfordert, die ich nicht beantworten konnte. Würde Dr. X wirklich so gehandelt haben, hätte er auch im geringsten nur gewußt, wie sehr er mir Schaden zufügte? Könnte es nicht möglich sein, daß er keine Ahnung davon hatte, wie sehr er mir schadete? Sah er denn nicht im voraus auch jene Folgen, die es mit sich bringen würde, wenn er sich an einer Patientin in einer solchen Weise verging? Aber wenn er es wirklich wußte, war er so töricht, sich deswegen keine Gedanken zu machen? Seine Aussagen unter Eid hatten zutage gebracht, daß er davon überzeugt war, unsere sexuelle Intimität hätte für mich keinerlei Schaden bedeutet. Diese Aussagen zeigten weiterhin, daß er unsere Therapeuten-Patienten-Beziehung wie einen Lichtschalter sah, den man ein- und ausschalten konnte, ungeachtet der ungleich verteilten Kräfte. Seine Verhaltensweise erwies sich als unbeständig, manchmal hilfreich, manchmal verletzend. Er war eine Vaterfigur, die ihre Vollmacht mißbrauchte. Diese beiden Bilder wollten einfach nicht zusammenpassen.

Mein Groll auf Dr. X als Vaterfigur, wenn auch einer bösartigen, schien mir Verrat meinem Vater gegenüber, der nun schon lange tot war. Anstatt mir dies klarzumachen, hatte ich den Groll gegen mich selber gewandt, daß ich nur so naiv hatte sein können. Diesen Groll hielt ich in mir fest, bis es so weit kam, daß er mich buchstäblich auffraß. Zunächst gelang es mir nicht einmal, auch nur einige meiner zornigen Gefühle, die ich gegenüber Dr. X empfand, Dr. Hammond mitzuteilen, und ich sprach zu ihr über mein Schuldgefühl, als ich mich damals entschloß, einen Prozeß gegen Dr. X anzustrengen.

Als ich mich zum erstenmal an Suzanne Brown wandte, hatte ich nichts anderes vor, als Dr. X zu hindern, Patientinnen zu mißbrauchen. Ich wollte ihn nicht einem finanziellen Ruin aussetzen. Wenn ihm schon nicht zu helfen war, so wollte ich ihn wenigstens daran hindern, als Psychologe zu praktizieren. Mein Schuldgefühl in dieser Hinsicht war so stark, daß ich schwankte, ob ich in meiner Anklage fortfahren oder sie fallen lassen sollte. Diese Unentschlossenheit kulminierte in dem Augenblick, da ich meine Klage eingereicht hatte, zum Flughafen fuhr und dabei fast Dr. X überrannte. Er grüßte mich in seiner höflichen und freundlichen Weise, wie er es bisher immer getan hatte. Dann sagte er mir, wie es ihn überrascht hätte, meinen Namen im Zusammenhang mit einer Strafverfolgung gegen ihn gesehen zu haben. Dies geschah zu dem Zeitpunkt, bevor er versuchte, mich per Telefon zu erreichen. Mein Gesicht brannte. Ich fühlte mich wieder einmal, wie schon so oft in seiner Nähe, wie ein Kind, das dabei ertappt worden ist, etwas Schändliches zu vollführen. Ich murmelte etwas wie, das hätte ich doch einfach tun müssen und ging davon, den Kopf gesenkt, genauso wie ich so oft als Kind mich davon gemacht hatte. Aber in dem Augenblick, als ich den Flughafen verließ, war ich sicher, ich würde meine Anklage fallen lassen.

Gleichzeitig, da ich mich in meiner Entschlossenheit wankend sah und mich wegen dieses Mannes schuldig fühlte, dessen berufliche Karriere zu zerstören ich im Begriff war, erinnerte ich mich aber auch jener vielen Patientinnen, die davon berichtet hatten, wie er sie systematisch sexuell verführt hatte. Er hatte seine Patientinnen in einer Situation sexuell mißbraucht, in der er ihnen Fürsorge, Unterstützung und therapeutische Gegenüberstellung hätte angedeihen lassen müssen. Ich durfte mir nicht die Klagen der beiden anderen Klägerinnen aus dem Sinn drängen, die ihn gemeinsam mit mir verklagten, noch die anderen vielen Frauen, die die Kanzlei von Anwalt Brown angerufen hatten, um in diesem Fall unsere Beschwerden zu untermauern.

Ich fragte mich, ob Dr. X jedesmal, wenn er eine Patientin verführte, davon überzeugt war, daß er auf seine Weise für sie sorge und daß dies alles im gegenseitigen Einverständnis geschehe.

Ich war mir des Rufes bewußt, den Dr. X in der Kollegenschaft genoß, und der war nicht gut. Er war dafür bekannt, in Patientinnen vernarrt zu sein und galt als Schürzenjäger in jenen Anstalten, in denen er früher gearbeitet hatte. Eine Sozialarbeiterin hatte formal gegen Dr. X wegen seiner sexuellen Frechheiten Beschwerde geführt. Dr. X bewies in der Beurteilung der Telefonanrufe vieler seiner Ex-Patientinnen, die gegen ihn Stellung bezogen bei meinen Anwälten, mehr als einmal mangelndes Urteilsvermögen. Bereits 1974, als er in der psychiatrischen Hauptklinik unserer Stadt arbeitete, warnte ein Kollege Dr. X und warf ihm vor: „Ihnen würde es besser anstehen, sich weniger phallisch zu verhalten." Bei einer der ersten Aussagen unter Eid charakterisierte sich Dr. X während dieser ersten Jahre, als er sich in der Stadt niedergelassen hatte, so:

Antwort: Zu dem Zeitpunkt umgab mich eine Aura von Männlichkeitswahn (machoism), und dies kann ich Ihnen nicht besser erklären, als daß ich es chauvinistischen Männlichkeitswahn nenne. War wirklich selber stolz auf mich. Dies zeigte sich in der Art und Weise, wie ich durch die Stationen ging. Ich bewegte mich wie ein stolzer Hahn. Ich ging mit den Angestellten kokett um, und auf diese Weise manipulierte ich sie, daß die Arbeit getan wurde.
Frage: Diese Macho-Sache. Ich erinnere, daß Sie sagten, Sie hätten sie nun überwunden.
Antwort: Richtig.

Indem ich über diese meine Erinnerungen mit Dr. Hammond sprach, wurde immer deutlicher, wie wenig sich Dr. X um andere sorgte, sondern sie vielmehr ausnutzte. Schlagartig begriff ich, daß meine sexuelle Beziehung mit ihm weit davon entfernt gewesen war, daß dies aus Fürsorge zu mir geschehen wäre, und für immer gab ich dem Mythos den Laufpaß, daß

Männer in väterlichen Rollen auch notwendigerweise gut sein müßten. Indem ich mir vor Augen führte, wie offensichtlich er wiederholt verletzbare Patientinnen verführt hatte, begann ich damit, endgültig meine sich hartnäckig haltenden Illusionen aufzugeben. Er hatte mich mißbraucht. Das war genug. Für mich war von nun an Dr. X der Verführer par excellence. Aber zugleich mit dieser Erkenntnis empfand ich ein schmerzendes Gefühl des Verlustes, das ich so nicht begreifen konnte.

Die Tatsache, daß Dr. X mir am Anfang der Therapie in bestimmter Weise geholfen hatte, machte es umso schwieriger für mich, den Mißbrauch, den er mit mir betrieb, zu begreifen und mein eigenes Schuldgefühl aufzugeben. Daß er mich dazu ermutigt hatte, während der ersten sechs Monate ein Tagebuch zu führen, bevor er mir erotische Vorschläge unterbreitete, zeigte mir, daß ihm meine Gefühle wichtig genug waren, um sie zu bedenken und schriftlich festzuhalten. Es zeigte mir weiterhin, daß er ein gewisses Interesse und eine Sorge darüber empfand, was ich dachte und wie ich mich fühlte. Schon zu Beginn der Therapie hatte er mich gefragt, ob es nicht sein könnte, daß ich auf meinen Vater einen Groll hege, da er mich durch seinen Tod so frühzeitig verlassen hätte.

Während der ersten neun Monate Therapie mit ihm erfuhr ich, daß einer für den anderen etwas empfand. Aber hatte sich nicht in dem Augenblick seine Wertschätzung für mich gewandelt, da er begann, meinen Mangel an Selbstwertgefühl zu seinen Zwecken zu mißbrauchen? Nachdem der sexuelle Kontakt erst einmal begonnen hatte, hat er mich nie gefragt, wie ich dazu stand. Wiederholt hat er meine Ambivalenz dem gegenüber als einen Widerstand ihm gegenüber interpretiert. In seinen Aussagen unter Eid hat er nie das Gefühl der Schuld oder Reue für seine Handlungen gezeigt, obwohl ich von ganzem Herzen davon überzeugt bin, daß es ihm nun leid tat, nachdem es ihn dabei erwischt hatte. Er war unsicher, ob seine Handlungen mir nicht doch zum großen Problem geworden waren. Denn dies war der Fall. Ich war ärgerlich und verunsichert, und ich fuhr fort, mich in destruktiven Beziehungen zu verzetteln. Ich war davon überzeugt, wenn ich mich Männern sexuell hingab, würde ich die Anerkennung finden, die ich so dringend benötigte. Im Laufe der Zeit wandelte sich mein Verhalten. Anstatt mich offen und vertrauensselig Menschen zu nähern, zog ich mich voller seelischer Narben in mich selber zurück und betrieb Nabelschau.

Als Dr. Hammond und ich zum erstenmal meine Beziehung zu Dr. X untersuchten, war es mir unmöglich, Dr. X auch nur das geringste Verdienst für Hilfe einzuräumen, die er mir hatte zuteil werden lassen. Lange Zeit brauchte es, bis ich begriff, den wohltuenden Teil seiner Behandlung von seinem Mißbrauch mit mir zu unterscheiden; daß aber, egal, wie groß diese heilende Hilfe gewesen sein mochte, sie niemals den Mißbrauch entschuldigte oder rechtfertigte.

Ausgleich des Machtunterschiedes

In meiner Therapie mit Dr. Hammond trat ein Wendepunkt ein, als ich ihr während einer Sitzung einen mich beunruhigenden Traum vortrug, den ich in der vorangegangenen Woche gehabt und meinem Tagebuch anvertraut hatte:

Ich sah mich niedergekauert in der Ecke eines leeren, weißen Raumes und Dr. X lehnte sich gegen den Türpfosten, um Halt zu gewinnen. Er selber schwach und pathetisch, unfähig, in den Raum einzutreten. Zu meiner Rechten und ein wenig zwischen uns, aber nicht so, daß wir einander nicht gut sehen konnten, stand Dr. Hammond. Ich fühlte Stärke von ihr ausgehen, und ich fühlte mich durch sie genug ermutigt, um ihn anzuschauen und zu erkennen, wer er wirklich war. Dann erhob ich mich, und während ich dies tat, wurde ich immer stärker; er dagegen wurde immer pathetischer, immer machtloser. Dann begann ich zu weinen, denn ich machte mir klar, daß er niemals der gewesen war, von dem ich gedacht hatte, daß er es wäre.

Während ich an diesen Traum dachte, überfiel mich ein Gefühl der Verzweiflung, und endlich begann ich zu weinen. Dr. Hammond setzte sich neben mich, geduldig darauf wartend, daß meine Trauer sich legen möchte. Während sie mir half, meinen Traum zu bearbeiten, gab ich endgültig die letzten Illusionen über Dr. X auf als jemandem, der mir nur gute Absicht entgegengebracht hätte. Während ich dies tat, fühlte ich mich zutiefst unglücklich. Aber ich fühlte nicht nur jenen längst überfälligen Groll über das, was er mir tatsächlich angetan hatte, sondern ich war zutiefst betrübt über den Verlust meines Vaterleitbildes, meiner Vorstellung von Dr. X als einem Mann, dem es niemals im Schlaf eingefallen wäre, mich zu verletzen.

Ich begann nun ein anderes Bild von Dr. X zu entwickeln, das realistischer war: einem Mann, der manipulierte. Indem ich dies tat, begann ich, Dr. X mit seinem wahren Anteil der Schande zu belasten. In vollem Ausmaß war er sich bewußt gewesen, wie sehr ich meinen Selbstwert in Zweifel zog, und er hatte meine Zweifel dazu benutzt, um seine eigenen Bedürfnisse zu befriedigen. Es war völlig gleichgültig, wie solche Bedürfnisse aussahen, niemals hätte er ihnen nachkommen dürfen. Er hatte mich zu einem ungesunden und übermäßigen Abhängigsein von ihm ermutigt. Seine Verführungskünste hatten mein ohnehin schon schwaches Selbstbewußtsein zerbrochen, mit dem ich bei ihm die Therapie begann. Sein sexueller Mißbrauch brachte mir Schande, um die ich nicht gebeten hatte, und ein Schuldgefühl, das ich niemals verdiente.

Ein weiterer Traum während dieser Zeit betraf meine Versuche, Dr. X die ungeheure Macht wieder abzuringen, die ich ihm einst zugemessen hatte. Der Traum zeigt die Schwierigkeit, in der ich mich befand, denn indem ich ihm diese Macht wieder abjagte, bedeutete dies, auch mein Bedürfnis aufzugeben, seine Zustimmung zu finden. In meinem Tagebuch steht folgender Traum:

Ich war eine Psychoanalytikerin und saß auf einer halbrunden Couch zusammen mit drei oder vier weiteren Therapeuten. Wir hatten Schreibblöcke auf unserem

Schoß, auf denen wir unsere Beobachtungen und Meinungen festhielten, die wir über eine junge Frau anstellten, die vor uns saß: Sie war offensichtlich durch einige ernsthafte emotionale Probleme gestört. Da waren zwei weitere Therapeutinnen, ich selber und zwei Männer, einer von ihnen war Dr. X. Wir waren dabei zu entscheiden, welche Therapie für diese Patientin die richtige wäre, denn es sollte eine einstimmige Entscheidung werden. Dr. X war der einzige, der nicht zustimmen wollte. Ich argumentierte mit ihm, wobei ich ein Gefühl der Dringlichkeit und der Frustration empfand, daß er es ablehnte, sich unserer Meinung anzuschließen. Wir alle wußten: falls die Hilfe für diese Frau ausbliebe, dann würde ihr Zustand sich verschlechtern. Ich konnte das Gesicht der Frau nicht sehen, selbst, wenn sie uns anschaute. Ich wurde auf Dr. X sehr ärgerlich und fürchtete, er würde endgültig seine Zustimmung verweigern, um dieser Patientin zu helfen. Ich verspürte die Notwendigkeit, daß er unsere Gedanken zu akzeptieren hätte.

In unseren Gesprächen ermutigte Dr. Hammond mich nicht nur, meinen Groll endlich zum Ausdruck zu bringen, sondern sie machte mir deutlich, wie wichtig dieser Vorgang für mich wäre. Ich rebellierte gegen den Verrat, ich betrauerte die Tatsache, daß ich als ein Sexualobjekt mißbraucht worden war. Ich trauerte um den Verlust von Dr. X als eine liebevolle Vaterfigur. Ich verspürte Groll darüber, daß ich, schon zwanzig Jahre alt, mich eher wie ein naives Kind verhalten hatte, denn wie eine gebildete Frau und daß diese Naivität mißbraucht worden war, um mir Schaden zuzufügen. In mir stieg Selbstverachtung darüber auf, daß ich nicht schon früher begriffen hatte, wie sehr mein Bedürfnis und das Ausmaß, in dem ich Dr. X entgegenkam, um ihm zu gefallen, mich dazu prädestinierte, von ihm mißbraucht zu werden. Ich bereitete mir Ärger bei dem Gedanken, akzeptiert zu haben, was er mir unter fadenscheinigem Vorwand als Therapie verkaufte.

Es wurde für mich schwierig, den Ärger über mich zuzulassen, daß ich mich zur Närrin gemacht hatte. Mitgefühl mit mir kam nur langsam und widerwillig auf. Unreif genug hatte ich eingewilligt, die Autorität von Dr. X unbegrenzt zu akzeptieren, indem ich darin eine Therapeut-Gott-Einheit erblickte, die es nicht anzuzweifeln galt. Aber indem ich nun die Realität meines jüngeren Selbst akzeptierte, sah ich mich in der Lage, mir auch allmählich selbst zu vergeben. Als ich meinen Zorn über die Tragödie mit Dr. X zum Ausdruck brachte, an der er allein verantwortlich war, machte ich mir deutlich, daß mir dies niemals hätte geschehen dürfen. Indem ich mir vergab, wurde ich auf Dr. X immer zorniger. Dadurch entstand in mir die notwendige Eigenliebe, die ich während so vieler Jahre in keiner Weise für mich empfunden hatte.

Warum empfand ich dies als Inzest?

Bevor ich mich zum zweiten Mal zu Dr. Hammond in Therapie begab, nahm ich 1979 an einem freiwilligen Trainingsprogramm für mißbrauchte Frauen teil. Ich hatte mir deshalb diese Arbeit ausgewählt, weil ich noch besser begreifen wollte, wie es um das Verbrechen der Vergewaltigung bestellt ist. Je mehr ich von jenen lernte, die Vergewaltigung und Inzest überlebt hatten, desto mehr wurde ich davon überzeugt, daß in mancher Hinsicht meine Erfahrungen mit den ihren parallel verliefen.

Die zerstörendsten Auswirkungen von der Verhaltensweise von Dr. X waren wahrscheinlich jene, die darauf hindeuteten, daß unsere Beziehung einen Inzestcharakter trug. Schon bald, nachdem ich bei ihm in Therapie eingetreten war, entwickelte ich eine kindähnliche Abhängigkeit von ihm. Dadurch, daß unsere Beziehung einen sexuellen Charakter annahm, wurde unbewußt meine Furcht genährt, daß ich ihm entgegenzukommen hätte, aber auch meine Verzweiflung, wenn ich es täte. Sicherlich, ich hatte meine eigenen Probleme, was Trennung betraf, denn ich fühlte eine mich warnende Ängstlichkeit, ich dürfe es nicht zulassen, ihm zu mißfallen. Neben ihm war ich ein Nichts. Während der Therapie gaben meine Worte und meine Handlungen stets das Gefühl wieder: „Ist es dies, von dem Sie wollen, daß ich es sage? Sage ich wirklich das, was Sie hören wollen?" Anstelle mich nun wiederum zu ermutigen, näher zu erforschen, wie ich mit ihm als einer Autoritätsfigur umging, nutzte Dr. X dies für sich aus, daß ich von meinem Wunsch getragen wurde, ihm zu gefallen.

So gesehen konnte es gar nicht anders werden, als daß unsere Beziehung ungleich war und mir Schaden zufügte. Dr. X aber argumentierte genau anders herum, wie dies auch in seiner letzten Aussage unter Eid deutlich wird:

> *Frage:* Als Sie damit begannen, während Ihrer Praxissitzungen mit Carolyn Geschlechtsverkehr auszuüben, hat das nicht das Wasser der Therapie mit ihr getrübt?
> Antwort: In ihrem Fall schien dies nicht so zu sein.
> *Frage:* Dann scheint es so zu sein, als hätten Sie keinerlei Probleme mit dieser doppelten Beziehung oder mit den getrübten Wassern gehabt?
> *Antwort:* Das ist richtig. Ich glaube, daß das schon einmal der Fall sein kann. Aber soweit ich erinnere, war dies niemals mit Carolyn der Fall. Es schien so, als liefe zwischen Carolyn und mir alles gut ab.
> *Frage:* Als Sie in Ihrer Funktion als Dr. X, der Therapeut, aufhörten, um dann die Funktion als Dr. X, der Freund, zu übernehmen, glauben Sie nicht, daß Sie in dem Augenblick Carolyn in einer gewissen Weise im Stich gelassen haben?
> *Antwort:* Überhaupt nicht.

Doch ich bin davon überzeugt: Dr. X und ich haben niemals die gleiche Fähigkeit besessen, um einer sexuellen Beziehung zustimmen zu können. Er war der „Experte", und ich war nur allzu bereit, ihn als väterliche Autoritätsperson anzunehmen;

ausgestattet mit jener unglaublichen Macht, wie ich sie selber immer wieder Männern in Vaterrollen zumaß. Ich habe ihm so viel Stärke zugemessen, daß diese bei weitem meine eigene Stärke übertraf. Die Suggestionen und Ideen, die von Dr. X ausgingen, gewichtete ich weitaus höher als die irgendwelcher anderer Menschen in meinem Leben. Selbst meine Unsicherheit darüber, was dieser anscheinend mysteriöse therapeutische Prozeß alles enthielt, vergrößerte noch seine Macht. Ich wünschte mir das, was dieser mächtige Mann für mich wünschte. Vor allem aber wollte ich vermeiden, und das befürchtete ich mehr als alles andere, daß dieser neue Vater mich im Stich ließe.

Oft hat mir Dr. Hammond die Unausgeglichenheit der persönlichen Macht beschrieben, wie sie in einer Therapeuten-Patienten-Beziehung verteilt ist. Daraus hörte ich die implizite Botschaft: Es war in Ordnung, wurde erwartet und war natürlich, Dr. X ein außergewöhnliches Maß an Macht zugemessen zu haben. Es war weiterhin ganz klar, daß ich unfähig gewesen war, jemals ihm gegenüber nein zu sagen, so wie es oft für ein Kind unmöglich ist, den Eltern gegenüber nein zu sagen, weil es Angst hat, den Zorn der Eltern, deren Mißbilligung und Ablehnung hervorzurufen. Während ich mit Schuldgefühlen kämpfte, erinnerte ich mich, daß ich schon damals wegen dieser erotischen Kontakte Bedenken empfand, sie könnten zerstörerisch sein.

Mein Ärger wurde immer deutlicher, wie ich nur so töricht hatte sein können, meinen eigenen Instinkten zu mißtrauen. Aber was hätte ich anderes tun können? Gefühle von Selbstverachtung stiegen in mir auf, als ich dabei beharrte, daß ich wohl schon verdiente, was mir da zugestoßen war. Ich war leichtgläubig genug gewesen, ihm zu vertrauen. So war es nur gerechtfertigt, wenn ich nun dafür leiden mußte. Ich brauchte einfach noch mehr Klarheit, um zu begreifen, daß ich nicht in der Lage gewesen war, mein Urteilsvermögen einzusetzen. Im Bedauern um das, was da geschehen war, brauchte ich nun ein Gefühl des Selbstmitleides: Selbstannahme mußte der Selbstverdammung weichen.

Ich sah mich vor die Notwendigkeit gestellt, in Erinnerung noch einmal meine ganze Verhaltensweise während der Therapie mit Dr. X durchzugehen. Hatte ich diesen väterlichen Mann in irgendeiner Weise dazu angestachelt, sich mir sexuell zu nähern? Während ich noch keine Ahnung von dem „umfassenderen Bild" der psychischen Erkrankung von Dr. X besaß, hörte ich während seiner Vernehmungen unter Eid sorgfältig zu und versuchte dabei herauszufinden, ob ich nicht doch irgend etwas getan hätte, ihn zu verführen. Während der letzten Vernehmung gab er sein Bild meiner Teilnahme in dieser sexuellen Beziehung wieder:

> *Frage:* Welche besondere Verhaltensweise Carolyns ließ Sie annehmen, daß diese Sie anstiftete oder ermutigte, mit ihr Geschlechtsverkehr auszuüben?
> *Antwort:* Carolyn war mir niemals sexuell oder physisch das, was man eine aggressive Frau nennt. Statt dessen war sie zärtlich, in ihrer Haltung passiv-verführerisch, zeigte eine Manieriertheit, was insbesondere auch in ihren Augen zum Ausdruck kam.
> *Frage:* Ihre Augen? Was tat sie mit ihren Augen?
> *Antwort:* Ich bin der Meinung, daß Carolyn, wenn sie sich danach fühlt, jeden so anschauen kann, als wäre dies der einzige Mensch in der ganzen Welt, und dies läßt sie diesen Menschen auch spüren.

Obwohl ich davon gehört hatte, daß es noch viele Frauen waren, an denen er sich vergangen hatte, konnte ich mir nicht vorstellen, daß Dr. X mit ihnen ähnlich verfuhr, wie mit mir in unserer kleinen Welt unserer gegenseitigen Beziehung. So lange hatte ich dem Gedanken nachgegeben, dieser Mißbrauch zwischen ihm und mir sei einmalig, einer bestimmten Dynamik unterliegend, und daher hatte ich mich persönlich irgendwie dafür verantwortlich gefühlt. Noch lange nach dem Mißbrauch hielt ich mich für schuldig. Mein Schuldgefühl wurden durch seine Aussagen unter Eid verstärkt, die ich ja mit anhören mußte. Ich war überzeugt von dem, was er sagte.

Während der Behandlung hatte er mich aufgefordert, doch endlich meine jungenhafte Erscheinungsweise aufzugeben. Dieser Aufforderung war ich nachgekommen. Ich begann, mich fraulicher anzuziehen. Ich trug statt Jeans und T-Shirts, von denen er offensichtlich nichts hielt, Röcke. Ich gab mich mehreren sexuellen Beziehungen hin, anstatt zölibatär oder monogam zu leben, nicht nur, um der offene arglose Mensch zu werden, zu dem er mich immer wieder ermutigte, sondern um die Leere in mir auszufüllen, die zu überwinden die Therapie noch nicht imstande gewesen war. Als dann der Geschlechtsverkehr mit Dr. X begann, habe ich versucht, indirekt damit Schluß zu machen, indem ich die Pille absetzte, meine wöchentlichen Sitzungen verringerte und nur noch zwei Mal monatlich kam. Alles das als ein indirekter Appell, daß Sex in der Therapie endlich aufhören möge.

Stets empfand ich das Gefühl der Mittäterschaft, der Beihilfe. Monatelang quälte ich mich damit, mehr als nur den Anteil meiner Schuld zu empfinden. Aber es war für mich überaus schwer, diese aufzugeben, denn oftmals kam mir der Gedanke: „Aber ich war ja einverstanden! Ich bin ja nicht aus seiner Praxis davongelaufen!" Wie beim Inzest oder in irgendeiner anderen Situation, da ein Mensch von dem anderen abhängig ist, ist es für das Opfer schwer, sich in seiner Lage wiederzuerkennen und die Schuld dort anzusiedeln, wo sie anzuklagen ist.

Der folgende Traum, in meinem Tagebuch aufgezeichnet, gibt den Kampf wieder, in dem ich mich befand:

Ich träumte, ich war in einem Laden, der Dr. X gehörte. Die Regale waren mit billigen, strohverpackten Flaschen verschiedenster Größe gefüllt, jede einzelne besaß einen langen schlanken Hals, um Seidenblumen oder ähnliches aufzunehmen. Er versuchte, mir verschiedene Blumen und Flaschen zu verkaufen, doch meine Augen fielen auf einen dunkelbraunen Kasten, von dem ich wußte, daß er von größtem Wert wäre, der sich ganz allein außerhalb jeder Reichweite im obersten Regal befand. Ich wußte, diesen Kasten wollte ich kaufen, und ich fühlte zugleich, daß er mir ohnehin schon gehörte, und daß ich irgendwie in die Lage versetzt worden war, diesen Kasten nun von ihm zurückzukaufen. Aber als er endlich diesen Kasten herunterholte und ihn mir zeigte, sagte er: „Ich glaube nicht, daß Sie diesen Preis zahlen können." Da wußte ich, daß er recht hatte, denn er war viel zu teuer. Traurig verließ ich den Laden, ging in den nächsten Laden, ein modern eingerichtetes Kunstgeschäft, das von einer rothaarigen Frau geführt wurde. Die Glasregale waren mit wunderschönen Steinen und Kristall-Kunst bedeckt. Ich sah einen geschliffenen Quarz von vielen Farben und ich weinte, denn ich glaubte, niemals würde ich davon etwas für mich selber haben können: Der Preis war viel zu hoch.

Dr. Hammond, deren Haarfarbe rot ist, was ich hier anmerken möchte, hat mir sehr geholfen, Schuld richtig zu bewerten. Sie war unerschütterlich darin, mir deutlich zu machen, wie man Verantwortlichkeit und Schuld zuweist. Sie erzählte mir die Geschichte einer anderen Patientin, die von ihrem Therapeuten mißbraucht worden war. Diese Patientin wandte sich dann an einen zweiten Therapeuten, der das Verhalten des ersten Therapeuten damit zu entschuldigen versuchte, daß er ihr sagte: „Nun, es geht ihm einfach schlecht; er durchläuft in seiner Karriere schlimme Zeiten. Er versucht sich zu rehabilitieren." Aber indem der zweite Therapeut den ersten zu entschuldigen versuchte, hat er die Patientin nur weiter verwirrt. Anstatt klar und deutlich zu sagen: „Was Ihnen geschehen ist, hätte Ihnen *nicht* geschehen dürfen. Sie sind geschändet worden. Dafür gibt es *keine* Entschuldigung." Er hatte versucht, für diesen Therapeuten und dessen sexuelles Mißverhalten eine Entschuldigung zu finden und dessen Verantwortungslosigkeit zu rechtfertigen.

Ich glaube, Dr. Hammonds Zeitplan, die einzelnen Probleme meiner sexuellen Ausnutzung zu bearbeiten, führte dazu, daß meine Behandlung endlich ihre Wirksamkeit zeigte. Wohlbewußt meines entsetzlichen emotionalen Durcheinanders als

Resultat dieses sexuellen Mißbrauchs, ging sie sofort alle Probleme an, die ich als zu problematisch empfand. In einem auf Band aufgezeichneten Interview, das ich Jahre später mit Dr. Hammond durchführte, erinnerte sie sich:

> Ich mußte lange Zeit darauf warten, bis Sie bereit waren, sich mit dem Problem auseinanderzusetzen, sexuell ausgenutzt worden zu sein. Ihre emotionalen Energien erschöpften sich in dem Problem der noch immer weitergehenden Beziehung. Obwohl Ihre Beziehung mit Steve so viele signifikante Zeichen von Opferbereitschaft und Hilflosigkeit aufwiesen, durch Dr. X sexuellen Mißbrauch nur noch vertieft, waren Sie unfähig, Zusammenhänge zu durchschauen. Um mit Ihrer Beziehung zu Steve fertig zu werden, brauchte es schon verschiedener Denkanstöße. Der Einfluß der Beziehung zu Dr. X war Ihnen ständig gegenwärtig. Aber es brauchte schon etliche Monate Therapie, bevor Sie sich gestatteten, daß Ihnen dies bewußt wurde. Nicht eher, als bis Sie sich ganz sicher waren, daß wir ein Therapiebündnis miteinander eingegangen waren, ließen Sie es zu, dieses Thema zu bearbeiten.

Während der Therapie bei Dr. Hammond und noch viele Jahre später habe ich mich gefragt, ob ich nicht irgend etwas getan habe, um die Übertragung zu Dr.X zu erotisieren. Als Dr.X mir unterstellte, ich fände ihn sexuell attraktiv und flirtete mit ihm, war ich mir dessen nicht bewußt und konnte seine Aussage nicht akzeptieren. Doch ich sah in ihm einen Retter, einen Sieger über Krankheiten, einen starken Menschen, während ich für mich nicht stark sein konnte. Wo es einen Eroberer gibt, da gibt es auch jemanden, der sich unterwirft. Auch das kann ich akzeptieren. Und wenn Dr. X wirklich mein unterwürfiges Verhalten wahrgenommen hat und dies von meiner Seite aus als verführerisch empfand, dann hätte er mir den größten Gefallen damit tun können, wenn er dies mit mir bearbeitet hätte. Dann hätte er mir bewußt werden lassen und mich gelehrt, daß mein sexuelles

Verhalten im Umgang mit Männern nicht helfen würde, ein Zugehörigkeitsgefühl zu erlangen. Er hätte mich lehren müssen, daß Sex nicht der Austragungsort ist, um Eigenliebe zu empfangen. Dies geschah eben nicht. Damit hat Dr. X mir nicht nur Schaden zugefügt durch das, was er tat, sondern durch seine Unterlassung, daß er mir nicht half, dieses alles zu begreifen.

Der Widerspruch, sich an die Öffentlichkeit zu wenden

Der Entschluß, mich an die Öffentlichkeit zu wenden und Dr. X zu verklagen, war die schwierigste Entscheidung, die ich in meinem ganzen damaligen Leben zu fassen hatte. Sie brachte mir unweigerlich Publizität und seelischen Schmerz ein, doch traf ich diese Entscheidung ohne allzu große Besorgnis, ohne meine emotionale Stärke zu bedenken, oder ob ich auch über genügenden Rückhalt verfügte. Niemals habe ich Vorteil oder Nachteil eines solchen Vorgehens abgewogen.

Die Kosten, mich an die Öffentlichkeit zu wenden, waren hoch. Ich fand es schwierig, mit dem Streß der mir bevorstehenden Anhörungen vor der Aufsichtsbehörde und dem Zivilgericht fertig zu werden. Alle diese Ereignisse waren noch gar nicht abzusehen. Den höchsten Preis für diese Entscheidungen zahlte ich damit, daß ich mich unfähig sah, alle die Fragen, die mit meiner Ausnutzung zusammenhingen, zu beantworten. Die Zivilprozeßführung erinnerte mich immer wieder an meine Beziehung zu Dr. X. Es schien so, als sollten meine emotionalen Konflikte nie zu einem Ende kommen, solange es noch diese Prozeßführung gab und damit die öffentliche Gegenüberstellung mit Dr. X.

Dr. Hammond sah sich in der Fortsetzung meiner Therapie einer entscheidenden Frage ausgesetzt. Psychologische Behandlung besteht oft darin, uneffektive Verteidigungsmechanismen aufzugeben, um sie durch bessere und effektivere zu ersetzen. Schon jetzt dachte Dr. Hammond an die Anforderungen dieses Gerichtsverfahrens und sie wollte alle meine Kräfte, die ich besaß, für meine Verteidigung mobilisieren. Dabei waren selbst solche Verteidigungsmechanismen eingeschlossen, die außergewöhnlich waren. Sie wollte mich gut vorbereitet sehen, so daß ich mich bei der öffentlichen Konfrontation selbst schützen konnte. Andererseits wäre ich, sobald der Prozeß begonnen hätte, zum Risikofaktor geworden. Ich hätte mich einer emotional-traumatischen Situation ausgesetzt gesehen, ohne genug eigene Kräfte zu besitzen, mich zu verteidigen. Da ich nicht darauf warten konnte, bis die Therapie beendet war, ehe die Prozesse begannen, verlangsamte Dr. Hammond meine Therapie. Anders ausgedrückt: Meine Entscheidung, Dr. X öffentlich entgegenzutreten, stand meiner Therapie entgegen.

Zurückblickend sehe ich, daß die Folgen meiner Entscheidung positiv waren. Mein Entschluß, einen Prozeß gegen Dr. X anzustrengen und bei der Aufsichtsbehörde eine formale Beschwerde gegen ihn einzureichen, half mir sehr, Kontrolle über mein Leben zu gewinnen. Ich hatte zu lange mein Unglück in der Haltung eines Opfers hingenommen. Nun begann ich damit, meinen Lebensstil und mein Selbstverständnis zu ändern. Ich beschloß, nicht mehr das Opfer einer Gewalttat zu sein. Mein Gefühl der Hilflosigkeit ersetzte ich durch den Entschluß, mutig etwas zu unternehmen. Ich speicherte Kraft in mir, als ich Dr. X zur Rechenschaft zog, weil er Patientinnen unter dem Vorwand der Therapie mißbraucht hatte. Mutig sah ich meinen Befürchtungen entgegen, endlich das lang bewahrte Geheimnis zu offenbaren, das ich bisher so streng gehütet hatte.

Therapeutisch ging es mir dadurch besser, daß ich nun darauf angewiesen war, auf meine Reserven an Durchhaltevermögen zurückzukommen. Ich begriff, daß meine Fähigkeiten größer waren, als mir dies zuvor klar geworden war. Zu meiner Freude entdeckte ich, daß mir Hilfe und Unterstützung durch Familienmitglieder und Kollegen zuteil wurde, worauf ich gar nicht gefaßt gewesen war. Mutig wandte ich mich gegen jene Familienmitglieder, Freunde und Psychotherapeuten, die mich aufforderten, diese Geschichte einem anderen zu überlassen.

Als ich mir die Verantwortung auf die Schulter lud, Dr. X in Zukunft daran zu hindern, verletzbaren Menschen zu schaden, wuchs meine Kraft. Indem ich eine solche Haltung einnahm, zwang ich mich dazu, noch einmal meine Auffassung von Dr. X als jemandem, der nur meine ureigensten Interessen hätte vertreten wollen, zu überprüfen. Ich sah, wie alle Illusionen verflogen, als Dr. X schmutzige Taktiken anwandte, um sich gegen seine Anklägerinnen zu verteidigen. Weil aber seine Verteidigung sich wie eine Schmutzkampagne gegen meinen Charakter und gegen mein Verhalten außerhalb seiner Praxis gebärdete und er beständig die Wahrheit leugnete, zerrann meine Idealisierung seiner Person in ein Nichts, um einem anderen, realistischeren Bild Platz zu machen.

Als ich bei Dr. Hammond die Therapie begann, mußte sie sich entscheiden, ob sie bereit war, mich in jedem einzelnen Schritt auf diesem langen Weg zu unterstützen. Daß sie mich als Patientin annahm, war für ihre Praxis zeitweilig von Nachteil, denn sie mußte nun mit ihren Klienten neue Termine ausmachen, um mir während der verschiedenen Vernehmungen jederzeit zur Verfügung zu stehen. Sie war auch dazu bereit, ihre Glaubwürdigkeit in Frage stellen zu lassen, hätte der Gerichtshof sie aufgefordert, zu meinen psychischen Schädigungen durch den Mißbrauch Stellung zu nehmen. Sie war selbst dazu bereit, ihre Aufzeichnungen dem Gericht zur Verfügung zu stellen und sich dem Risiko eines Gegenprozesses durch Dr. X auszusetzen.

Hätte ich bei Dr. Hammond um Therapie nachgesucht, bevor meine Entscheidung gefallen war, mit meiner Klage an die Öffentlichkeit zu gehen, hätten wir gewiß gemeinsam die Vor- und Nachteile rechtlicher Schritte gegen Dr. X gründlich beraten. Dies ist normalerweise nicht eine Entscheidung, die jemand alleine trifft. Aber letztlich ist es doch Aufgabe und Entscheidung des mißbrauchten Patienten, die der Therapeut respektieren und unterstützen muß. Für einen Therapeuten ist es eine Ausbeutung, wenn er einen Patienten drängt, legale Schritte zu unternehmen, wenn dieser selbst dazu nicht in der Lage ist.

Summa summarum: Durch die Therapie mit Dr. Hammond lernte ich, daß mein Vertrauen in Dr. X als meinen Therapeuten und unsere gesamte therapeutische Beziehung dadurch endgültig zerstört wurde, daß Dr. X diese Beziehung sexualisierte. Bis zu dem Augenblick, da ich mich von Dr. Hammond vorurteilsfrei angenommen wußte, entwickelte ich keinen Mut, mir meine verschwommene Auffassung von dem, was in der Praxis von Dr. X geschehen war, vor Augen zu führen. Doch dann fühlte ich mich sicher genug, um den Groll und das Verletztsein durch den Mißbrauch meines Vertrauens zu Dr. X aufzuarbeiten.

7

Geschichte wiederholt sich

Lagebericht 1984

Im Sommer 1984 behauptete eine junge Frau, die bei
Dr. X in Behandlung gewesen war, verschiedene Male während
ihrer Therapiesitzungen von ihm verführt worden zu sein. Einige
Monate, nachdem sie die Therapie beendet hatte, erhielt sie eine
Aufforderung von Dr. X, die sie außergewöhnlich betroffen ge-
macht haben muß: Würde sie wohl eine Petition mit unterschrei-
ben, die er vorbereitet hatte, um sie in seinem kommenden
Lizenzverfahren vorzulegen?

Diese Petition bescheinigte ihm eine hohe moralische
Führung und einen guten Ruf in der Stadt. Beunruhigt durch
seine beharrliche Aufforderung, benachrichtigte diese Frau die
Aufsichtsbehörde. Nachdem sie ihre Beschwerde vorgetragen

hatte, verwies der Sekretär der Aufsichtsbehörde diese Frau an Dr. Hammond, die zu dem Zeitpunkt schon genug Erfahrung und Material besaß, nachdem sie verschiedene frühere Patientinnen von Dr. X behandelte. Durch ihre neue Therapeutin erfuhr diese Frau von Suzanne Brown und nahm Verbindung zu ihr auf.

Der Anwältin wurde sofort klar, welche augenfälligen Gemeinsamkeiten zwischen ihren drei letzten Fällen und der Situation, die ihr nun beschrieben wurde, bestanden, und zwar bis in die letzten Einzelheiten, so daß sie sich entschloß, auch diesen Fall zu übernehmen. So kam es dazu, daß im Sommer 1984 die staatliche Lizenzbehörde für Psychologen noch einmal zusammentrat, um eine Beschwerde wegen sexuellen Berufsvergehens gegen Dr. X anzuhören.

Genauso, wie es mir zuvor schon verboten worden war, mit meinen beiden anderen Beschwerdeführerinnen Verbindung aufzunehmen, durfte ich auch mit dieser Frau nicht sprechen, um auch sie vor dem Vorwurf zu schützen, daß ihre Zeugenaussage mit uns abgesprochen wäre.

Dennoch schlug Dr. Hammond vor, ich sollte bei der Anhörung dabei sein und diesem letzten Opfer meine schweigende moralische Unterstützung anbieten. Für mich war es ebenfalls gut, bei dieser Anhörung anwesend zu sein, um noch besser zu begreifen, warum es so schwer war, Dr. X davon abzuhalten, Therapie auszuüben.

Es war dies drei Monate vor dem Zeitpunkt, da ich selber während der Jahresversammlung der American Psychological Association ein Referat halten sollte, das sich mit den Folgen des sexuellen Mißbrauchs durch Therapeuten befaßte. Während ich das Referat vorbereitete, wurde mir deutlich, daß Dr. X immer noch praktizierte, während er offenbar nach wie vor unfähig schien, sein eigenes sexuelles Verhalten zu kontrollieren. Wahrscheinlich war ich durchaus objektiv, als ich während seiner Anhörung im Auditorium saß. Doch während ich mir deutlich machte, wie kompliziert es ist, einem Psychologen die Lizenz zu nehmen oder wiederzugeben, war ich sehr niedergeschlagen und immer noch sehr ärgerlich, als ich diesen alternden Dr. X beobachtete, wie er sich in pathetischen Versuchen erging, andere schlecht zu machen.

Dr. X' junge und attraktive dritte Frau saß an seiner Seite. Sehr brav, dachte ich. Ich fragte mich, wessen Geschichte sie wohl glaubte, und ob auch sie durch seine Macht der Suggestion beeinflußt worden wäre, indem sie ihm abnahm, daß er selber das Opfer geworden sei, nachdem es doch sein alleiniger Wunsch gewesen war, anderen seine Hilfe angedeihen zu lassen. Falls sie es wirklich tat, blieb sie damit nicht allein, denn viele Leute vor ihr hatten Dr. X vertraut.

Ich beobachtete Dr. X's frühere Patientin, als sie vor der Aufsichtsbehörde saß, den Rücken dem Auditorium zugewandt. Ich wußte, alle Einzelheiten ihres privaten Lebens würden nun erbarmungslos und ohne jede Notwendigkeit dem Publikum offenbart. Falls sie das gewußt hätte, wirklich schon vorher gewußt hätte, wie zerstörerisch sich diese Prozedur auf sie auswirken würde, hätte sie dann wirklich den Mut gehabt, mit ihrer Aussage an die Öffentlichkeit zu treten?

Der erste Punkt der Anhörung betraf die freiwillige Beendigung des Vertrages zwischen Dr. X und seinem ihn beaufsichtigenden Psychologen. Der zweite Punkt betraf den Antrag durch Dr. X Rechtsanwalt, das Verfahren zu vertagen. Sein Rechtsanwalt beschwerte sich darüber, daß er nicht genügend vorbereitet wäre, um seinen Mandanten entsprechend zu verteidigen, denn die Beschwerdeführerin wäre nicht seinem Verlangen nachgekommen, ihm eine Fotografie von ihr zu übergeben, die er in allen örtlichen Bars aushängen könnte. Als er befragt wurde, wozu er dies brauche, antwortete er, dies wäre notwendig, um noch mehr Informationen über ihren gesellschaftlichen Umgang zu erlangen. Er hielt dies in diesem Falle für wichtig. Die Aufsichtsbehörde schlug dieses Ansinnen ab, um sich der dritten Frage zuzuwenden: Erneute Entscheidung, ob Dr. X wegen unmoralischer Verhaltensweise schuldig befunden wird.

Kampf um die Zulassung

Dr. X erster Schritt zu seiner Verteidigung bestand darin, anzufechten, daß der Aufsichtsbehörde Rechtsprechung über ihn zustünde. Sein Argument lautete, daß er eine Lizenz als professioneller Berater besäße, und daß er einige Patienten als professioneller lizensierter Berater behandele, andere dagegen als ein diplomierter Psychologe unter Supervision. Die Entscheidung darüber, ob ein Patient durch Dr. X, dem Psychologen, oder Dr. X, dem professionellen Berater, behandelt würde, sei nicht leichtfertig getroffen worden. Jeder Patient, der auf Empfehlung seiner Patienten zu ihm gekommen wäre, hätte durch den lizensierten professionellen Berater Behandlung erhalten, jeder andere, der ihm durch seinen Supervisor überwiesen worden wäre, hätte durch einen diplomierten Psychologen unter Supervision Behandlung erhalten.

Beide, Dr. X und auch sein Supervisor, bestanden darauf, daß er die betreffende Beschwerdeführerin eben als professioneller Berater behandelt hätte. Daher, so behauptete Dr. X, ginge ihre Beschwerde die Aufsichtsbehörde überhaupt nichts an.

Die Mitglieder der Aufsichtsbehörde zeigten sich in keiner Weise beeindruckt. In Dr. X' Aussagen fanden sie deutliche Hinweise dafür, daß seine Beratungspraxis identisch war, gleich, wie und wo er sie einsetzte. Noch wären die Diplome, die er in seinem Wartezimmer ausgehängt hätte, für seine Patienten zu deren Wohl zu entschlüsseln. Hinzu käme noch, daß er während der Verhandlungen immer von einer Psychologen-Patienten-Beziehung gesprochen hätte, und die Petition, die zu unterzeichnen er die Beschwerdeführerin aufgefordert hätte, sei für eine Präsentation der Behörde für Psychologen bestimmt gewesen, die die entsprechende Lizenz ausgab. Ein Mitglied der Aufsichtsbehörde beklagte mit starken Worten das methodische Vorgehen von Dr. X und warf ihm vor, er würde die Anordnungen dieser Behörde unterlaufen, während diese dabei wäre, die Anordnungen zu bestärken. Dr. X würde sich das Vorrecht einräumen, seinen Hut als Psychologe abzunehmen und sich statt dessen mit dem Hut des professionellen Beraters zu schmücken, immer dann, wenn es ihm so recht schien. Dem widersetzte sich die Aufsichtsbehörde und räumte sich das Recht ein, die Anklagen gegen Dr. X anzuhören.

Im zweiten Anlauf seiner Verteidigung brachte Dr. X vor, daß er mit der Beschwerdeführerin sowieso keinen Sex betrieben haben könnte, denn in seiner Praxis wären zu viele Fenster. Außerdem wären die Praxiswände zu dünn: Ein Geschlechtsakt wäre nicht unbeobachtet geblieben. So dumm wäre er dann nun doch nicht. Diese Begründung ließ mich vor Zorn überschäumen. Wußte ich doch aus eigener Erfahrung, wie sehr er darum bemüht gewesen war, ruhig zu sein, und wie er seinen Patientinnen beigebracht hatte, sich ruhig zu verhalten. Er wußte, wie man die Vorhänge zuzog. Er wußte, wie man Türen verschloß, und selbst ohne Schlösser wußte er ganz genau, daß die Therapiesitzung eine Zeit ist, die für absolut intim und privat gilt, denn niemand wagt es, die Sitzung eines Therapeuten mit einem Patienten zu unterbrechen.

Selbst der volle Warteraum neben seiner Praxis hatte ihn nicht daran gehindert, entsprechend mit mir zu verfahren. Dennoch verbrachten die Mitglieder der Aufsichtsbehörde geraume Zeit damit, um gewissenhaft die Bauzeichnung der Praxis zu studieren und den Hausmeister gründlich ins Verhör zu nehmen, ob man auch außerhalb der Praxis feststellen konnte, ob das Licht bei ihm an wäre oder nicht.

Der dritte Punkt, den Dr. X zu seiner Verteidigung hervorbrachte, war ein verletztes Knie, das ihn angeblich dazu unfähig machte, auf dem Fußboden neben einer Patientin niederzuknien, wie sie dies von ihm behauptet hatte. Die Mitglieder der Aufsichtsbehörde lauschten geduldig der Aussagen des Golf-Freundes von Dr. X und befragten ihn darüber, wie es sich verhält, wenn man beim Golf niederkniet, um den Ball einzulochen. Dieser Zeuge demonstrierte freiwillig, wie die Unfähigkeit von Dr. X, niederzuknien, ein signifikantes Handicap beim Golfspiel wäre.

Die vierte Verhandlungstaktik von Dr. X bestand darin zu behaupten, die Beschwerdeführerin wäre sexuell aggressiv. Ihre verführerische Verhaltensweise während der Therapie hätte Dr. X dazu geführt, die Behandlung mit ihr aufzugeben und sie an einen anderen Therapeuten zu verweisen. Daß er in Wirklichkeit diese beiden Entscheidungen nicht in die Tat umgesetzt hatte, entging der Aufmerksamkeit der Aufsichtsbehörde nicht. Dessen ungeachtet ging man zu meiner großen Abscheu dazu über, das Privatleben der Beschwerdeführerin unnötigerweise bis ins letzte Detail offenzulegen. Schlimmer noch: Während der nächsten drei Tage dieser Anhörung, da man die Beziehungen dieser Frau mit Männern außerhalb der Therapie diskutierte, vergaßen die Mitglieder der Aufsichtsbehörde gelegentlich die notwendige Diskretion. Dabei spürte ich, wie sich das schreckliche Vorurteil in die Behandlung dieses Falles einschlich: Ledigen Frauen kann man für ihre sexuelle Ausbeutung in der Therapie teilweise Schuld zumessen, wenn es sich erweist, daß diese außerhalb der Therapie sexuell aktiv sind. Dadurch, daß die Mitglieder es gelegentlich unterließen, die sexuelle Aggressivität der Beschwerdeführerin als „angeblich" zu titulieren, sah sich diese so schmerzlich gedemütigt, daß sie in Tränen ausbrach und nicht länger im Raum verweilen konnte. Nach einiger Zeit verließ auch ich den Raum, um sie aufzusuchen. Ich setzte mich neben sie. Vom Kummer überwältigt und völlig hilflos weinte sie und sagte immer und immer wieder: „Carolyn, das habe ich *nicht verdient!*"

Als fünften Punkt seiner Verteidigung führte Dr. X an, er sei zu jenem Zeitpunkt, da ihm Verführung vorgeworfen würde, impotent gewesen. Diese Behauptung veranlaßte Brown, mir später den Witz über jenen Mann zu erzählen, der verklagt worden war, weil sein Hund einen Jogger gebissen hatte. „Ich halte meinen Hund im Hof", habe der Mann zu seiner Verteidigung geäußert. Als Nachbarn das Gegenteil bezeugten, da rief er aus: „Aber mein Hund beißt gar nicht!" Als das Opfer seine Wunde zeigte, triumphierte der Mann ein drittes Mal: „Seht," sagte er, „ich habe überhaupt keinen Hund!"

Der Anwalt der Aufsichtsbehörde verschloß sich dem Argument der Impotenz. In der Personalakte befände sich keinerlei diesbezügliche Angabe. Ein Mann in den Jahren von Dr. X, so argumentierte der Anwalt, müsse wissen, daß Impotenz zumeist auch ein prognostisches Symptom einer ernsthaften Krankheit sei. Hätte er sich etwa wegen eines Diabetes oder Krebsleidens Sorge gemacht?Der Anwalt bezweifelte, daß Dr. X während der jährlichen Vorsorgeuntersuchung es unterlassen hätte, seinem Arzt so etwas Wichtiges wie eine länger währende Impotenz anzuvertrauen. Ich hätte am liebsten lauthauls gelacht – besser aber noch geweint – wenn ich an diesen Prozeß ohne Ende dachte, wäre ich nicht zum anderen von seiner Tragödie und seiner gesamten Situation überwältigt gewesen.

Im Herbst 1984 trat die Aufsichtsbehörde erneut zusammen und kam aufgrund der Beweisaufnahme, wie sie im Sommer stattgefunden hatte, zu folgendem Spruch: Dr. X wurde für schuldig befunden, verschiedene Regeln für Psychologen verletzt zu haben. Im einzelnen lautete der Beschluß:

1. Dr. X war unfähig, entsprechende Therapie zu betreiben – er hat dabei mehr an sich als an seine Patienten gedacht.
2. Er hat sich als unfähig erwiesen, die Grenzen seiner eigenen Kompetenz zu erkennen.
3. Er hat das Wohl seiner Patientin mißachtet, sowohl dadurch, daß er die Therapie mit ihr nicht beendete, wie auch dadurch, daß er keine Supervision in Anspruch nahm, nachdem seine Patientin gegen ihn angeblich sexuell aggressiv geworden war.
4. Er hat versäumt zu erkennen, daß seine persönlichen Probleme seine professionelle Befähigung beeinträchtigt haben. Daraus folgte, daß er das Vertrauen seiner Patientin und ihre Abhängigkeit von ihm ausgenutzt hat.
5. Er hat die Anordnung der Aufsichtsbehörde vom November 1980 dadurch verletzt, daß er sich nicht gleich-

zeitig, während er in Supervision stand, auch einer Psychotherapie unterzog. Denn obwohl er zu zwei verschiedenen Therapeuten Kontakt aufgenommen hat, ist die Aufsichtsbehörde davon überzeugt, daß er sich von keinem der beiden in dieser Zeit behandeln ließ.

Mit diesem Urteilsspruch bestand die Aufsichtsbehörde darauf, daß er weder seine Lizenz noch seine Zulassung zurückerhielte. Damit gab sich Dr. X keinesfalls zufrieden, sondern er legte sofort Berufung ein: Er beantragte eine erneute Anhörung, und falls ihm diese nicht bewilligt würde, würde er sich an die nächsthöhere Aufsichtsbehörde wenden.

Hier nun scheint es, als ob es in unserem Staat nicht so etwas wie eine endgültige Widerrufung der Lizenz eines Psychologen gibt. Die Aufsichtsbehörde kann die Lizenz verweigern, aber ein Psychologe, aus seiner Stellung verjagt, kann den Antrag immer wieder neu stellen. Die Gesetzgebung hat die Kammer für Psychologen, die die Lizenzen vergibt, nicht mit der Gewalt ausgestattet, ein Diplom oder eine Lizenz für immer zu widerufen.

Nachdem seine Lizenz als Psychologe zum erstenmal widerrufen worden war, hatte Dr. X beantragt, ihm nun eine Lizenz als professioneller Berater auszustellen. Zu jener Zeit besaß die Kammer der professionellen Berater noch kein Recht, einem Antragsteller die Lizenz nur deshalb zu verweigern, weil er in der Vergangenheit sich hatte etwas zuschulden kommen lassen. Dieses Hintertürchen wurde schnell dadurch geschlossen, daß der Vorsitzende des Ausschusses für die professionellen Berater Zeuge war, als Dr. X vor dem Prüfungsausschuß für Psychologen vernommen wurde. Der Ausschuß für professionelle Berater ermächtigte sich selbst daraufhin, den Antrag von Dr. X abzulehnen. Die strikte Anwendung dieses Lizenzgesetzes durch eine Instanz war für viele nur ein kleiner Trost, aber immerhin ein Schritt in die gewünschte Richtung. Allerdings kam diese neue Regelung zu spät, um Dr. X daran zu hindern, vom

Ausschuß für professionelle Berater eine entsprechende Lizenz zu erhalten.

Verzweiflungsvolle Wirklichkeit

Ich verließ diese anberaumten Anhörungen mit einem Gefühl unglaublichen Ärgers, mit einem Groll auf diesen Mann, dem man immer noch erlaubte, zu praktizieren, selbst nachdem er in der Vergangenheit bewiesen hatte, wie unprofessionell und wie skrupellos er sich in seinem Beruf verhalten hatte. Noch einmal würde sich irgendwann dieser gesamte Prozeß wiederholen: Irgendeine andere mißbrauchte Patientin würde sich finden, um eine Beschwerde gegen Dr. X abzufassen. Mit der Hilfe von Suzanne Brown und Bill Whitehurst würde auch diese Frau wiederum gegen Dr. X und seinen Supervisor Strafantrag stellen, gegen letzteren, weil er seine Aufsichtspflicht als Supervisor vernachlässigt hätte.

Jahre später, während einer Versammlung der Organisation örtlicher Psychologen, deren Mitglied ich geworden war, erlebte ich, wie der Supervisor seine offenbar frustrierende Arbeit mit Dr. X beschrieb. Er brachte sein Bedauern darüber zum Ausdruck, daß er diese Aufgabe auch nur übernommen hätte, denn er war inzwischen davon überzeugt worden, diese Aufgabe hätte man besser einem Team als nur einem einzelnen Supervisor übertragen sollen. Während ich ihm zuhörte, wurde mir deutlich, daß uns etwas verband: Wir beide hatten uns zu schnell überrumpeln lassen, hatten uns zu schnell „kaufen lassen". Dr. X war nicht nur in der Lage, Patienten zu manipulieren, sondern ebenso gut auch seine Fachkollegen. Beide hatten wir uns von Dr. X gebrauchen lassen, nur zu schnell bereit, an das Beste zu glauben, was der Doktor in sich verkörperte. Aber selbst in dem Augenblick, da ich für diesen Supervisor Sympathie empfand, zürnte ich ihm, daß er seine Verantwortung nicht wahrgenommen hatte, sondern Dr. X weiterhin erlaubte, Patienten zu behandeln, ohne daß dies unter entsprechender Supervision geschehe.

Ich fragte ihn frei heraus, ob ihm nicht doch irgendwann das Gefühl gekommen wäre, Dr. X sei ein Mann, dem man nicht mehr helfen könne, wenn er auch noch so viel Supervision über sich ergehen ließe. Er mußte mir zugeben, daß er durchaus dieses Gefühl gehabt hätte. Aber knallhart erklärte er dann sogleich, daß seine Aufgabe, die ihm die Aufsichtsbehörde gestellt hätte, lediglich die gewesen sei, Dr. X die notwendige Supervision zukommen zu lassen. Er meinte, daß das Verhalten von Dr. X, was die mißlungene Supervision anginge, eben Angelegenheit der Aufsichtsbehörde gewesen wäre. Wiederum fragte ich mich nach dieser Begegnung, wie es wohl um die Verantwortlichkeit dieser Psychotherapeuten bestellt ist, wenn sie noch nicht einmal in der Lage sind, für sich selber Verantwortung zu übernehmen.

Dr. X und sein Supervisor schlichteten den Streitfall – der vierte Rechtsfall gegen Dr. X – im September 1986 ohne Gerichtsbeschluß, nachdem sich die Versicherungsgesellschaft des Supervisors bereit gefunden hatte, der Klägerin 90.000 Dollar zu zahlen.

Dr. X war entschlossen, seine Androhung gegenüber dem Prüfungsausschuß des Staates wahrzumachen, diesen nach der letzten Widerrufung seiner Lizenz zu verklagen. Dies machte er im Januar 1985 wahr und reichte Klage gegen diesen Ausschuß ein. Dr. X behauptete, man hätte ihm nicht genug Zeit gelassen, um weiteres Beweismaterial zu erbringen, so auch etwa eine Liste der Sexualpartner seiner Beschwerdeführerin seit Januar 1982, ihre Steuererklärung von 1983 und ein Bild von ihr, um es in den lokalen Bars herumgehen zu lassen in der Hoffnung, weitere Männer zu finden, die sich sexuell mit ihr eingelassen hätten. Am Ende des gleichen Jahres reichte Dr. X Klage gegen den Prüfungsausschuß für professionelle Berater ein, indem er diesem vorwarf, das vom Ausschuß zusammengetragene Material wäre „ungesetzlich und unangebracht, willkürlich und launenhaft zusammengestellt und brächte in Wirklichkeit kein neues Material, um die Anschuldigungen (der Beschwerdeführerin) zu unterstützen".

Tatsächlich kam es dann niemals zu diesem Gerichtsprozeß. Im Februar 1987 verklagte die Rechtsfirma, die die Interessen von Dr. X 1984 in seinem Fall vor der Aufsichtsbehörde vertreten hatte, diesen um mehr als 15.000 Dollar Rechtskosten, da er sie bisher noch nicht gezahlt hätte.

Ende gut – alles gut

Im darauffolgenden Frühjahr fand ich einen Zeitungsartikel, der mich gar nicht so sehr überraschte, sondern mich in meiner Meinung bestärkte, daß es letztlich vergeblich ist, wenn man versucht, ein soziales Krebsgebilde zu stoppen. Dr. X, nun 50 Jahre alt, war überführt worden, sich an einer siebzehnjährigen Patientin sexuell vergangen zu haben, nachdem diese sich zu ihm in Eheberatung begeben hatte. Nun war es so weit, daß jemand gegen Dr. X ein Verbrechen anzeigte; ein Verbrechen, das mit 20 Jahren Gefängnis und 10.000 Dollar Geldstrafe geahndet werden konnte.

Aber irgendwie schien Dr. X immer wieder in der Lage zu sein, einer Bestrafung auszuweichen. Er wurde gegen Kaution aus der Haft entlassen und zahlte lediglich 20 Dollar Prozeßkosten aus eigener Tasche. Die Tageszeitung zitierte Bill Whitehurst: „Worüber ich so alarmiert bin, ist dies, daß er sich der Bevölkerung gegenüber noch immer als ein kompetenter Berater für Ehe, Scheidung und persönliche Probleme anbietet. Die Tatsache, daß er sich immer noch als Berater ausgibt, nachdem bereits viele Gerichtsfälle gegen ihn eingereicht und auch verhandelt sind, ist tatsächlich ein trauriges Zeichen dafür, wie es bei uns bestellt ist ... (Unsere Kanzlei) hat zumindest versucht, auf jegliche Weise ... die Bevölkerung vor diesem Mann zu warnen." Auch Suzanne Brown war sehr verdrossen. Sie machte sich deutlich, daß in unserer Mitte immer noch jemand war, dem niemand entgegentrat, um verletzbare Patientinnen zu neuen Opfern werden zu lassen: „(Dr. X) besitzt keine Lizenz, darf also nicht behandeln. Irgend jemand kann eine Klinik eröffnen, muß aber nicht sagen, er besäße keine Lizenz, und er braucht nichts zu befürchten."

Wir dagegen hatten von uns aus alles Mögliche getan, angefangen von den Anhörungen vor dem Lizenzausschuß bis hin zum Zivilprozeß und der Enthüllung in der Öffentlichkeit, aber alles hatte offenbar nichts bewirkt: weder die geforderte Rehabilitation, die sich widersprechenden Prozeduren, was die Lizenz anging, nur zögernd in Gang gesetzte und schnell wieder veränderte Auflagen, alles trug dazu bei, daß aus unserem Vorhaben nichts wurde. Suzanne Brown, die weiterhin hartnäckig auf Gerechtigkeit bestand, war zutiefst durch das Gefühl erschüttert, versagt und nicht einmal das erste Ziel erreicht zu haben, das sie und ihre vier Klientinnen sich gesteckt hatten; sie und ihr Anwaltskollege sowie die anderen vielen Frauen, die sich schon 1982 dazu bereit erklärt hatten, in den Zeugenstand zu treten. Niemand von uns war in der Lage, diesen skrupellosen Psychologen davon abzuhalten, weitere Patientinnen im Verlauf seiner Therapie zu Opfern werden zu lassen. Dr. X fuhr fort, als Eheberater zu praktizieren.

Im November 1987 erschien Dr. X mit seinem neuen Anwalt im Bezirksgericht. Der stellvertretende Bezirksanwalt hatte es abgelehnt, sich für Dr. X einzusetzen. Ich fragte mich im stillen, ob der Anwalt von Dr. X seinem Mandanten dadurch hatte imponieren können, daß er in der Lage gewesen wäre, den Unterschied zwischen Zivilprozeß und Strafprozeß deutlich zu machen. Vielleicht hatte Dr. X überhaupt noch nicht bemerkt, daß es zwischen beiden einen Unterschied gab. Der stellvertretende Bezirksankläger versprach, die ganze Geschichte Dr. X im Gerichtsverfahren zur Sprache zu bringen, angefangen von den ersten Beschwerden 1978 bis zu den letzten 1984. Diesmal war Dr. X zu meiner großen Überraschung nicht in Kampfesstimmung. Ohne weitere Verhandlung und ohne Bedingung war er bereit, sich schuldig sprechen zu lassen, und zwar in einem Fall kriminellen Vergehens mit sexuellem Übergriff.

Januar 1988 betrat ich gemeinsam mit meinem Ehemann den Gerichtssaal. Ich machte mir deutlich, daß es mehr als nur

Kuriosität war, die mich gespannt darauf warten ließ, daß der Richter das Urteil über Dr. X verkündete. Während ich da in all meiner Spannung saß, fühlte ich tiefe Befriedigung darüber, daß ich diese elende Geschichte nun zum Abschluß bringen konnte. Ich setzte mich in die zweite Reihe, bevor ich mir auch nur klar machte, daß Dr. X direkt in der Reihe vor mir saß, nur drei Sitze von meiner Linken, den Kragen hochgeschlagen, um damit sein Gesicht zu verbergen, und seine Hände an der Stirn. Er warf mir einen verstohlenen Blick zu, stand auf und setzte sich weiter hinten im Raum an die Seite einer attraktiven dunkelhaarigen Frau.

Wie in einem Drama schien sich alles gemäß dem typischen Verlauf einer Gerichtsverhandlung abzuspulen. Ich erlebte, wie die Zeugen des Staatsanwalles kurz befragt wurden. Es waren nur zwei: ein Psychologe, der dem psychologischen Dienst der Polizeiabteilung vorstand; ein Mann, der sich grimmig dafür entschieden hatte, daß Dr. X bestraft werden müsse, nachdem zivile Maßnahmen keinen Erfolg gebracht hatten, und der zweite war ein Vertreter der American Psychological Association, der an der Universität lehrte. Er war früher Mitglied der Prüfungsbehörde für Lizenzen gewesen und seinerseits dafür verantwortlich, die Patientinnen von Dr. X an andere Psychologen zu verweisen, nachdem Dr. X 1979 zum erstenmal seine Lizenz verlor.

Beide Zeugen wurden einzeln in den Zeugenstand gerufen, doch die Fragen, die man ihnen stellte, waren identisch: „Nachdem Sie nun schon so viele Jahre in unserer Stadt leben und Dr. X genau kennen, sind Sie in der Lage, uns Auskunft zu geben, ob Sie seinen Charakter für gut oder schlecht halten?" Beide bejahten diese Frage. „Und wie ist nach Ihrer Meinung sein Charakter?" Beide antworteten spontan und in einer Weise, die auch nicht mehr den geringsten Zweifel an ihrem persönlichen und professionellen Urteil offen ließ: „Schlecht!" Der Anwalt von Dr. X verzichtete darauf, diese Zeugen einem Kreuzverhör zu unterziehen, oder andere Zeugen zugunsten seines Mandanten auftreten zu lassen.

Als Dr. X endlich in der Anklagebank erschien, stand er ruhig und gefaßt. Ich fragte mich im stillen, ob ihn wohl inzwischen alle Kampfeskraft verlassen hätte oder ob er sich einfach klarmachte, daß Kampf in dieser Arena nicht sein Metier sein konnte. Er hatte keinerlei Fragen, leugnete nichts ab, stellte nichts fest. Nichts als ein ruhiges, lauschendes Ohr für die Anweisungen des Richters. In dem Moment wurde mir deutlich, was ich in meinem Herzen empfand: Zu meinem großen Erstaunen spürte ich, daß ich ihn nicht mehr ablehnte, daß ich heil geworden war. Alles, was ich nun noch für ihn empfand, war Mitleid, nichts als Mitleid – nicht etwa um der Strafe willen, die ihm nun zugeteilt würde, von der ich überzeugt war, daß sie noch gering war verglichen mit dem, was er verdiente, sondern Mitleid dafür, daß es so schrecklich mit ihm bergab gegangen war, daß er nun wohl beruflich (und, so würden einige argumentieren, auch persönlich) seinem Untergang entgegensah.

Der Bewährungshelfer und der stellvertretende Bezirksankläger hatten für Dr. X „Schockbewährung" beantragt, denn nach ihrer Meinung sollte er eine bestimmte Zeitlang im Gefängnis verbringen, so daß er einen kleinen Vorgeschmack davon bekäme, was es bedeutete, wenn er seine Bewährungsfrist mißbrauche. Aber die örtlichen Gefängnisse waren schon seit Jahren überfüllt. Es war sogar zu einer Krise gekommen, wobei der Distrikt noch Häuser anmieten mußte, um Gefangene unterbringen zu können. Der Richter war einfach nicht geneigt, dem Bezirk 45 Dollar pro Tag aufzubürden, nur um Dr. X im Gefängnis aufnehmen zu können, sondern er verdonnerte ihn zu einer Strafe auf Bewährung von 10 Jahren und einer ausgesetzten Geldstrafe von 10.000 Dollar. Aber der Richter warnte zugleich Dr. X, falls er auch nur eine einzige seiner Bedingungen für die Bewährung bräche, würde er sofort für die maximale Zeit von 20 Jahren ins Gefängnis wandern.

Als ein überführter Sexualverbrecher bestand für Dr. X die Auflage darin, daß er sich einmal im Monat für die nächsten 10 Jahre bei seinem Bewährungshelfer zu melden hatte. Der Bezirksankläger sagte mir dann, Dr. X habe schon Pläne gemacht, um den Staat zu verlassen, aber die Bedingungen der Bewährungsfrist würden ihn nun daran hindern. Dr. X hatte einen Auslieferungsbefehl unterschreiben müssen, so daß, wenn er auch nur irgendeine der Bedingungen seiner Bewährungsfrist brach, während er sich außerhalb des Staates befand, er sofort ausgeliefert werden würde.

Dem Distriktrichter waren vor seiner Urteilsverkündung verschiedene Briefe aus der Öffentlichkeit zugegangen, die er zu berücksichtigen hatte. Er mußte ebenso die Befunde des Prüfungsausschusses für Lizenzen in seinen Anhörungen vom Dezember 1978 bedenken. Dazu kamen, so nehme ich an, noch viele Briefe seitens der Ausschußmitglieder, wahrscheinlich auch viele von örtlichen Psychologen, und höchstwahrscheinlich ebenfalls Mitteilungen von den Anwälten, die die Opfer von Dr. X in der Vergangenheit vertreten hatten. Alle zusammen wiesen einen bestimmten Tenor auf, der in der Auflage gipfelte, Dr. X nicht mehr praktizieren zu lassen. Alle konnten aufatmen, als das Urteil auf Bewährung erging:

„Sie dürfen sich nicht mehr in Beratungen, gleichgültig welcher Art, betätigen. Sie dürfen sich nicht als Ratgeber irgendeiner Art während der Zeit der Bewährung ausgeben. Sie dürfen sich nicht selbst als Ratgeber ankündigen. Sie dürfen sich nicht Ihrer Künste als Ratgeber rühmen."

Irgend jemand hatte es geschafft. Wo die Zivilklage im Sande verlaufen war und die Hände der Behörde für psychologische Lizenzen gebunden waren, da hatte das System krimineller Strafverfolgung größere Freiheit bewiesen: Endlich hatte es Dr. X zu Fall gebracht, zumindest für das nächste Jahrzehnt und es blieb ihm untersagt, in welcher Form auch immer, als Berater zu praktizieren. Obwohl ihm Zivilprozesse ins Haus standen, Beschwerden gegenüber seiner Aufsichtsbehörde und selbst von Zeit zu Zeit der Verlust seiner Lizenz, war es Dr. X durch seine Spitzfindigkeit immer wieder gelungen, diese Behinderung in seiner Ausübung als Berater zu umgehen. Lediglich das Strafgericht war dazu in der Lage gewesen. Es gebot Dr. X Einhalt.

Es stimmte schon: Sollte Dr. X sich innerhalb des nächsten Jahrzehnts in den Grenzen des Gesetzes halten, wird man sein kriminelles Verhalten in den Akten löschen. Einige von uns, die ihn gut kennen, glauben, daß ihm dies nicht gelingen wird. Seine Opfer – ich bin davon überzeugt, er wird einige finden – muß er sich woanders suchen.

Gelegentlich sehe ich Dr. X im Fernsehen. Er hat damit begonnen, sich eine neue Existenz zu schaffen, indem er in Werbesendungen auftritt. Mit 51 Jahren bleibt er ein Mann, der mit falscher Aufrichtigkeit geschickt überreden kann. Aber all den Leuten, die sich Dr. X anvertrauen, kann ich nur Glück wünschen, später aber auch die Fähigkeit, sich zu vergeben, wenn sie entdeckt haben, daß sie betrogen worden sind. Ich bin überzeugt davon, sie alle brauchen das.

Epilog

Sieben Jahre habe ich gebraucht, um dieses Buch zu schreiben. Es war lange Zeit hindurch ein mühsamer Prozeß, aber er hat mich geläutert und mir neuen Grund verliehen. Zeitweilig schien mir diese Last zu groß. Aber ich wollte es nicht anders haben, denn das Vorhaben, meine Geschichte zu erzählen, hat mir dazu gedient, mich selber wiederzufinden und noch einmal meine Erfahrungen zu überdenken; beide, den Verrat durch Dr. X und meine eigene Rolle, die ich als Opfer spielte. Durch das Schreiben dieser Geschichte, durch Therapie und Selbstreflexion habe ich ein größeres Verständnis dafür erlangt, nicht nur über die Einzelheiten meiner Erfahrung, sondern auch über das Ausmaß der psychischen Erkrankung von Dr. X, wie sie sich auf andere Frauen und auf den gesamten Berufsstand auswirkte. Am allerwichtigsten aber: Ich habe das Gefühl der Scham aufgegeben, von dem ich überzeugt war, daß es Teil meiner Lebensgeschichte wäre.

Seit meinem zwölften Lebensjahr hatte ich mir vorgenommen, an meine Schulbildung ein Hochschulstudium anzuschließen. Während meiner High School-Zeit wählte ich Psychologie für mein zukünftiges Berufsleben. Obwohl mir die Erfahrung mit Dr. X ganz sicherlich den Appetit verdorben hatte, mich für die nächsten Jahre auf eine solche Berufslaufbahn vorzubereiten, wurde ich mit der Zeit immer überzeugter davon, daß Dr. X eben in keiner Weise für den gesamten Berufsstand der Psychologen steht, sondern die Ausnahme bildet. Zwei Jahre nach Beilegung des Rechtsfalls fand ich mich dazu bereit, mein ursprüngliches Berufsziel in Angriff zu nehmen. Jetzt, da ich diese Zeilen schreibe, beende ich gerade mein professionelles Training als Doktorandin in einem psychologischen Beratungsprogramm im Südwesten. Ich bin glücklich darüber, nun mit meinem Ehemann Ken das siebte Jahr unseres Zusammenseins zu feiern. Inzwischen habe ich als Stiefmutter seines Sohnes und seiner Tochter sehr viel über die Freuden und Anfechtungen gelernt, die diese Rolle mit sich bringt.

Am 20. April 1988, zwei Tage nach meinem 33. Geburtstag, saß ich allein in meinem Wohnzimmer und hielt in meiner Hand eine Geburtstagskarte meiner Mutter, die das Bild eines kleinen, etwa fünf Jahre alten Kindes wiedergibt. In blauem Kleid und Schürze streckt dieses Kind weit seine beiden Ärmchen aus, um die Wunder dieser Erde, die Unschuld und das unwiderrufliche Vertrauen zu umarmen, das nur der Jugend bekannt ist. Mir wurde klar, daß ich eben dieses Kind war, in dessen Augen meine Mutter diese Dinge erblickt hatte. Ich verspürte in mir den Wunsch, solche Unschuld zu beschützen; ein Gefühl, von dem ich überzeugt bin, daß meine Mutter es für mich als kleines Kind empfunden hat und daß sie es noch immer für mich empfindet. Ich bin mir bewußt, daß ich Dinge niedergeschrieben habe, die meiner Mutter Schmerz zufügen; Dinge, die besser unter uns geblieben wären als eine Art Familiengeheimnis. Aber ich weiß auch, daß diese vielen Einzelheiten, notwendige, wenn auch unangenehme Details sind, um einen vollständigen Teppich meines Lebens mit all seinen Mustern zu knüpfen. Ich kann nur hoffen, daß meine Mutter mich versteht und dies akzeptiert, so wie sie es auch akzeptiert hat, daß ihr überstarker mütterlicher Schutz mich nicht davor bewahren konnte, diesen emotional schwierigen Pfad, den zu gehen mir vorbestimmt war, zu beschreiten.

Am gleichen Abend erlebte ich mich dabei, wie ich mir noch einmal die Fotografie meines Vaters anschaute, die in meinem Wohnzimmer hängt. Die Tür der gegenüberliegenden Wand spiegelte sich in dem Glas der Fotografie, und es schien mir, als schaute Vater mich durch die geöffnete Tür an, wobei ihn das Licht von hinten umflutete. Plötzlich wurde mir deutlich, daß Dad nicht einmal lange genug gelebt hatte, um den feierlichen Abgang seiner Tochter von High School, College und nun von der Universität zu erleben, wo ich mehr über mich gelernt hatte, als ich mir dies hätte jemals vorstellen können. Ich befinde mich auf einer Reise, um mich selbst zu begreifen. Mehr als die Hälfte meines Lebens habe ich nun ohne Vater zugebracht. Ich kann mir nicht ausmalen, wie er meine Geschichte empfunden oder was er darüber gedacht hätte. Meine Geschichte ist unwiderrufliche Realität, die ich desto leichter erlebe, je mehr Zeit vergeht, die mich aber immer noch nicht ohne Schaudern läßt. Ich kann nur hoffen, Vater würde mich so gut, wie er nur konnte, getröstet haben. Er würde mich in meinem Kampf, Unrecht beim Namen zu nennen, unterstützt haben, desgleichen in meinem Versuch, weiteres Unrecht dadurch zu verhindern, daß ich mich selber der Mühe unterzog, rechtlichen Beistand zu suchen und diese meine Geschichte zu erzählen. Obwohl ich genau weiß, in allem richtig gehandelt zu haben, selbst wenn ich der Zustimmung meines Vaters nicht gewiß bin, frage ich mich doch immer wieder im stillen, ob er mich wohl verstanden hätte.

II

DR. BRODSKYS ANALYSE

8

Eine psychotherapeutische Analyse von Sex zwischen Therapeut und Patient: Die Perspektive der Gutachterin

Vorstellung der Gutachterin

Mein Name ist Annette M. Brodsky. Ich erhielt 1960 von der Universität Miami den B.A. in Psychologie und 1962 und 1970 von der Universität Florida den Master- und Doktortitel in klinischer Psychologie. Meine Assistenzzeit in klinischer Psychologie verbrachte ich 1963 bis 1964 am Walter Reed Army Hospital. Ich besitze eine Lizenz als Psychologin in Illinois, Alabama und Californien. Gegenwärtig bin ich Chef-Psychologin und Direktorin der Ausbildung am Harbor-UCLA Medical Center. Ich bin Professorin für medizinische Psychologie am Department of Psychiatry and Biobehavioral Sciences of UCLA School of Medicine.

Da mich der Fall von Carolyn Bates gegen Dr. X interessierte, habe ich über Frauen in psychologischer Behandlung geschrieben. Ich habe Ethik-Komitees zur Verfügung gestanden und Forschung über Sex zwischen Patienten und Therapeuten betrieben. Meine Lebensarbeit umfaßt 50 Publikationen und enthält eine lange Liste von Stellungen, die ich in staatlichen und nationalen psychologischen Organisationen innehatte, eingeschlossen das Amt der Präsidentin der American Psychological Association Divison on the Psychology of Women. Mit gerichtlichen Fragen bin ich vertraut. Daher war ich dem Gerichtshof und den Geschworenen bekannt.

Eine Fallgeschichte über Sex zwischen Therapeut und Patientin

Früheste Erwähnungen zum Gegenstand Sex zwischen Arzt und Patient gehen auf den Hippokratischen Eid zurück, wie die alten Griechen ihn kannten. Darin werden Ärzte davor gewarnt, sich sexuell mit ihnen anvertrauten Patienten einzulassen. Es ist mir ebenfalls berichtet worden, daß der Codex der nigerianischen Medizinmänner einen Rat einschließe, niemals „Patienten zu besexen". Das Verhältnis zwischen Arzt und Patient wird als geheiligtes Vertrauen bewertet. In den frühen Tagen der Psychoanalyse schrieb Freud einen Brief an Sandor Ferenczi und brachte darin zum Ausdruck, daß ein Analytiker, der vor einem Kuß nicht halt mache, damit andere Kollegen ermutigen könnte, noch weiter zu gehen: „Es gibt keinen Revolutionär, der nicht durch einen noch radikaleren noch mehr vorangetrieben wird." Freud hatte Sorge darum, daß jüngere Kollegen „es schwer finden könnten, dort aufzuhören, wo es nicht weiterginge". Aber dabei erwischt zu werden oder sich schelten zu lassen, daß man zu weit gegangen wäre, war nicht das eigentliche damalige Anliegen. Helene Deutsch, eine bedeutende Analytikerin in Freuds Wiener Kreis, Autorin eines Buches über die Psychologie der Frauen, formulierte unbewußt das Standard-Alibi für therapeutisches Mißverhalten. Sie schrieb von „weit hergeholten Beschuldigungen" und „wunscherfüllenden Phantasien" der Patientinnen.

In den fünfziger und sechziger Jahren gab es einige Psychologen, die von Kollegen wußten, die zu ihren Patienten sexuelle Beziehungen unterhielten. Doch diese zwielichtigen Ereignisse kamen nicht leicht zur Sprache, noch war man davon überzeugt, sie zum Gegenstand einer wissenschaftlichen Untersuchung machen zu können. 1955 teilte Bruno Klopfer solche wissenschaftlichen Daten Teilnehmern in einem Workshop mit, aber er hat sie nie veröffentlicht. Forer, der solche Fakten in den sechziger Jahren sammelte, hat bis 1980 gewartet, um sie zu veröffentlichen. Dahlberg, ein Psychiater, der ebenfalls in den sechziger Jahren auf diesem Gebiet Daten sammelte, beklagte sich 1970 in einem Artikel darüber, daß es ihm nicht gelungen wäre, ein weiteres Forum für seine Ansichten in einer „größeren Organisation" zu finden, da das Thema zu kontrovers sei.

Während der späten sechziger und frühen siebziger Jahre veröffentlichten zwei Therapeuten Berichte über eigene positive Erfahrungen mit Patienten-Therapeuten-Sex. Sie glaubten, daß eine solche Behandlung für bestimmte Patienten durchaus hilfreich sei. James McCartney, ein Psychiater, schrieb über „offene Übertragung" als „eine sichtbare, hörbare, fühlbare muskuläre oder glanduläre Reaktion", als ein inneres Gefühl des Patienten, das nach mehr verlangt als nur zu reden. Seine Patienten und deren Familien haben dem wahrscheinlich von vornherein zugestimmt. Martin Shepard, ein weiterer Psychiater, schlug in seinem Buch *The Love Treatment* (Deutsche Übersetzung erschienen unter „Sex als Therapie" A.d.Ü.) vor, er sei von den möglichen heilbringenden Wirkungen einer Therapeuten-Patienten-Sex-Beziehung überzeugt. Diese Autoren wurden wiederum von jenen zitiert, die ihr eigenes sexualisiertes Verhalten ihren Patienten gegenüber rechtfertigen wollten. Im Laufe der Zeit wurden beide Autoren durch juristisch ausgebildete Personen zur Ordnung gerufen, obwohl in keinem einzigen Fall sich irgendein Patient darüber beschwert hatte.

Während jener kontroversen Zeit Ende der sechziger und Anfang der siebziger Jahre, als sich innerhalb der Psychologen die Frauenbewegung etablierte, habe ich mich mit diesem Problem befaßt. Anläßlich der ersten regelmäßigen Zusammenkunft der American Psychological Association 1969 kam es zur Bildung einer Frauengruppe, die sich besonders mit dem Thema „Mißbrauch von Frauen in der Psychotherapie" befaßte. Sie suchte nach Wegen, um solche Therapeuten zu identifizieren und verletzbare Frauen weiter vor sexistischen Praktiken, einschließlich der Verführung durch einen Therapeuten, zu bewahren. Im folgenden Jahr verfaßte ich die erste nationale Dienstordnung für Therapeutinnen; eine Liste von Referenzen und Diensten von Therapeutinnen, die sich nach eigenen Angaben auf eine feministische Philosophie festlegten.

Im gleichen Jahr schockierte Phyllis Chesler, eine New Yorker Psychologin, ihre APA-Kollegen durch ein Referat, in dem sie Interviews mit Patientinnen wiedergab, die zugegebenermaßen mit ihren Therapeuten Sex betrieben hatten. Sie ermutigte diese Frauen, ihre Therapeuten wegen Berufsvergehen zu verklagen. Später publizierte sie das Buch *Women and Madness* (Frauen und Wahnsinn), das zum Bestseller wurde, in dem sie sich mit dem Problem des sexuellen Mißbrauchs in der Psychotherapie auseinandersetzte. Sie protestierte gegen die Behandlung von Frauen, die geisteskrank sind. Der Fall Roy gegen Hartogs, in dem ein Psychiater, der wegen Sex mit einer Patientin erfolgreich angeklagt worden war, wurde durch das Buch mit dem Titel *Betrayel* (Verrat) weithin bekannt. Die Autoren waren Lucy Freeman und die Patientin Julie Roy. Das Buch wurde später für einen Fernsehfilm übernommen. Es kam zu weiteren Zivilprozessen. Die feministische Bewegung in der Psychologie sah sich veranlaßt, die entsprechenden professionellen Gremien darum zu ersuchen, in Aktion zu treten.

Damals arbeitete ich am Beratungszentrum der Universität, und mir wurden wiederholt Frauen zugewiesen, die von ihren Professoren und/oder Therapeuten sexuell belästigt worden waren. Dadurch wurde mir dieses Problem langsam deutlicher.

Meine APA-Kollegen wandten sich an die Leitung der Gesellschaft, um ihre Betroffenheit zum Ausdruck zu bringen. 1973 setzte die APA mich dazu ein, gemeinsam mit sieben weiteren Psychologen im ganzen Land eine Erhebung anzustellen, wie es in bezug auf sexuelle Willkür und das Rollenverständnis in psychotherapeutischen Praxen aussehe. Dabei war das Thema Sex zwischen Patient und Therapeut nur eine unserer Forschungsaufgaben. Einigen unter uns war klar, daß allein dieses Thema die Ursache dafür war, warum man uns berufen hatte. Wir stellten fest, daß zwischen 1970 und 1974 lediglich vier Fälle von sexueller Intimität zwischen Therapeut und Patient durch das Ethik-Komitee der Gesellschaft untersucht worden waren. Von diesen vier Therapeuten ließ man drei ungeschoren. Nur in einem Fall wurde ein Psychologe zur Ordnung gerufen. Seine Mitgliedschaft in der APA wurde aufgehoben, da er seine Mitgliedsbeiträge nicht entrichtet hatte.

Unser Ausschuß hatte bereits einen Bericht für Psychologen der APA mit Angaben darüber ausgesandt, wie manche Sexisten in ihrer Praxis vorgingen, so daß sich daraus für die Behandlung von Frauen Richtlinien entwickeln ließen. Eine dieser Richtlinien hatte mit der Verführung von Patientinnen zu tun. Aber da es eine Gegenstimme gab, sah sich unser Ausschuß nicht in der Lage, einen einmütigen Entschluß zu fassen, daß Sex mit Patienten als sexistisch zu bezeichnen sei. Die Richtlinie konnte Therapeuten nur davor warnen, Patientinnen zu verführen oder sie als Sexualobjekt zu betrachten.

Um die Aufgabe dieses Ausschusses zu bewältigen, einigten sich Jean Holroyd und ich als Vorsitzende darauf, stärker die Frage der sexuellen Verführung wahrzunehmen. Unser Ausschuß hatte inzwischen festgestellt, daß es in den meisten Fällen um Therapeuten als Täter und Patientinnen als Opfer ging. Indem wir uns auf diese Erhebung stützten und desgleichen auf Untersuchungsergebnisse von Los Angeles, wo 10 % der Ärzte (anonym) zugegeben hatten, daß sie sich zu sexuellen Intimitäten mit ihren Patientinnen verleiten ließen (Kardener, Fuller & Mensh 1973), befragten wir weitere lizensierte Psychologen in 50 Staaten, sich mit der Frage erotischer Handlungen in der Psychotherapie auseinanderzusetzen. In diesem angeforderten Eigenbericht ging es ausschließlich darum, wieviel Patienten der einzelne innerhalb der Therapie jemals geküßt, umarmt oder in erotischer Absicht berührt hätte, und die Anzahl der Patienten, mit denen der einzelne jemals sexuellen Verkehr gehabt hätte. Von den 1000 lizensierten Psychologen, die wir aufs geradewohl angeschrieben hatten, sandten uns ungefähr 70 % ihre Fragebögen zurück. Ungefähr 10 % der männlichen Fragebogenbeantworter gaben zu, sich zumindest mit einem Patienten in irgendeiner Form sexuell eingelassen zu haben. Nur eine weibliche Fragebogenbeantworterin bestätigte, erotischen Kontakt mit Patienten gehabt zu haben. Viele der Männer, die geantwortet hatten, daß sie erotischen Kontakt mit ihren Patientinnen gehabt hätten, führten weiterhin aus, daß diese Angelegenheit weder für sie noch für ihre Patienten positiv verlaufen wäre. 80 % von ihnen waren mehr als einmal in dieser Weise vorgegangen.

Andere Erhebungen mit männlichen Therapeuten ergaben ähnliche Statistiken. Weibliche Therapeuten unterschieden sich dramatisch in der Anzahl der Fälle von sexueller Intimität mit Patienten. Perry berichtete, daß von den 156 befragten weiblichen Ärzten ihrer Erhebung keine sexuellen Verkehr mit Patienten gehabt hätte, doch viele hätten eine nichterotische Zärtlichkeit praktiziert (1976). Holroyd und ich fanden, daß bei den Praktikern unserer früheren Erhebung weniger als 1 % der Frauen sexuelle Intimitäten zugelassen hatten. In einer anderen Analyse der oben genannten Untersuchung wurde deutlich, daß jene Praktiker, die sich nichterotische Berührungen gestatteten, sich schneller zu sexuellen Intimitäten hinreißen ließen, wenn sich diese Praxis, Patienten zu berühren, lediglich auf ein Geschlecht erstreckte (Holrayd & Brodsky 1980). Weitere Studien schienen diese Ergebnisse zu bestätigen.

Ab 1980 bahnte sich ein Wechsel an, wie dies aus dem vorliegenden Material deutlich wird, wobei es sich fast ausschließlich um männliche Übeltäter handelt. Pope, Tabachnick

184

und Keith-Spiegel (1987) fanden heraus, daß die Beantworter der Fragebogen erheblich weniger sexuellen Kontakt mit Patienten meldeten (1,9 %). Hingegen wurden immer mehr Fälle von geschlechtsgleichem Therapeuten-Patienten-Kontakt den Ethik-Komitees und Lizenzbehörden bekannt. Die American Psychological Association Insurance Trust (eine Versicherungsgesellschaft – A.d.Ü.) stellte fest, daß sexuelles Fehlverhalten ihnen die größten Kosten verursachte (Bennett 1987). Dafür waren in den letzten 10 Jahren allein ein Fünftel aller Schadensfälle gedeckt worden (Murray 1986). Fälle sexuellen Fehlverhaltens fielen in die Kategorie, die vom APA-Ethik-Komitee am häufigsten angeführt worden war. In allen Berufen, die mit psychischen und Geisteskrankheiten zu tun hatten, eskalierte die Zahl der Beschwerden. Maßregelungen wurden immer häufiger und härter. Sex zwischen Therapeuten und ihren früheren Patienten wurde zu einem widerspruchsvollen Thema, da Patienten damit begannen, ihre Probleme, unter denen sie litten, auf den Zwang zurückzuführen, dem sie sich zu Beginn einer therapeutischen Übertragung ausgesetzt sahen. Sell, Gottlieb und Schoenfeld (1986) fanden in einer Studie heraus, daß jene Therapeuten, die sich damit verteidigten, ihre Patienten wären nicht länger bei ihnen in Therapie, so daß sie nun sexuell mit ihnen verkehren dürften, stärker zur Ordnung gerufen wurden als jene, die eine solche Entschuldigung unterließen.

Obwohl die Medien über die dramatischsten Fälle von Patienten berichteten, die ihre Therapeuten auf riesige Summen Schmerzensgeld verklagt hatten, und die Medien hatten dies zum Teil in sensationeller Weise getan, ist es doch interessant festzustellen, daß die Hälfte aller dieser Patienten, die Sex mit ihren Therapeuten betrieben hatten, gemäß einer Studie von Sell et al. sich nicht darüber im Klaren waren, daß ein solches Verhalten der Therapeuten unakzeptabel war, sowohl moralisch als auch rechtlich. Es gibt eine noch interessantere Statistik, die sich bei Pope und Bajt findet, nach der 4-5 % der Psychologen immer noch glauben, sexueller Umgang zwischen Patienten und Therapeuten sei nicht unmoralisch. 9 % setzen diesen Umgang in der Praxis fort, obwohl ihnen bewußt ist, daß sie unmoralisch handeln. Sie rechtfertigen ihr Verhalten mit dem Vorwand, daß dies möglicherweise für sie oder für den Patienten hilfreich sei.

Tatsächlich haben seit Mitte der siebziger Jahre die Helferberufe ausdrücklich bestätigt, daß sexuelle Intimität zwischen Therapeuten und Patienten unmoralisch ist. Sowohl die American Psychiatric Association wie auch die American Psychological Association haben zusätzlich in ihre ethischen und professionellen Richtlinien Gesetze darüber aufgenommen, die ausdrücklich Sex zwischen Therapeuten und Patienten verbieten. Viele Bundesstaaten haben damit begonnen, Sex zwischen Therapeut und Patient als Grund dafür anzusehen, einem unabhängig Praktizierenden die Lizenz zur Berufsausübung zu entziehen. In Minnesota ist man sogar so weit gegangen, zu fordern, daß ein Therapeut, der Geschlechtsverkehr mit einem Patienten unterhält, durch Berufskollegen angezeigt wird, wenn diese davon erfahren. In zwei weiteren Staaten, nämlich Wisconsin und Minnesota, besagt die Gesetzgebung, einen Therapeuten, der Sex mit einem Patienten ausübt, des kriminellen Verbrechens für schuldig zu befinden.

Heute ist es keine Frage mehr, ob Sex zwischen Therapeut und Patient zulässig ist oder nicht. Ganz ohne Zweifel: Er ist es nicht. Es geht vielmehr um die Parameter der Verhaltensweise. Einige Fragen, die wir in der Literatur vorfinden, schließt die Definition ein: Worin besteht sexuelle Intimität? Wann ist ein Patient nicht länger mehr in Therapie? Ist es jemals möglich, zu einem früheren Patienten ein Verhältnis aufzubauen? Kann Eingreifen hilfreich sein, wenn sich erst einmal ein Verhältnis angebahnt hat? Gibt es irgendwelche Rehabilitation, nachdem solche Intimitäten stattgefunden haben?

Die folgenden Kapitel gehen auf diese Themen ein, und zwar im Zusammenhang mit Carolyn Bates' Verhältnis zu Dr. X. Carolyns Fall ist besonders bezeichnend, denn in ihm werden die vielen typischen, weniger die extremen Situationen deutlich, in denen sexuelle Intimitäten problematisch werden. Zwar ist Carolyn intelligent, doch was die Therapie anging, anfällig und naiv. Sie fühlte sich durchaus nicht sonderlich beunruhigt, weder vor, während oder nach der Therapie mit Dr. X. Dennoch wurde sie ausgebeutet, beschädigt und fühlte sich als Ergebnis dieser Erfahrung zerstört. Das Verhältnis zu Dr. X und das daraus resultierende Gerichtsverfahren wirkten zutiefst auf ihr Leben, ihre Träume, ihren physischen Gesundheitszustand, ihre Beziehungen und ihr Selbstvertrauen ein. Zwar war sie später fähig, sich davon zu erholen und durch weitere Therapie über die Jahre hinweg sich erheblich weiterzuentwickeln, doch Erinnerungen an ihr Selbstwertgefühl und ihre Unsicherheit, ihre Unfähigkeit richtig zu beurteilen, blieben. Ihr Fall zeigt uns sehr deutlich die Schwierigkeiten einer Berufsgruppe auf, in der es gilt, einen skrupellosen Kollegen auszusieben, weiterzubilden, zu ermahnen oder ihn davon endgültig abzuhalten, seine Rolle als Vaterfigur zu mißbrauchen, um anfällige, abhängige Patientinnen in einer destruktiven inzestuösen Beziehung zu verführen.

9

Das Phänomen der sexuellen Intimitäten während der Therapie: Wer tut wem was an?

Definition der sexuellen Intimität

Die American Psychological Association führt in ihren ethischen Prinzipien für Psychologen an, daß sexuelle Intimitäten zwischen Therapeuten und Patienten unmoralisch sind. Aber es wird nicht definiert, was „sexuelle Intimitäten" sind. Fast jeder, der auch nur im entferntesten etwas davon versteht, begreift, daß es durchaus unmoralisch ist, Geschlechtsverkehr mit Patienten oder Studenten zu haben. Aber welch anderes Verhalten mag wohl mit Intimität oder sexueller Ausbeutung gemeint sein? Diese Frage stellt schon die erste Schwierigkeit dar, wenn wir sexuelle Intimität definieren wollen. Verschiedene Auffassungen von Intimität stellen uns vor eine weitere Schwierigkeit. Erhebungen innerhalb der psychotherapeutischen Berufe weisen darauf hin, daß eine weiterbestehende Minderheit davon überzeugt ist, daß es auch positive Aspekte sexueller Intimität zwischen Patienten und Therapeuten gibt. Verschiedene weitere strittige Punkte beeinflussen die Definition von Intimität.

Es scheint klar zu sein, daß die Absicht der Therapeuten, einen Patienten sexuell zu stimulieren oder seine sexuellen Bedürfnisse zu befriedigen, eine Verletzung der Moral bedeutet. Das Wort *Absicht* dagegen kennt auch andere Parameter. Zum ersten gilt zu erkennen, wessen Absicht gemeint ist. In bezug auf die Absicht des Therapeuten ist zu fragen, ob vom Patienten hingenommen werden kann, sich sexuell durch irgend etwas erregen zu lassen, was der Therapeut in ihm veranlaßt, so lange der Therapeut es abstreitet, ihn sexuell erregen zu wollen? Gerichtshöfe haben sich über diese Frage Redeschlachten geliefert, wenn in einem Fall der Patient behauptete, die Handlungen seines Therapeuten wären ganz eindeutig sexuell ausgerichtet gewesen, währenddem der Therapeut bei seiner Aussage blieb, der Patient hätte sich ohne Ursache oder Absicht sexuell erregt. Man kann sich vorstellen, daß ein Therapeut, der sich dazu hingibt, einen Patienten körperlich zu berühren, um ihm auf ganz einfache Weise seine ehrliche Zuneigung zu demonstrieren oder ihm bewußt zu machen, wie sehr er für ihn sorge, sich unbeabsichtigt so verhält, daß der Patient dies als erotische oder sexuelle Annäherung mißinterpretiert. Daher kann Küssen, Umarmen, liebevolles Berühren oder Streicheln sehr schnell mehr als nur eine Interpretation erfahren, und zwar für beide Parteien, die davon betroffen sind (Holroyd & Brodsky 1980).

Aber da ist in jedem Fall eine feine Unterscheidung zu treffen zwischen der Art und Weise der Berührung, die erfolgt, wenn ein Therapeut oder eine Therapeutin selber sexuell erregt ist und nun die Absicht hegt, das gleiche Gefühl im Patienten entstehen zu lassen, und eben jener nicht erotischen Berührung und Umarmung durch einen Therapeuten mit wohlmeinender, fürsorglicher Absicht. Einem Patienten ist zumeist dieser feine Unterschied sehr schnell deutlich, selbst wenn der Therapeut sich nicht immer im klaren darüber ist, ob sich der Patient dieser erotischen Gefühle als Teil seiner Gegenübertragung bewußt ist. Daher kann eine Patientin sehr schnell die erotische Absicht ihres Therapeuten erkennen, wenn dieser seine Hände um ihren Arm legt, auf- und niedergleiten läßt mit der vorgegebenen Absicht, sie zu trösten, oder wenn er seinen Arm um ihre Schultern legt, wenn sie niedergeschlagen ist und still vor sich hin weint. Therapeuten, die wegen sexueller Intimitäten angeklagt waren, haben oft solche Raffinessen in ihren Absichten geleugnet (Brodsky 1985). In Carolyns Fall war es so, daß sie bei der ersten Umarmung noch keinerlei sexuelle Absicht wahrgenommen hat. Sie erlebte dies vielmehr als väterliche Anteilnahme. Bald wurde ihr deutlich, daß diese Berührungen erotisch gemeint waren, doch ihr ausgesprochen großes Bedürfnis zu glauben, Dr. X sei eine vertrauenswürdige Vaterfigur, ließ sie diese inneren Gefahrensignale ignorieren.

Diejenigen unter uns, die mit Patienten arbeiten, die sich beschwert haben, von ihren Therapeuten sexuell belästigt worden zu sein, neigen dazu, die Definition sexueller Intimität von der Absicht, sexuell zu stimulieren, auf den Effekt des Stimuliertseins auszudehnen. Das bedeutet im Klartext: Sollte ein Therapeut so naiv sein, nicht zu bemerken, daß er durch körperliche Berührung oder durch verführerische Aussagen, die er in der Therapie macht, seine Patienten sexuell erregt, dann hat dieser Therapeut es bitter nötig, weiteres Sensitivitätstraining zu betreiben. Wenn es sein Verhalten mit sich bringt, daß sein Patient sexuell erregt wird, dann läßt sich der Schluß ziehen, daß sexuelle Intimität stattgefunden hat (Brodsky 1985).

Ich weiß zumindest von einem Rechtsfall, in dem diese Frage eine entscheidende Rolle spielte, denn die Patientin konnte den Beweis dafür erbringen, erhärtet durch die eigenen Aufzeichnungen des Therapeuten, daß sie ihm ausdrücklich erklärt hätte, daß durch seine körperliche Berührung – indem er ihre Arme streichelte, sie umarmte und sie vorwärts und rückwärts schaukelte – er sie sexuell erregt hätte, und daß sie sexuelle Gefühle ihm gegenüber entwickelte. Als er in seinem Verhalten fortfuhr, konnte sie nur annehmen, daß er sie ermutigte, weiterhin sexuell erregt zu sein, was sie wiederum in ihrem Glauben bestärkte, ihr Therapeut sei daran interessiert, mit ihr ein sexuelles Verhältnis einzugehen. Seine Verteidigung, daß er sie mehr wie eine Mutter geschaukelt habe und sie nicht sexuell erregen wollte, war ihm nicht leicht abzunehmen, denn die Patientin hatte ihm ja schon zuvor klargemacht, durch diese Behandlung sexuell erregt zu werden. Dr. X' Praxis, den entblößten Bauch seiner Patientinnen zu massieren, konnte schnell zu einer solchen sexuellen Erregung führen, selbst wenn er behauptete, daß *er* nicht erregt gewesen sei.

Ein zweiter Faktor, wie man sexuelle Intimität in der Therapie definiert, besteht darin, wie der Therapeut selbst zu beurteilen ist. Sind der Therapeut oder die Therapeutin wirklich kompetent, wenn sie nicht einmal in der Lage sind, den Gefühlszustand ihrer Patienten zu erkennen? Können ein Therapeut oder eine Therapeutin tatsächlich die Zeichen sexueller Erregung in ihren Patienten übersehen, wenn sie sich auf körperlichen Kontakt mit ihnen einlassen oder in intimen Diskussionen sexuelle Details erörtern? Damit ist nicht gemeint, Therapeut und Patient sollten nicht die sexuellen Gefühle und sexuellen Phantasien des Patienten bearbeiten. Vielmehr ist damit gemeint, daß dem Therapeuten klar bewußt sein muß, wann die Diskussion aufhört und wo sexuelle Erregung und Handlung beginnen. Ein verblüffendes Phänomen besteht darin, daß etliche Therapeuten glauben, durch ihre ungewöhnlichen neueingeführten Behandlungsweisen zwar die traditionellen Grenzen der Berührung in der Therapie zu verletzen, sie dies aber zum Wohl des Patienten tun, was eine Verletzung der traditionellen persönlichen Grenzen rechtfertigt (Holroyd & Brodsky 1977). So kommt es, daß der Therapeut oder die Therapeutin, die sich zu intensiver körperlicher Berührung hinreißen lassen, wie etwa das Vor- und Rückwärtsschaukeln eines Patienten, ihn für mehrere Sekunden festhalten oder umarmen oder ihn länger streicheln als nur einen Augenblick, in sich mutige Pioniere auf einem Versuchsfeld sehen. Wie immer man darüber denkt, solche neuen Therapieformen sind in Wirklichkeit nicht neu. Falls sie dies wären, dann hätte man sie schon vor Jahrzehnten allgemein akzeptiert, als frühere Therapeuten mit ihnen experimentierten. Bereits in den sechziger Jahren wurde Masters und Johnson deutlich, daß es notwendig wäre, jegliches aktives Verhalten durch den Therapeuten oder durch Surrogate während der Behandlung von sexuellen Störungen auszuschalten. Masters und Johnson setzten seit der Zeit keinerlei Surrogate in ihrer Therapie mehr ein, geschweige denn, daß sie dem Therapeuten gestatteten, sich in irgendeiner Weise sexuell mit den Patienten einzulassen (Masters & Johnson 1976). Andere sogenannte Therapieerneuerer, die sich dafür einsetzten, durch körperliche Berührung das sexuelle Verhalten zu verbessern, wie etwa McCartney (1966) mit seiner offenen Übertragung oder Shepard (1971) mit seiner Liebesbehandlung, mußten zu ihrer Enttäuschung erfahren, daß für ihre Vorschläge nur zunächst ein vorübergehendes Interesse bestand, sie sich aber dann bald von ihren verschiedenen Standesorganisationen gemaßregelt sahen. Wiederentdecker erotischer psychotherapeutischer Techniken in unseren Tagen sehen sich kaum als mutige Vorkämpfer einer gewagten neuen Kur eingeschätzt (Keith-Spiegel 1979). Die Massagetechnik von Dr. X, deren er sich bediente, um damit die Patientinnen zu entspannen, geht über die Grenzen normaler und angemessener Praxis hinaus. Aber diese „Technik" unterlag keinerlei Forschung oder Überwachung. Dr. X hatte sie selbst erfunden. Er war bei niemandem in die Schule gegangen oder in der Theorie belehrt worden.

Doppelte Beziehungen bilden den dritten Aspekt der Definition sexueller Intimität. Das Vorkommen sexueller Intimität zwischen Therapeut und Patient ist ein solches Beispiel doppelter Beziehung. In solch einer Beziehung gibt es mehr als nur eine Absicht. Eine therapeutische Beziehung dagegen gilt immer ausschließlich und ist eindimensional. Der Therapeut ist der Experte, der Patient der Verbraucher, der sich der Kunst des Experten bedient. Sobald sich der Patient einmal für einen bestimmten Therapeuten entschieden hat, darf dieser üblicherweise dem Patienten in keiner anderen Rolle gegenübertreten. Würde der Therapeut für den Patienten zum Brötchengeber, zum Geschäftspartner, zum Liebhaber, Gatten, Verwandten, Professor oder Student, so würde dies das therapeutische Bündnis und das Ziel der Therapie zerstören. Dieses Gesetz gilt für eine psychotherapeutische Beziehung mehr als für irgendeine andere Beziehung, zum Beispiel zwischen einem Klienten und einem Internisten, einem Zahnarzt, einem Rechtsanwalt oder einem Steuerberater.

Was nun die Frage betrifft, auf sexuelle Gefühle einzugehen oder eine persönliche Beziehung über die berufsmäßige hinaus zu entwickeln, so bedeutet dies, daß die entsprechenden Folgen daraus für eine nichtpsychotherapeutische Paarbildung längst nicht so gravierend sind. In der psychotherapeutischen Beziehung dagegen ist diese Beziehung ein Teil des Dienstes, die der Therapeut dem Patienten angedeihen läßt. Dies ist in anderen professionellen Paarbildungen nicht der Fall. Fast alle Psychotherapeuten – vielleicht einige wenige ausgenommen, die technische Programme der Verhaltenstherapie anwenden – setzen eine Entwicklung der Beziehung zwischen Therapeut und Patient voraus. Dabei sind sie aber nicht gleiche Partner. Der Therapeut tritt in diese Beziehung mit all seiner Macht und Autorität als Experte ein, der etwas anzubieten hat. Im Fall der Therapie macht er das Angebot, daß die Beziehung, die er mit dem Patienten eingeht, diesem helfen wird, mehr an Persönlichkeit zu gewinnen und sein persönliches Leben zu meistern. Tatsächlich verhält es sich so, daß die Mißerfolge bei Liebesbeziehungen in dem Leben eines Patienten diesen häufig genug veranlassen, endlich eine Therapie aufzusuchen. Wenn aber nun ein Therapeut oder eine Therapeutin diese Motivation vergiftet und der objektiven Helferrolle nicht gerecht wird, die Probleme des Patienten zu lösen, dann kann dies nicht entschuldigt werden.

Therapie bedeutet nicht, eine Freundschaft oder den eigenen Körper zu verkaufen. Es ist kein Paarungsspiel oder ein Ort, an dem sich Verliebte treffen. Tatsächlich würde dieses einen Mißbrauch der Therapie bedeuten und damit Verletzung der moralischen Verpflichtungen. Dr. X durfte niemals Carolyn oder seine anderen Patientinnen als Freundinnen betrachten, solange sie seine Patientinnen waren. Sie befanden sich auf einer anderen, viel intensiveren Stufe der Interaktion, die ihnen die Aussicht auf eine freie Wahl gegenseitiger Freundschaft völlig unmöglich machte.

Tauschhandel von Gütern gegen Therapie – eine Praxis, die durchaus gebräuchlich und in der Vergangenheit weitgehend praktiziert wurde, wird heute als problematisch betrachtet. Schwierige Situationen, die durch solche Beziehungen entstanden, haben dazu geführt, diese Praxis durch Ethik-Komitees zu maßregeln. Der Therapeut, der einen Patienten dazu benutzt, den Rasen zu mähen, ein Portrait zu malen, Babysitter zu sein oder ein Haus zu verkaufen, schafft damit eine gefährliche Situation, die in gleicher Weise dem Therapeuten wie auch dem Patienten zum Schaden gereichen kann. Geschäftliche Absprachen, die nicht eingehalten werden, Investitionen mit finanziellen Verlusten, Verträge, Dienste oder Produkte, die nicht den Erwartungen entsprechen, können die Übertragung und Gegenübertragung in einer solchen therapeutischen Beziehung beeinflussen.

Keine dieser Folgen kommt der Demütigung und dem Verlust des Selbstwertgefühls gleich, die entstehen, wenn der Patient entdeckt, daß das Versprechen einer sexuellen oder romantischen Beziehung, das ihm während der Therapie gemacht wurde, nichts anderes als Ausbeutung war. Es ist interessant festzustellen, daß Patienten, die mit ihren Therapeuten sexuelle Beziehungen eingingen, auch dazu neigen, sich Kenntnisse über das persönliche Leben des Therapeuten anzueignen und auch anderweitig eine doppelte Beziehung zu ihm pflegen. Der Therapeut, der es wagt, die Grenzen professioneller Beziehung zu überschreiten, tut dies mehr als nur in einer Weise und neigt dazu, das Risiko einzugehen, sich mit seinen Patienten sexuell einzulassen. Dieses Phänomen wird in dem Fall Dr. X mit Carolyn deutlich. Er benutzte sie, um seine eigenen Probleme zu überspielen. Auch andere Patientinnen nutzte er aus wegen ihrer geschäftlichen Fähigkeiten.

Ein vierter und letzter Aspekt, um sexuelle Intimität zu definieren, besteht darin, welche kritische Auswahl der Therapeut anwendet. Jene Therapeuten, die sich höchstwahrscheinlich mit ihren Patienten sexuell einlassen, behandeln ihre Patienten unterschiedlich gemäß Alter, Sex und Attraktivität. Daher ist jener Therapeut, der allein Patientinnen berührt, festhält, küßt oder umarmt, nicht dagegen männliche Patienten, einem höheren Risiko ausgesetzt, Patienten sexuell auszubeuten. Alle vier Patientinnen von Dr. X, die dann endlich einen Zivilprozeß anstrengten, waren jüngere, attraktive Frauen. Kein Mann hat sich jemals über ihn beschwert.

Berufsrisiko des Psychologen

Immer dann, wenn ich von einem Anwalt einen Anruf bekomme, dessen Klient ein Patient ist, der seinen Therapeuten auf Schmerzensgeld hin verklagen will, entstanden durch sexuellen Mißbrauch, bin ich zumeist schon vorher in der Lage, diesen Therapeuten genauer zu beschreiben, ehe der Anwalt auch nur ein Wort gesagt hat. Es handelt sich um einen männlichen Therapeuten mittleren Alters, gegenwärtig in seiner Lebenssituation in einer unbefriedigenden Liebesbeziehung verstrickt, und vielleicht erlebt er gerade seine Scheidung. Seine Patienten sind hauptsächlich Frauen. Er läßt sich sexuell mit mehr als einer Patientin ein, und seine Opfer sind im Durchschnitt etwa 16 Jahre jünger als er. Er vertraut der Patientin seine persönliche Lebensgeschichte an, gibt ihr dabei zu verstehen, daß er sie braucht. Anstatt daß er in der therapeutischen Sitzung der Patientin seine Hilfe angedeihen läßt, verbringt er die meiste Zeit damit, von seinen Problemen zu reden. Er ist ein einsamer Mann, und selbst wenn er in einer Gemeinschaftspraxis arbeitet, sieht er sich doch irgendwie isoliert, hat auch keine näheren Kontakte zu seinen Kollegen. Er mag einen guten Ruf im psychologischen und psychiatrischen Umfeld genießen und schaut zumeist auf jahrelange Erfahrung zurück. Er neigt dazu, neue Patienten nur durch Empfehlung anzunehmen. Er muß nicht gerade ein Adonis sein, aber ihn umgibt eine Aura der Macht oder des Charismas. Obgleich seine Liebeskünste oft zu wünschen übriglassen, überzeugt er seine Patientinnen doch davon, daß er es ist, mit dem sie schlafen sollten. Diesem Prototyp entspricht Dr. X in einer erstaunlich zutreffenden Weise.

Da gibt es noch einige Variationen zu diesem Prototyp jener Therapeuten, die sich sexuell fehlverhalten. Das erste sind die verliebten Therapeuten. Sie sind zumeist jünger, in der Therapie noch unerfahren, und geben sich im allgemeinen gefühlsmäßig mit nur einer Patientin ab. Sie haben Schwierigkeiten mit den professionellen Begrenzungen, die ihnen auferlegt sind, vor allem mit der Warnung vor einer doppelten Beziehung. Sie wissen noch nicht oder sind nicht genug ausgebildet, um zu begreifen, daß ein Patient innerhalb der Therapie sich nicht frei genug fühlen kann, um sich auf eine besondere Beziehung mit dem Therapeuten einzulassen. Wenn nun ein solcher unerfahrener Therapeut gegenüber einem Patienten in sich Gefühle entdeckt, von denen er feststellen muß, daß sie nicht den Gefühlen einer Vaterfigur entsprechen, wie sie durchaus in eine Therapie gehören, sondern auf einen anfälligen, bedürftigen Patienten treffen, dann kann es sein, daß er sein schlechtes Urteilsvermögen einsieht. Er kann dann ernsthaft wünschen, die verworrene Situation wieder in Ordnung zu bringen oder zumindest zu bearbeiten, was geschehen ist. Da er aber noch nicht genug Erfahrung besitzt, kann er versucht sein, die therapeutischen Sitzungen aufzugeben, um statt dessen mit einer Liebesaffäre zu beginnen, von der er sich viel verspricht, vielleicht sogar eine Eheschließung.

Wenn der Therapeut und die Patientin dann ihre Therapie beenden, um ein Liebespaar oder gar Eheleute zu werden, dann kommt es auf das Ende an. Wenn sie danach fröhlich zusammenleben, dann spielt das Problem, daß der Therapeut oder die

Therapeutin sie oder ihn durch die Therapie kennengelernt und den Hof gemacht hat, keine große Rolle. Aber wenn diese Liebesbeziehung sich in Haß verwandelt, dann wird der frühere Patient dem Therapeuten vorrechnen, daß diese Beziehung allein daraus entstanden ist, daß der Therapeut die Patienten-übertragung in der therapeutischen Situation zu seinem Vorteil ausgenutzt hat.

Die zweite Variante zu dem Prototyp eines solchen Therapeuten besteht in einer ungeordneten Persönlichkeit, die man als antisozial einstufen kann. Solche Therapeuten mißbrauchen ihre Macht, indem sie die Rolle des Experten nur spielen. Ihre Hauptforderung ist: „Vertraue mir!" Manchmal lassen sie sich mit sehr vielen Patienten auf sexuelle Intimitäten ein; völlig egal, mit welchen Beschwerden ein solcher Patient ursprünglich zu ihnen kam. Vielleicht sind sie sogar unfähig, eine feste Beziehung einzugehen, und ihr Arbeitsbündnis mit dem Patienten basiert zumeist auf Überredungsmacht, Unehrlichkeit und Charisma. Diese Therapeuten verursachen größten Schaden. Sie sind in der Lage, Patienten zu veranlassen, genau das Gegenteil von dem zu tun, was im Interesse der Therapie notwendig wäre. Zum Beispiel kann ein Therapeut eine gehemmte Patientin ermutigen, sich sexuell gehen zu lassen oder ihr zu erklären, daß ein Inzest-Geschehen durchaus in Ordnung ist und daß sie in ihm einen Vater sehen solle.

Es sind dies die Therapeuten, die in einer doppelten Beziehung ihre Patienten auch sonst ausnutzen, indem sie sie um Geld prellen, sie als billige Arbeitskräfte oder in anderer Weise ausbeuten. Sie sind nicht daran interessiert, Probleme, die der Patient aufbringt, zu bearbeiten. Sie sehen nicht, daß sie eine armselige Therapie betreiben und werden die Absicht leugnen, sexuell zu erregen oder zu verführen. Solche Therapeuten sind in der Tat sehr gefährlich. Sie mögen alles abstreiten, wenn sie mit entsprechenden Tatsachen konfrontiert werden. Sie erfahren andererseits Unterstützung von Kollegen, die um die tatsächlichen Verhältnisse nicht Bescheid wissen, sich aber sehr schnell überidentifizieren mit der Behauptung, dieser Kollege wäre ein Opfer von Verleumdung geworden. Dr. X zeigt viele Züge dieses Prototypen.

Drittens sind da fälschlich angeklagte Therapeuten. Falsche Anschuldigungen sind seltener als wahre, aber sie kommen vor. Sie können aus Verständigungsschwierigkeiten zwischen Therapeut und Patient entstehen. Zum Beispiel kann das Verhalten eines Therapeuten den Patienten dazu verleiten, daß dieser ihn falsch interpretiert. Dem Therapeuten mag es vielleicht gar nicht klar geworden sein, daß sein Patient sexuell erregt ist. Oder ein Therapeut mißinterpretiert die gefühlvollen Äußerungen seines Patienten als Zuneigung und Wertschätzung, die mit Sexualität nichts zu tun haben. Daher müssen Therapeuten, die sich geschmeichelt fühlen, wenn ihnen ein Patient sagt: „Ich mag Sie ganz besonders", „Ich habe mich in Sie verliebt", oder „Ich habe geträumt, letzte Nacht hätte ich mit Ihnen geschlafen", sich im klaren darüber sein, daß solche Aussagen durchaus direkte sexuelle Aufforderungen bedeuten können.

Therapeuten, die solche Bemerkungen nur als einen Beweis für das Bedürfnis nach hegender und pflegender Beziehung oder eines sich normal entwickelnden Therapiebündnisses auffassen, können später böse Überraschungen erleben. Therapeuten, die einen Patienten streicheln oder zärtlich zu ihm sind, der ihnen gegenüber soeben gerade positive Gefühle gezeigt hat, können dadurch in diesem Patienten sexuelle Wünsche wachrufen, anstatt ihn davon zu überzeugen, daß eine gegenseitige Hochachtung vorliegt. Obwohl die Absicht solcher Therapeuten durchaus harmlos sein kann, ist es doch möglich, daß der Patient dies anders interpretiert. Es liegt in der Verantwortung des Therapeuten, die Situation richtig einzuschätzen und sich innerhalb der Grenzen dieser Beziehung zu bewegen, so daß der Spielraum nicht durch eine falsche Verhaltensweise verletzt wird (Brodsky 1985). Jene Therapeuten, die sich nur mit großen Schwierigkeiten innerhalb einer solchen therapeutischen Beziehung bewegen können, zeigen zumeist auch in anderer Hinsicht ein schlechtes Urteilsvermögen.

Wir können nur darüber spekulieren, ob Dr. X lediglich ein naiver Therapeut war, der später eine Technik entwickelte, um dadurch sexuelle Verbindungen mit Patientinnen einzugehen und diese auszunutzen, wie er dies zu einem früheren Zeitpunkt seiner Laufbahn bereits getan hatte. Es besteht kaum Zweifel darüber, daß er in diesem Fall sich mit zwei oder drei Frauen zu sexuellen Intimitäten hatte hinreißen lassen. Obwohl Dr. X später zugab, daß er mit Carolyn Geschlechtsverkehr gehabt hätte, wie auch mit einer anderen Patientin, stellte er sich doch so dar, als wäre er fälschlich beschuldigt worden, bis der Beweis ihn vom Gegenteil überzeugte.

Risiko des Patienten

Wenn man Psychologen aufgrund bestimmter Merkmale danach einteilen kann, wie groß ihr Berufsrisiko ist, sich auf intime Beziehungen einzulassen, dann können auch Patienten in gleicher Weise eingestuft werden. Statistiken, die den Ethik-Komitees, Lizenzbehörden und Versicherungsgesellschaften vorgelegen haben, machen deutlich, daß vor allem Patientinnen, die von männlichen Therapeuten behandelt werden, am schnellsten Opfer sexueller Intimität werden. Die nächste Patientengruppe, die ein Risiko eingeht, sind Patienten beiderlei Geschlechts mit einem gleichgeschlechtlichen Therapeuten. Dabei ist der Patient oder die Patientin zumeist attraktiv, jung, naiv, abhängig und von dem Bedürfnis geplagt, sich auseinanderzusetzen, besonders aber in Liebesbeziehungen. Die meisten Patienten oder Patientinnen, die sich später sexuell mit Therapeuten oder Therapeutinnen einlassen, beginnen ursprünglich nicht deshalb eine Therapie, weil sie Schwierigkeiten in bezug auf ihre Sexualität hätten. Die sexuellen Schwierigkeiten werden zumeist erst durch den Therapeuten aufgebracht und angesprochen.

Die meisten Patienten, die sich später mit ihren Therapeuten einlassen, haben zu diesen ein ganz besonders tiefes Vertrauen. Sie stellen die Kenntnisse und Einschätzungen des Therapeuten nicht in Frage. Obwohl sie verspüren, daß die versteckten sexuellen Andeutungen oder Annäherungsversuche während der therapeutischen Sitzungen nicht sein dürften, unterdrücken oder verdrängen sie doch solche Gefühle und versuchen, dem gerecht zu werden, was nach ihrer Meinung der Therapeut von ihnen erwartet. Sie können sich vom Therapeuten sexuell angezogen fühlen, müssen es aber nicht. Fühlen sie sich aber von ihm angezogen, dann kann es sein, daß sie bereits den Wunsch nach Sexualität und Liebe mit dem Respekt und der Ehrfurcht vor dem Therapeuten vermischen. Kommt es dann erst einmal zur sexuellen Beziehung, dann sehen sie sich in dieser therapeutischen Beziehung so verstrickt, daß ihnen die eigene sexuelle Teilnahme unwichtig erscheint, verglichen mit dem Gefühl, vom Therapeuten angenommen zu werden.

Anstatt das Urteilsvermögen des Therapeuten anzuzweifeln, stellen sie ihr eigenes in Frage. Sind sie sexuell nicht erregt, dann verbergen sie den Mangel an Bereitschaft zur Sexualität. Wenn dann das Verhalten des Therapeuten später als unmoralisch und ausbeuterisch dargestellt wird, dann sind sie erschrokken, dies schon früher erkannt zu haben (Brodsky 1985). Carolyn bildet dabei keine Ausnahme, sondern paßt in das Schema dieser hier beschriebenen Opfer. Selbst Patienten, die den IQ-Wert eines Genies besitzen, sich in verantwortungsvoller Stellung befinden und in einer vermeintlich glücklichen Ehe, können sich, ohne daß sie es merken, in einer solchen therapeutischen Situation sexuell ausbeuten lassen.

Weiter ist festzustellen, daß Patienten oder Patientinnen, die sich später mit ihrem Therapeuten sexuell einlassen, Menschen sind, die schon zumeist als Kinder durch ihre Eltern körperlich oder sexuell mißbraucht wurden. Diese Patienten versuchen noch einmal jene Rolle durchzuspielen, die sie schon als Kind zu spielen hatten, dieses Mal aber mit dem Therapeuten. Sie zeigen sich äußerst anfällig gegenüber den Forderungen des Therapeuten, wie unaufdringlich diese auch immer sein mögen. Daher kommen sie nicht auf die Idee, Aussagen des

Therapeuten infrage zu stellen, wie etwa diese: „Das, was wir hier machen, ist unser Geheimnis. Erzählen Sie es niemandem!" oder „Ich weiß doch am besten, daß es für Sie einfach nötig ist, dies zu tun". Solche Aussagen verstehen sie als: „Ihre Aufgabe ist es, mich nicht infrage zu stellen, sondern mir entgegenzukommen, und wenn Sie mir nicht entgegenkommen, dann verlasse ich Sie!"

Eine Frau, die Opfer eines Inzests wurde, ist zumeist gar nicht so sehr überrascht, wenn eine Vaterfigur wie die des Therapeuten an einer sexuellen Beziehung mit ihr interessiert ist. Es kann sein, daß sie unbewußt Signale setzt, sich dem Therapeuten als Tauschgeschäft für seine Aufmerksamkeit hinzugeben. Sie hat es inzwischen gelernt, mit Männern so umzugehen, daß diese sexuell schnell zu befriedigen sind. Es kann aber auch sein, daß allein die Diskussion über einen inzestuösen Vater den Therapeuten ermutigt, nun seinerseits in der Phantasie eine sexuelle Beziehung mit dieser Patientin zu entwickeln (Bouhoutsos & Brodsky 1985).

Im Fall des körperlich mißbrauchten Patienten muß die Sexualität nicht unbedingt eine große Rolle spielen. Doch wir beobachten hier die gleichen psychodynamischen Kräfte, daß der Patient den Therapeuten als jemanden betrachtet, dem unbedingt gehorcht werden muß, um von ihm geliebt und angenommen zu werden. Solche Patienten berichten gelegentlich darüber, daß sie während dieser sexuellen Episoden Erfahrungen machen, als befänden sie sich außerhalb ihres Körpers oder bedienten sich anderer Mechanismen, die sie von der Szene fern hielten. Sie versuchen, die sexuelle Erfahrung zu isolieren, verleugnen sie und verhalten sich dann während der restlichen therapeutischen Sitzung so, als sei nichts geschehen (Brodsky 1985). Während Carolyn zuvor weder physisch noch sexuell mißbraucht worden war, ist sie doch in einer Familie groß geworden, in der jedes Mal dann körperliche Züchtigung erfolgte, wenn sie versuchte, die elterliche Autorität infrage zu stellen. Sie sah in Dr. X ihren Vater und spielte wie ein Inzest-Opfer eine Rolle, um sich anschließend von einer solchen Erfahrung zu disssoziieren, da sie einfach nicht wahrhaben wollte, daß so etwas überhaupt geschehen konnte. Aber sie konnte sich nicht beschweren noch irgend jemandem „ihr Geheimnis" mitteilen, denn sie befürchtete, verstoßen zu werden.

Patienten, die früher nicht mißbraucht worden sind, sich aber äußerst naiv verhalten, so daß sie sich letztlich doch mißbrauchen lassen, scheinen dafür prädestiniert zu sein, sich mit ihrem Therapeuten in sexuelle Intimitäten einzulassen. Beispielsweise sind Frauen, die ein bisher behütetes Leben geführt haben, in denen ihre Geistlichen, Onkel, Väter und Brüder sich als sehr ehrenwert und fürsorglich benommen haben, schlecht darauf vorbereitet, Männerbeziehungen außerhalb der Familie einzugehen. So erging es Carolyn, deren strenger, aber fürsorglicher Vater starb, als sie 15 Jahre alt war. Sie begann erst spät mit Männern auszugehen, die sie nicht so behandelten, wie sie es gewohnt war. Sie begann die Therapie, weil sie sich mit einem Freund in Schwierigkeiten befand, die sie aufarbeiten wollte. Aber der Therapeut beutete ihre Vertrauensseligkeit schonungslos aus, indem er ihr zumutete, mit ihm intim zu werden. Sie war überbehütet groß geworden und hätte sich für naiv erklärt, wäre sie nun nicht den Aufforderungen des Therapeuten nachgekommen. Wenn der Therapeut ihr nahelegte, eine sexuelle Beziehung mit ihm einzugehen, um sie zu lehren, mit Männern vernünftig umzugehen, dann wußte der Therapeut dies eben am besten. Sie als folgsame Patientin konnte gar nichts anderes tun, als dem nachzukommen, selbst, wenn sie innerlich davon überzeugt war, daß dies nicht sein dürfe.

Dieser Patiententyp wird am meisten mißverstanden. Ihm wird vorgeworfen, wieso er sich auf die Vorschläge des Therapeuten hätte einlassen können. Solche Patienten erweisen sich als beständig, sehr intelligent, aber sie werden in einer ähnlichen Situation wie dieser leichte Beute. Für sie ist dies eine schlimme Erfahrung, begreifen zu müssen, daß sie sich naiv und übermäßig vertrauend verhalten haben und nicht zwischen einer Person unterscheiden konnten, die ihnen Schaden zufügte, und einer Person, die es ernsthaft und gut mit ihnen hätte meinen sollen.

Solch ein Geschehen mag in eine posttraumatische, streßbedingte psychische Verwirrung einmünden, durch Alpträume angehäuft, von somatischen Beschwerden begleitet, und dies noch lange nach der Zeit, da die Beziehung zu dem sexuell mißbrauchenden Therapeuten ihr Ende fand (Brodsky 1985). Carolyns posttraumatische, durch Streß bedingte Verwirrung war klassisch: Alpträume, körperliche Symptome, Empfindungslosigkeit und Verwirrung.

Eine weitere Patientengruppe, die hierher gehört und die sich schnell zu sexuellen Intimitäten mit einem Therapeuten hinreißen läßt, sind Frauen, die an gestörter Persönlichkeit leiden und die dazu neigen, Forderungen zu stellen und eine Show abzuziehen. Solch eine Patientin läßt sich sexuell mit ihrem Therapeuten ein, nachdem sie ihm ihre Stärke demonstriert hat und von ihm erwartet, daß er sich ihren Wünschen fügt. Dem Therapeuten bleibt dann nichts anderes übrig, als sich von ihr manipulieren zu lassen und ihren Wünschen entgegenzukommen, dem Flirt nachzugeben und sich ihrem Verführungsmuster anzupassen, das sie entwickelt hat, um sich andere gefügig zu machen und ihre Wünsche erfüllen zu lassen. Was eine solche Patientin dann von ihrem Therapeuten braucht, ist, daß er ihrer Verhaltensweise Grenzen setzt. Wie kann eine solche Patientin ihre Grenzen erkennen lernen, wenn sie entdecken muß, daß selbst der von ihr angehimmelte Therapeut nichts anderes als Wachs in ihren Händen ist? Therapeuten, die den Forderungen einer solchen Patientin nachkommen, gleichgültig, ob diese als antisozial, Borderline-Fall oder Persönlichkeit mit starken Strukturstörungen diagnostiziert ist, erweisen sich als inkompetent.

Therapeuten sind dazu ausgebildet worden, um sensibel die Bedürfnisse, die Psychodynamik und die diagnostischen Kategorien ihrer Patienten zu durchschauen. Ein Therapeut mag sein Ego geschmeichelt fühlen, wenn ihm eine Patientin sexuell offenherzig entgegentritt, aber wenn er ihr nachgibt, dann bestärkt er seine Patientin in dem Glauben, daß sie mit ihrer Technik zum Ziel kommen wird. Diese Frauen neigen dann dazu, anzunehmen, daß Sex das einzige ist, was Männer von ihnen erwarten. Carolyn gehörte nicht zu diesen fordernden, aggressiven Patientinnen. Sie wußte nicht, was Männer von ihr erwarteten. Aber sie war immer nur zu schnell bereit, das zu tun, was der autoritäre Dr. X von ihr erwartete. Anstatt daß er ihr behilflich war, ihrem Sexualverhalten Grenzen zu ziehen, ermutigte er sie, ihre Beziehung zu Männern zu sexualisieren.

Es ist wichtig festzuhalten, daß es keine absoluten Maßstäbe dafür gibt, welche Patienten sich mißbrauchen lassen, doch scheinen bestimmte Patiententypen dafür prädestinierter als andere. Alle Patiententypen sind schon durch Therapeuten sexuell ausgebeutet worden. Die sicherste Aussage, die man in dieser Beziehung machen kann, ist die: Ein Therapeut, der in der Vergangenheit schon einmal Patienten ausgebeutet hat, wird dies in der Zukunft wieder tun. Dr. X war ein solcher Therapeut.

Risikovolle Situationen

Patienten, die sich einem Risiko aussetzen, und Therapeuten, die ein Risiko eingehen, begegnen einander in risikovollen Situationen. So, wie es Grenzen für Beziehungen zwischen Therapeuten und Patienten oder Studenten gibt, so gibt es auch Grenzen für den therapeutischen Rahmen. Die Umgebung, in der ein Patient empfangen wird, teilt ihm etwas von der Beziehung mit, die er erwarten kann. Patienten erwarten, daß sie in einer Praxis empfangen werden, die die typische Ausstattung dafür aufweist. Sie erwarten, daß der Therapeut gut angezogen ist, und zwar in einer Kleidung, die seinem Beruf entspricht. Sie gehen davon aus, daß ein Wartezimmer vorhanden ist oder eine Sekretärin und daß die einzelnen Sitzungen sowie das Honorar so eingehalten werden, wie es vereinbart worden ist. Patienten, die sich mit ihrem Therapeuten intim eingelassen haben, neigen eher dazu, ihren Therapeuten während der Abendstunden oder während des Wochenendes aufzusuchen. Es kann sein, daß sich dann kein weiteres Personal im Gebäude befindet, oder die Therapie findet in irgendeinem Haus statt, in einem Café oder an einem anderen Ort. Dabei kann es dann auch schon einmal ungewöhnliches Mobiliar geben wie Kissen auf dem Fußboden, sanftes, ungewöhnliches Licht oder zugezogene Vorhänge. Je ungewöhnlicher die Umstände und die Ausstattung sind, in denen der Patient behandelt wird, verglichen mit einer traditionellen Praxis, desto größer ist das Risiko, daß es zu sexuellen Intimitäten kommt. Abgesehen davon, daß Dr. X die Tür verriegelte und die Vorhänge zuzog, verhielt er sich sonst strikt konventionell. So sehr hielt er an seinen Gewohnheiten fest, daß er sich sogar weigerte, einmal ausgestellte Rechnungen zu ändern. Er hätte sonst jener Patientin, die „Alarm geblasen" hatte, entgegenkommen und das Geld erstatten können, das sie für nicht stattgefundene Therapie bereits entrichtet hatte.

Therapeutische Verbalisation kann ebenfalls zu sexueller Intimität verführen. Therapeuten sind in verbaler Technik geschult, denn sie sollen ja ihren Patienten erleichtern, sich zu entspannen, zu öffnen, Gefühlen nachzugeben, einfach darauf loszureden und der Wahrheit nahezukommen. Ein bestimmter Fachjargon, den Therapeuten in ihrer Ausbildung erlernen, kann ebenfalls dazu dienen, Patienten sexuell zu verführen. Dieser Fachjargon enthält bestimmte Sätze, die man an eine Frau richtet: „Sie müssen Männern mehr vertrauen, und dies hier ist ein sicherer Ort, um genau das zu lernen!", „Ich höre, was Sie sagen, aber nur ich begreife es auch", „Andere sind schrecklich, aber ich mag Sie wirklich gern", „Hier können Sie tun, was immer Sie wollen, hier ist es sicher!" oder „Es ist völlig in Ordnung, was immer Sie sagen. Mir können Sie vertrauen!" Alle solche „Psychologismen" können dazu dienen, daß Patientinnen sich entspannen und sich für die Therapie öffnen, aber sie können auch als Ermutigung mißbraucht werden, Patienten auf sexuelle Intimitäten einzustimmen. Manchen Therapeuten ist es nicht geläufig, daß ihre Techniken diese Auswirkungen zeigen. Statt dessen machen sie sich vor, ihre Patienten hätten sich Hals über

Kopf in sie verliebt, da von ihnen ein solcher magischer Zauber ausginge. Sie begreifen nicht, daß die ihnen anerzogene Verbalisation und das Fluidum der Praxis, in denen sie diese Verbalisation ausüben, dafür verantwortlich zu machen sind. Dr. X besaß solche wohlentwickelten psychologischen „Standardsprüche", die er immer wieder anwandte, gleichgültig, wen er vor sich wußte. Seine Botschaft in Carolyns Fall war: „Vertrauen Sie mir! Sie müssen mir Vertrauen beweisen und mir entgegenkommen, wenn Sie in der Beziehung zu anderen Männern Erfolg haben wollen!"

Verführung kann auch aus einer graduellen Entspannung des Patienten hervorgehen, sei es durch eine formale Entspannungstherapie, Hypnose oder etwas Formlosen. Einige Techniken der Gestalttherapie, die sich an die Körpersprache und andere nonverbale Signale wenden, können äußerst verführerisch sein. Ganz sicherlich kann jede körperliche Berührung auch als eine Einladung zur Intimität verstanden werden.

Häufig haben Frauen, die sich mit ihrem Therapeuten eingelassen hatten, darüber berichtet, daß es schon eine persönliche Intimität gab, bevor die sexuelle Intimität begann. Der Therapeut habe sich dazu bereit gefunden, immer mehr über sein eigenes Leben zu berichten. Natürlich kann dies sehr verführerisch sein, ganz besonders Frauen gegenüber, die des Gefühls bedürfen, gebraucht zu werden, die nun die Probleme des Therapeuten mit seiner Frau, seinen Kindern, seinem Sprechstundenpersonal, seinen akademischen Rivalen oder Bossen erfahren.

Solche Selbstmitteilungen durch den Therapeuten vermögen durchaus therapeutisch hilfreich zu sein, wenn sie sorgfältig erfolgen, um zum Beispiel einer Patientin zu zeigen, daß sie mit ihren Verhaltensproblemen nicht allein dasteht, in ihrer Demütigung oder ihrem Gefühl, völlige Versagerin zu sein. Eine solche Selbstmitteilung einem Patienten gegenüber ist aber dann nicht hilfreich, wenn sie auf die persönlichen Beziehungen des Therapeuten eingeht, vor allem zu den Frauen, die in seinem Leben eine Rolle spielen. Die Selbstmitteilung von Dr. X ist ein klassisches Beispiel dafür. Er benutzte Carolyn dazu, um mit ihr seine eigenen Probleme zu lösen.

Auf diese Weise hat Dr. X die Bühne für Carolyns Verführung vorbereitet. Carolyn war durch das Problem ihrer Bedürftigkeit, ihrer Naivität und Weltfremdheit dafür empfänglich, da sie bisher zu stark vor aller äußeren Welt abgeschirmt worden war. Zu dieser Verführung war Dr. X bereit, denn aufgrund seiner Fachausbildung und intimen Kenntnis der ganz besonderen Verletzbarkeit und der Bereitwilligkeit von Carolyn sah er sich in diesem Punkt ermutigt. Für Dr. X war es einfach, Carolyn davon zu überzeugen, daß seine Urteilsfähigkeit besser wäre als die ihre, und daß sie ihm daher mehr vertrauen müsse, als ihren eigenen Gefühlen. Zu seinen Gunsten sprach auch noch die Annahme, sollten wirklich irgend welche Probleme entstehen und Carolyn sich über ihn beschweren, dann würden aller Wahrscheinlichkeit nach Kollegen ihm mehr glauben als seiner Patientin. Das Schema war also bestens vorbereitet und offensichtlich zuvor auch schon verwirklicht worden.

10

Schadenserhebung: Wieviel ist das wert?

Um zu beweisen, daß Dr. X seinen Patientinnen Schaden zugefügt hatte, war eine der Hauptaufgaben die Suche nach einem entsprechenden Gutachter. Ursprünglich beschäftigten Brown und Whitehurst damit einen örtlichen Psychologen, der ihren Erwartungen dadurch entsprach, daß er in der Lage war, psychologische Tests durchzuführen, die den Beweis dafür erbrachten, daß die Beschwerdeführerinnen während der Therapie schlecht behandelt worden waren. Dann aber entschlossen sie sich doch dafür, nicht irgend jemanden aus dem direkten Umfeld der lokalen psychologischen Szene auszuwählen, denn diese war eben zu klein und eng verwoben, so daß wegen Gruppenzwangs oder Einschüchterung oder gar Bedrohung verzerrte Ergebnisse entstehen könnten. Auch ließen sie den Gedanken fallen, damit einen Psychiater zu beschäftigen, denn sie waren davon überzeugt, den „Standard of Care", der hier zur Verhandlung stand, unter solchen Bedingungen und Voraussetzungen untersuchen zu lassen, wie sie eine Person nachempfand, deren Erziehung und Lizenz der des Dr. X ähnelte. („Standard of Care" ist ein fest definierter Begriff. Er besagt, wie ein Experte einen Gerichtshof davon überzeugt, wieviel Sorgfalt ein verantwortlicher Therapeut in einer bestimmten Situation für seinen Patienten hätte aufbringen müssen.) Schon frühzeitig während des Strafverfolgungsprozesses hatte Brown damit begonnen, eine Liste jener Psychologen zusammenzustellen, die auf diesem Gebiet etwas publiziert hatten.

1978 waren nur wenige Leute bekannt, die sich als Experten auf dem Gebiet Sex zwischen Therapeut und Patient ausweisen konnten. Unter ihnen waren nur wenige, die schon jemals vor Gericht ausgesagt hatten. Bei den meisten forensisch arbeitenden Psychologen hatte sich dieses Thema noch nicht herumgesprochen. Das, was dem noch am nächsten kam, waren Vergewaltigungen, Inzest, Fälle von Behandlungsfehlern durch Therapeuten, die sich als inkompetent erwiesen hatten oder sich wegen Bruchs der Vertraulichkeit verantworten mußten. Brown schrieb verschiedene Psychologen an oder sprach mit ihnen. Später teilte sie mir vertraulich mit, daß sie mich ausgewählt hätte, da sie sehr von meinen Zeugnissen, meinen Publikationen zu diesem Gegenstand und den vielen Referenzen und Empfehlungen durch verschiedene Kollegen überzeugt worden wäre.

Brown und Whitehurst waren ganz besonders darum bemüht, eine Frau als Gutachterin zu gewinnen. In den frühen siebziger Jahren waren es vor allem Frauen, die als Experten über Sex zwischen Therapeut und Patient ihre Aussagen machten. Sie neigten dazu, sich sehr stark mit Feminismus oder der Frauenbewegung zu identifizieren, denn nach alledem ging es ja hier um die Ausbeutung von Patientinnen. Brown und Whitehurst wollten aber dieses Bild des Kampfes über Frauenprobleme, ausgefochten durch Feministinnen, nicht verstärkt sehen. Sie warnten mich schon im voraus, daß in dem Augenblick, da ich unter Eid aussagen müßte, Versuche gemacht werden würden, mich als eine radikale Feministin zu brandmarken, die auch als Gutachterin nur ihre eigene Sache vorantrieb. Tatsächlich kam es später dann zu solchen Versuchen:

Frage: Okay. Sie, Sie selber, Frau Dr. Brodsky, von Ihrem ganz persönlichen Standpunkt aus befragt, kann es sein, daß Sie Männer nicht mögen?
Antwort: Nein.
Frage: Und Sie kommen mit Männern im allgemeinen gut zurecht?
Antwort: Ja. Einige meiner besten Freunde sind Männer.

Daher würde von mir als Gutachterin meine völlige Integrität zu beweisen sein.

Brown und Whitehurst schätzten von Anfang an mein ernsthaftes Interesse, für sie zu arbeiten. Mir dagegen bot dies die Möglichkeit, meine therapeutischen Behandlungsweisen und Versuche wie mein Interesse an forensischen, ethischen und Frauenfragen in die Arena der Zivilprozeßführung einzubringen. Ich war nicht irgendein hergelaufener Mietling, der seine Karriere dadurch aufbesserte, daß er zugunsten einiger griesgrämiger Beschwerdeführerinnen vor Gericht aussagte.

Brown und Whitehurst sandten mir Kopien der ursprünglichen MMPI-Tests, die Dr. X mit den drei Frauen, die dann später in diesem Rechtsfall zu Beschwerdeführerinnen wurden, angestellt hatte, zusammen mit weiteren diagnostischen Auswertungen, der Stellungnahme von Dr. X sowie den ursprünglichen Aussagen der Verteidigung. Daraufhin veranlaßte ich, daß die Beschwerdeführerinnen noch einmal zusätzlichen MMPI-Tests unterzogen wurden, die in dem Staat, in dem sie wohnten, ausgewertet und mir dann zugesandt wurden, um sie richtig zu beurteilen. Für Carolyn gab es zusätzlich noch einen MMPI-Test, der 1975 angestellt worden war, gerade nachdem sie bei

Dr. X in Therapie eingetreten war. Einige Monate später, nachdem ich all dieses Material erhalten hatte, flog ich in den Staat, um mit den drei Klägerinnen das gesamte Material zu besprechen. Auf diese Weise und durch weitere Zusammentreffen mit diesen Frauen erhielt ich nun genug Anschauungsmaterial, um mir von den bisherigen psychischen Auswirkungen, die aus den Handlungen von Dr. X an den Klägerinnen entstanden waren, ein Bild zu machen.

Erstellung eines Strategieplanes

Ich mußte mir zunächst deutlich machen, wie ich als Gutachterin am besten meine Aussagen machen konnte. Brown und Whitehurst erinnerten mich daran, daß die Hauptaufgabe in diesem Zivilprozeß darin bestand, aufzuzeigen und zu beweisen, daß als Ergebnis der Fehlbehandlung durch einen Psychologen es tatsächlich zu psychischen Schäden gekommen war. Alle Erhebungen und Informationen hatten allein auf dieses eine Ziel ausgerichtet zu sein. Ich durfte mich nicht über die Frauen auslassen, die davon betroffen waren, selbst wenn ich ihren Schmerz deutlich nachempfinden konnte und mich versucht fühlte, ihnen Rat zuteil werden zu lassen. Ich mußte begreifen, daß meine Rolle allein die einer Gutachterin war. Mir gegenüber hatten sie völlig offen und ehrlich zu sein, aber zur gleichen Zeit wußten sie auch, daß alles, was sie mir mitteilten, von den Anwälten von Dr. X in Erfahrung gebracht werden könnte und im Gericht gegen sie verwandt werden würde. Mir war ebenfalls deutlich, daß auch sie wußten, es wäre vorteilhaft, wenn sie den Eindruck erweckten, geschädigt worden zu sein. Meine Aufgabe bestand darin, festzustellen, was tatsächlich geschehen war, wie es sie betroffen hatte, und was es kosten würde, um sie durch weitere Behandlung oder Schmerzensgeld für Pein und Leiden zu entschädigen.

Mir war fernerhin bewußt, daß alles, was ich vor Gericht vorbrachte, gleichgültig, ob es sich um Beurteilungen, Therapie oder Diagnose handelte, hieb- und stichfest sein mußte, so daß alles den höchsten Anforderungen standhielt. Schon der kleinste Irrtum oder die geringste Wankelmütigkeit meinerseits könnte dem gegnerischen Anwalt die Chance geben, mich erbarmungslos zur Strecke zu bringen.

Weil es hier um die Begutachtung von Frauen ging, die durch Dr. X' Fehlverhalten Schaden davongetragen hatten, brauchte ich Beispiele, die mir zeigten, wie er in seiner Praxis Frauen gegenüber vorging, um daraus zu schlußfolgern, wie angemessen sein Verhalten gewesen war. Meine Aufgabe bestand darin, sein therapeutisches Verhalten zu beurteilen. Indem ich dies tat, mußte ich überaus vorsichtig dabei vorgehen, damit ich seine persönliche Verhaltensweise in der Therapie nicht mit der Werteinschätzung, die ich ihm als Mensch gegenüber empfand, gleichsetzte. Auch war es nicht meine Aufgabe, seine psychische Gesundheit oder sein persönliches Leben zu beurteilen, noch war es mir vergönnt, ihn zu interviewen. Auch die Interpretation seiner Motive gingen meine Gutachteraussagen nichts an. Dennoch wurde ich in meiner Aussage unter Eid darüber befragt:

Frage: Haben Sie Brown und Whitehurst davon Mitteilung gemacht, wie Sie Dr. X einschätzen? Mit anderen Worten, hassen Sie ihn? Verachten Sie ihn? Glauben Sie, er ist ein geriebener Bursche, oder was?

Antwort: Ich kenne ihn nicht persönlich. Ich bin niemals mit ihm zusammengetroffen. Ich habe versucht, mich ganz klar darauf zu konzentrieren, wie sich sein Verhalten bisher gezeigt hat, was er getan hat und was die Ergebnisse seines Verhaltens gewesen sind.

Während ich zwar Zugang zu den Aussagen der Patientinnen besaß, die sich auf sexuelle und andere Probleme während der Therapie bezogen, besaß ich keinerlei psychiatrische Anamnesen und nähere Daten über sie. Die aber brauchte ich, um eine gründliche Erhebung in bezug auf den sexuellen Mißbrauch anzustellen, so daß ich ein Interview für jede einzelne Patientin entwarf. Dieses Interview umfaßte auch wesentliche Fragen, die die Patientinnen dazu veranlassen sollten, so wenig wie möglich zu ihren eigenen Gunsten in ihrem Fall auszusagen. Zum Beispiel wollte ich wissen, warum Carolyn ihre Therapie begann, warum sie gerade zu Dr. X ging anstatt zu irgend jemand anderem, was sie beim allerersten Kontakt empfand, als sie ihm begegnete, was sie von der Therapie erwartete, was Dr. X ihr sagte, wie ihre Therapie aussehen würde, was er sie in der ersten Sitzung fragte und was das alles für sie bedeutete. Ich wollte wissen, wie Carolyn die Entwicklung des sexuellen Verhältnisses erlebte – wann sie etwa zum erstenmal begriff, daß sich sexuell zwischen ihnen etwas ereignen würde; ob dies eine plötzliche oder allmähliche Entwicklung war; wie sie das Ganze empfand; wie sie über Dr. X dachte; ob sie ihn sexuell auch schon vorher wahrnahm, während oder nach den Vorfällen; was sie über den sexuellen Teil der therapeutischen Beziehung in bezug auf die gesamte Therapie dachte, wieviel Macht oder Kontrolle sie sich selber in dieser Beziehung zumaß; wem sie davon etwas erzählte, was sich in der Therapie ereignet hatte und warum; welche Aktionen sie nach dem Ergebnis der Therapie einleitete und welche als Ergebnis der Beratung mit anderen; wie sie ihre Rolle in dieser Beziehung rechtfertigte; und wen sie dafür zur Verantwortung zog oder die Schuld für das zumaß, was sich zwischen ihr und Dr. X ereignet hatte. Ich wollte ebenfalls von ihr wissen, was sie, abgesehen von dieser sexuellen Beziehung, über die Therapie bei Dr. X dachte – wie sehr ihr diese Therapie gut getan hatte, falls dies zutraf; wie sehr diese Therapie sie verletzt hatte, falls dies zutraf; und wie sehr sie Dr. X für kompetent hielt, sowohl während der Zeit der Therapie als auch im nachhinein. Endlich wollte ich wissen, ob sie sich während der Therapie und auch danach gewandelt hätte und wie ihre Bedürfnisse zum gegenwärtigen Zeitpunkt und für die Zukunft aussahen.

Das Interview

Als ich Carolyn begegnete, war ich auf den ersten Eindruck, den sie auf mich machte, unvorbereitet. Sie präsentierte sich als gelassene, selbstsichere, entspannte junge Frau. Im ersten Augenblick schien es für mich sehr schwierig, ihr abzunehmen, daß sie voller Depressionen und Ängste wäre, daß sie unter Darmentzündung und Alpträumen litt, daß sie sexuell oft den Partner gewechselt hätte und daß sie in einer therapeutischen Beziehung gewesen wäre, in der der Therapeut mit ihr Sex betrieben hatte. Sie schien unbeschwert wie jemand, dem man keinen Schaden zugefügt hatte.

Mein erster Kontakt war der förmlichen Bestandsaufnahme gewidmet, in der wir uns mit dem Material beschäftigten, das wir vor Gericht verwenden könnten. Von Anfang habe ich sie darüber informiert, daß unserer Begegnung Beschränkungen auferlegt waren, und daß unsere Beziehung sich in bestimmten Grenzen der Vertraulichkeit, eben dieser Bestandsaufnahme, halten müßte. Manchmal war ich um sie besorgt, denn obwohl sie auf alle diese Vorbedingungen einging, verhielt sie sich in dieser Situation gelegentlich doch so, als könne sie mir absolut vertrauen und von mir annehmen, daß ich dieses Material mit Verschwiegenheit behandelte. Obwohl ich feststellte, daß sie gravierende Schwierigkeiten empfand, Männern in persönlicher Beziehung zu trauen, hatte Carolyn doch noch immer nicht ihr naiv zu nennendes Vertrauen in Autoritätspersonen verloren, von denen sie annahm, daß diese ihr behilflich wären. Auch mich sah sie als solch eine Autorität an, denn ich war ja nun durch ihre Anwälte hinzugezogen worden, denen sie ihr Vertrauen entgegenbrachte.

Die Information, die ich von Carolyn über ihre Kindheit erfuhr, die als Schlüsselerfahrung in ihrer Beziehung mit Dr. X gelten kann, schließt das Folgende ein: Carolyn war das jüngste Kind in einer Familie von fünf Kindern, das älteste Geschwister ein Bruder, 19 Jahre älter als sie, und das Nächstjüngste eine Schwester, 4 Jahre älter. Sie beschrieb ihre Kindheit als gesichert, aber nicht besonders glücklich. Sie war jungenhaft, ging als junges Mädchen am liebsten allein und hielt sich in sich zurückgezogen. Nach Schulschluß verbrachte sie an manchen Tagen längere Zeit mit einem Mexikaner, der für ihren Vater arbeitete. Ihre Eltern hätten eine relativ gute Ehe geführt, die Familie lebte recht zurückgezogen. Sie erinnert, sie habe oft unter schlechter Laune gelitten und hätte Probleme mit der Mutter gehabt, die sich gelegentlich etwas von ihr distanzierte. Es war ihr immer eine Freude zu schreiben. Schon mit sechs Jahren schrieb sie darüber, wie Waisenmädchen als Astronauten und Pioniere die Reise in die weite Welt antreten. Als Teenager hätte sie nur geringen Kontakt zum geselligen Leben gehabt und war zu der Zeit, da ihr Vater starb, zutiefst niederge-schlagen.

Ihren ersten Freund lernte sie mit 15 Jahren kennen, und zwar in der Kirche. Mit ihm ging sie ein Jahr lang aus, entzweite sich mit ihm und ging dann mit einem anderen Jungen für ein Jahr beständig. Mit diesem machte sie erste Erfahrungen in sexueller Hinsicht in Form von leichtem Knutschen und Schmu-sen, was sich dann vertiefte und zu heftigem Petting führte. Ihre sexuellen Erfahrungen davor bestanden in zwei unerwünschten Annäherungen, eine mit neun Jahren, als sie in einem Schwimm-becken schwamm und jemand sie umfaßte, seine Hände unter ihren Badeanzug schob und sie abtastete. Mit 13 Jahren erlebte sie einen Mann, der sich vor ihr entblößte. Über Sex lernte sie im wesentlichen alles von ihrer Mutter, der sie Fragen stellte, nachdem sie in den Medien den Begriff Vergewaltigung aufge-schnappt hatte. Ihre weitere Information darüber fand sie in Romanen und „schmutzigen" Büchern, die sie fand, als sie 13 Jahre alt war.

Ihre erste Erfahrung mit Geschlechtsverkehr machte sie mit ihrem vierten Freund, Steve, den sie mit 18 Jahren am College kennenlernte. 5 ½ Jahre lang war sie mit ihm befreun-det. Während der Zeit, da sie Dr. X aufsuchte, ging sie zusätzlich zu Steve noch mit einigen anderen jungen Männern aus. Ihre Schwierigkeit in dieser komplizierten Beziehung zu Steve war einer der Gründe, warum sie sich in Therapie begab. Sie konnte mit Steves Untreue nicht fertig werden und fühlte sich in dieser Beziehung nicht geborgen.

Carolyn gelangte zu Dr. X durch eine Freundin, die von ihm durch einen Mitarbeiter am Hospital gehört hatte. Carolyn erinnert sich sehr deutlich daran, daß Dr. X von Anfang an behauptet hätte, ihr Problem wäre ein Beziehungsproblem zu einem Mann. Seine direkten und vertrauensvollen Fragen über sie und Steve verwirrten sie zunächst, aber hinterließen dann bei ihr den Eindruck, als wäre Dr. X übermächtig und allwissend. Der Verlust ihres Vaters war ein weiterer gewichtiger, wenn ursprünglich auch nicht eingestandener Grund, um in die Therapie einzutreten. Die Behandlung schloß die Bearbeitung von Depressionen, Beziehungen zu Männern, und vor allem, ebenfalls zu Anfang, unbegründetes Weinen in sich ein.

Ich fragte Carolyn, wie ihre ersten Eindrücke von Dr. X gewesen wären. Sie bedeutete mir, sie hätte ihn als älteren Mann erlebt, den sie sehr schnell als Vaterfigur annahm. Von ihm war sie überzeugt, daß er ihr helfen würde, daß sie ihm vertrauen und sich auf ihn verlassen könnte. Sie empfand es als wohltuend, daß sie selber von ihren eigenen Ersparnissen für die Therapie aufkam, und sie war davon überzeugt, daß Dr. X sie als Mensch mochte. Während der ersten neun Monate der Therapie sei er sehr förmlich gewesen. Der einzige körperliche Kontakt bestand darin, daß sie einander die Hand gaben. Nur ein einziges Mal in jenen frühen Monaten der Therapie habe er sie kurz umarmt, was spontan schien, liebevoll und nicht sexuell.

Das erste Anzeichen dafür, daß irgend etwas schief lief, war das Empfinden, „Abwehrmauern aufzubauen", nachdem Dr. X ihr unterstellte, sie versuche zu vermeiden, sich von ihm angezogen zu fühlen. Sie empfand es als schwer, darauf etwas zu antworten. Verschiedene Sitzungen mit „Entspannungs"-Übungen hätten sie dann verwirrt, da Dr. X neben ihr saß und ihren Bauch massierte, während sie auf dem Fußboden lag. Sie fand sich dabei sehr passiv, „wie eine Lumpenpuppe". Sie erlebte Dr. X dabei als sexuell nicht attraktiv. Als sie mit ihm über eine

Beziehung sprach, die sie gegenwärtig mit einem Freund durchlebte, in der sich „überhaupt nichts mehr abspielte", hielt Dr. X
dies für ein emotionales Problem.

Zwei oder drei Monate, bevor es zum Geschlechtsverkehr
zwischen Carolyn und Dr. X kam, sprach er von seiner sexuellen
Attraktivität ihr gegenüber und fragte sie frei heraus: „Wie empfinden Sie *mich*?" Carolyn sagte ihm, sie glaube, sie hege
keinerlei sexuelle Gefühle ihm gegenüber, er aber stellte dies in
Frage. Er erzählte ihr die Geschichte einer Patientin, die einen
Rock trug, aber keinerlei Unterwäsche, und die versucht hätte,
ihn zu verführen. Diese Handlung habe er so interpretiert, als
wolle sie damit ihre eigenen Barrieren niederbrechen. Diese
Geschichte legte Carolyn nahe, die von Dr. X ausgehende
Attraktivität anzuerkennen. Sie glaubte, wenn sie sich völlig
nackt auszöge, dies beweisen würde, daß auch sie bereit war,
ihre Barrieren niederzureißen. Dies führte sie aus. Er machte ihr
gelegentlich Komplimente über ihren Körper und schaute sich
gerne ihre Brüste an. Sie aber reagierte nicht auf seine Vorschläge oder Forderungen.

Nachträglich glaubte sie, Dr. X habe ihre passive Mittäterschaft so ausgelegt, als habe er nun grünes Licht, um sexuell
weiter vorzugehen. Sie schrak sehr zusammen, als Dr. X sie
während seiner Vernehmung beschuldigte, sie hätte sich in der
Therapie verführerisch benommen, indem er sagte: „Ihre Augen
luden mich ein!"

Carolyn hat kaum jemals den körperlichen Aspekt dieser
therapeutischen Beziehung reflektiert, und wenn sie es tat, dann
tat sie es unverbindlich und indirekt. Dr. X antwortete: „Sie
errichten Abwehrmauern zwischen uns. Wie wollen Sie es denn
lernen, außerhalb eine Beziehung aufrechtzuerhalten, wenn Sie
nicht einmal in der Lage sind, hier Vertrauen in eine offene
Beziehung einzubringen?" Sie war davon überzeugt, er sei so
wichtig für sie, da er ihr helfe, mit ihren Depressionen fertig zu
werden, daß sie seine sexuellen Annäherungen hinnehmen
müßte. Sie hatte in ihm niemals einen Liebhaber gesehen und
fühlte sich dafür schuldig, daß sie es nicht konnte, denn sie

glaubte, es würde von ihr erwartet. Aus ihrer Erfahrung heraus ist Carolyn nun davon überzeugt, daß sein Geschlechtsverkehr mit ihr von ihm aus selbstsüchtig war, aber da sie damals ein so geringes Selbstbewußtsein besaß, wagte sie es nie, seine Motive infrage zu stellen. Er aber fragte sie nie, wie ihr der Sex mit ihm gefiel. Vorspiel gab es niemals, er begnügte sich, ihren Bauch zu massieren. Sie erlebte niemals einen Orgasmus. Sie erinnert sich, wie sie auf dem Boden lag, die Arme über ihrem Gesicht verschränkt, voller Angst, ohne eine einzige Bewegung. Sie fühlte sich entblößt und gedemütigt. Krampfhaft versuchte sie während der Zeit an andere Dinge zu denken. Der Geschlechtsakt war nur kurz, niemals länger als fünf Minuten. Danach würde Dr. X über etwas völlig Belangloses sprechen, wie etwa über die Schule. Sie sprachen niemals über ihren gemeinsamen Sex.

Alles das ergab für Carolyn keinen Sinn. Da sie Dr. X früher einfühlsam erlebt hatte, mußte sie nun erkennen, daß er nicht begriff, was sich hier in Wirklichkeit abspielte, und daß sie daran nicht teilnehmen wollte. Aber alles dies wagte sie ihm nicht zu sagen. Dennoch fuhr sie damit fort. Wie sie dies schon beschrieben hat, rief Carolyn einmal Dr. X zu Hause an, da sie wegen eines Zerwürfnisses mit Steve sehr niedergeschlagen war. Dr. X befahl ihr, zu seinem Haus zu kommen und mit ihm zu reden. Er traf sie an der Haustür, führte sie in sein Schlafzimmer und zog sie aus. Sie schliefen miteinander, aber er fragte sie nicht im geringsten nach dem Problem mit Steve, das sie zu ihm geführt hatte. Zwei Wochen später forderte er sie wiederum auf, ihn zu Hause zu besuchen, aber sie verweigerte es, und niemals wieder sprachen sie darüber.

Ihre Eindrücke von der Lebensphilosophie von Dr. X über Sex besagten, daß er von vielen gleichzeitigen Affären überzeugt war und wußte, daß es in einer guten Beziehung „keinerlei Hindernisse" gibt. Für ihn gab es nicht den geringsten Hinderungsgrund, mit jemandem Sex zu betreiben, von dem er sich Sex wünschte. Sexueller Verkehr war für ihn nicht mehr als ein Händeschütteln.

Nach einiger Zeit versuchte Carolyn, diese sexuellen Episoden durch etwas stärkeren Protest zu beenden. Aber je mehr sie dies tat, desto hartnäckiger verwies Dr. X darauf, sie versuche immer mehr Barrieren zwischen ihnen aufzurichten. Einmal, als sie davon redete, es wäre nun wohl an der Zeit, mit der Therapie aufzuhören, widersprach er ihr und sagte, das wäre viel zu früh. Nach einem Jahr und zehn Monaten mit einer wöchentlichen Sitzung bestand sie darauf, aufzuhören. Er stimmte ihr zu, ohne daß es zu weiteren Argumenten kam. Aber niemals teilte sie ihm die wirklichen Gründe mit, warum sie ihn verließ.

Während der letzten Therapiemonate sah Carolyn Dr. X nur jede zweite Woche. Sie hatte bereits mit Gruppentherapie begonnen, die er leitete. Sie erinnert sich, er habe die einzelnen Gruppenmitglieder dazu benutzt, um sein eigenes Ego aufzubauen. Sie stand unter dem Eindruck, als dienten die Gruppensitzungen mehr ihm als den Mitgliedern, da er mit den Patienten in der Gruppe niemals Probleme bearbeitete. Sie sollten ihn vielmehr anhimmeln und seine Zustimmung gewinnen. Ihr Leben schien sich zu bessern. Daß sie solche Fortschritte machte, führte sie nicht auf die Therapie zurück.

Carolyn hatte die Therapie begonnen, um mehr über sich zu erfahren. Sie hat ihre Annahme, Dr. X sei äußerst kenntnisreich und befähigt, nie infrage gezogen, sondern geglaubt, er wüßte genau, was er täte und hätte stets ihre Interessen im Sinn. Sie war mehr darum besorgt, was sie in der Therapie über sich erfahren würde, als darüber, was sie dem Therapeuten über sich mitteilen sollte.

Carolyn erlebte, daß sich die Therapie zunächst in die Länge zog. Dennoch war sie Dr. X dafür dankbar, daß er sie behandelte. Alles, was er von ihr verlangte, wie etwa ein Tagebuch zu führen oder über bestimmte Dinge nachdenken, tat sie ohne den geringsten Widerwillen und arbeitete hart, um es gut zu machen. Das war ihr Lebensstil. Sie arbeitete unter zwanghaftem Druck und erwies sich als sehr gewissenhafte, angepaßte Patientin.

Die Tatsache, daß Dr. X über sich, seine Scheidung und seine Probleme sprach, schien ihr vom Standpunkt der Therapie aus durchaus einleuchtend. Ihr war ein mögliches Durcheinander in dieser Patienten-Therapeuten-Beziehung nicht bewußt, das dadurch entstehen konnte, daß Dr. X sie in sein Familienleben einweihte. Im Gegenteil, sie fühlte sich zunächst darüber befriedigt, daß er Intimitäten seines Lebens mit ihr teilte. Nach einiger Zeit begriff sie jedoch, daß die Therapie sie in keiner Weise voranbrachte. Während sie lernte, Dr. X zu vertrauen und ihn zu mögen, ein Tagebuch zu führen und über Dinge zu sprechen, die sich in ihrem Leben ereigneten, begriff sie, daß ihr Verhalten außerhalb der Praxis sich im Vergleich zu früher nicht unterschied. Nach wie vor sah sie sich in dieser zerstörerischen Beziehung zu Steve verstrickt.

Obwohl sie sich ursprünglich nicht die Frage gestellt hatte, ob sexueller Verkehr als Teil der Therapie überhaupt erlaubt wäre, schlichen sich langsam bei ihr Zweifel ein. Sie spürte instinktiv, daß hier irgend etwas nicht in Ordnung war, daß es irgendwie keine gute Therapie sein konnte, aber sie wußte nicht, *was* falsch war. Wenn Dr. X sie aufforderte: „Machen Sie das!", dann tat sie es bedenkenlos, weil sie davon überzeugt war, er würde sie niemals etwas tun lassen, das sich nicht gehörte. Sie empfand das Ganze vielmehr als eine sehr behutsame Überredung.

Carolyn glaubte, die Aufforderungen und Handlungen von Dr. X wären zwar ungewöhnlich, aber sie hielt sie im Rahmen einer Therapie für durchaus möglich. Es kam ihr niemals in den Sinn, in einer therapeutischen Sitzung zwischen Therapie und Nicht-Therapie zu unterscheiden.

Neun Monate lang habe ich ihm vertraut. Er hat mir bei meinem Versuch, ihm zu vertrauen, geholfen. Ich kam zu ihm in dem naiven Gedanken, nun, Sie wissen es schon: er ist ein Professioneller, er ist ein Doktor, er ist ein Heiler, er ist ein älterer Mann. Solchen Leuten, die in dieses Schema passen, muß man vertrauen. Niemals zuvor traf ich jemanden, der in dieses Schema paßte und dem man nicht vertrauen konnte. Einen großen Teil meines Vertrauens brachte ich ihm aufgrund seiner Position entgegen. Ich konnte ja nicht ahnen, daß er das, was er da im Schilde führte, auch in die Tat umsetzen würde. Als es dann doch geschah, besaß ich nicht die Stärke, seine Motive in Frage zu ziehen. Das konnte ich nicht tun.

Ich fragte Carolyn dann, was sie aus der Therapie gelernt hätte, was für sie zum Vorteil geworden wäre. Sie antwortete, es wäre ihr eine Zeitlang besser gegangen, doch maß sie dies ihrer neuen Rolle als Student-Teacher zu. Manches ginge nun besser, je mehr Zeit verstrich und sie reifer würde.

Sie bezweifelte, ob weitere Therapie für sie sinnvoll sei und fragte sich, was ihr die Therapie noch bedeuten könnte. Diese „Konfrontation" verlief sehr milde. Sie äußerte sich in einer Frage an Dr. X: „Sind Sie auch sicher, daß dies alles in Ordnung ist?" Es war ein „winziger Versuch", die Therapie in Frage zu stellen. Die Antwort, die sie erhielt, war: „Sie werden so lange draußen nicht weiterkommen können, bis Sie es lernen, hier voranzukommen." Ihre Erinnerung besagte, daß sie sich „während der letzten Monate der Therapie oft mausetot gefühlt habe".

Ihre Reaktion während des Geschlechtsverkehrs bestand darin, sich wegzudenken. „Ich schwebte buchstäblich hoch und beobachtete uns aus dem Winkel des Raumes. ...Das ist gespensterhaft!" Von dieser Erfahrung sagt sie weiter: „Ich glaube, da war irgend etwas in mir (die außer-des-Leibes-Erfahrung), was mich davor bewahrte, vor ... (Dr. X) Einfluß – der sich als unglaublich stark erwies – der unglaublich stark *ist*." Sie bediente sich dieser Entrückung, um sich ihre Unabhängigkeit zu bewahren. Die „andere" Person in ihr würde ruhig weitermachen und Geschlechtsverkehr mit Dr. X betreiben, wie er dies von ihr erwartete.

Sie hat Dr. X niemals von diesem Phänomen berichtet. Als sie die Therapie beendete, erklärte sie ihm nicht, weshalb, doch war ihr bewußt, daß irgend etwas nicht stimmte. Ihre eigenen Worte: „Ich liebte ihn immer noch". Während sie instinktiv verspürte, daß seine Behandlungstechnik falsch war, da es mit ihr nicht besser wurde, wußte sie am Ende der Therapie aber immer noch nicht, daß dies alles deshalb nicht stimmen konnte, weil die Einstellung von Dr. X von Anfang an unmoralisch gewesen war. Sie besaß keine Vergleichsmöglichkeit, das Verhalten von Dr. X an dem anderer Therapeuten zu messen. Sie wußte nicht, was man von Therapeuten zu erwarten hat und wie sie sich zu verhalten hätten. Der Therapeut, den sie liebte, war „ein Hirngespinst in meiner Vorstellung. Er war der Mensch, für den ich etwas empfand."

Als Carolyn am Ende ihrer Therapie die anderen Frauen in den Gruppen-Sitzungen beobachtete, kam ihr in den Sinn, daß Dr. X höchstwahrscheinlich gleichzeitig auch Sex mit weiteren Patientinnen hätte. Auf einmal wurde ihr deutlich, daß sie ja gar nicht besonders oder verschieden von den anderen wäre. Dennoch war sie davon überzeugt, Dr. X mache ihre Interessen zu seinem Herzensanliegen, ganz egal, was er mit seinen anderen Patientinnen täte. Bevor sie endgültig ihre Therapie abbrach, wollte sie ihm mitteilen, daß er sich in der Weise, wie er sie behandelt habe, falsch verhalten hätte. Irgendwie brachte sie es aber nicht über das Herz. Seine Behandlung zu verwerfen, war ihr gleichbedeutend mit ihn zu verwerfen. Sie fühlte sich schon bei dem Gedanken schuldig, wie ihr so etwas auch nur in den Sinn kommen konnte. Weil sie ihm aber nicht offen entgegentreten konnte, sagte sie nur schlicht: „Aufwiedersehn!"

Carolyns Groll gegenüber Dr. X für das, was er ihr angetan hatte, äußerte sich erst während der Therapie mit dem Geistlichen, den sie ein Jahr später aufsuchte, nachdem sie die Therapie bei Dr. X aufgegeben hatte:

Daß dies geschah, lag daran, daß der Geistliche mich anstachelte. Tatsächlich brachte er mich dazu, sehr zornig zu werden. Er ließ es nicht zu, mit ihm in der Therapie ein Spiel zu treiben. Ich schrie: „So verhält es sich aber nicht, Dr. X!" Er schaute mich an und meinte ruhig: „Ich bin aber nicht Dr. X." Da brach ich zusammen. Ich gab mich geschlagen. Ich gab mich völlig geschlagen. Als ich ihm dann ausführlich berichtete, was mir passiert war, da sagte er mir nur, ich wäre nicht die erste Klientin, von der er Klagen über die sexuellen Untaten des Dr. X gehört hätte. Er sagte mir auch, da wäre nichts, was ich tun könnte. Später, als ich ausführlicher zu erzählen begann, meinte er: „Carolyn, eines Tages kommt jemand, der Dr. X an den Kragen geht. Ich glaube nicht, daß Sie selber rechtmäßig irgend etwas tun können."

Das Samenkorn war ausgestreut. Nach diesem Zwischenfall machte sich Carolyn deutlich, wie tief ihr Groll saß und wie sehr man sie verletzt hatte, daß sie sich bis zu diesem Augenblick nicht einmal erlaubt hatte, sich verletzt zu fühlen. Es war dieser zweite Therapeut, der Carolyn half, ihren Groll und Ärger über Dr. X loszuwerden, obwohl es gar nicht die Absicht dieses Geistlichen-Therapeuten gewesen war, dieses in Carolyn auszulösen. Er hatte sich zuvor nicht klargemacht, wie sehr es in ihr gärte und brodelte.

Carolyn spürte, wie sehr sie ausgenutzt und ausgebeutet worden war, daß Dr. X ihr etwas Unerhörtes angetan hatte. Als eine 16jährige Schülerin ihr sagte, sie wolle einen Berater aufsuchen, von dem Carolyn wußte, daß er seine Praxis genau gegenüber der von Dr. X hatte, stutzte sie. Es war nun ein Jahr nach Carolyns Therapie mit Dr. X, und sie war um diese Schülerin besorgt, denn sie machte sich deutlich, daß dieses Mädchen versehentlich Dr. X aufsuchen und dieser sie nun genauso behandeln könnte, wie er mit Carolyn verfahren war. Diese Schülerin war für sie, so sagte sie, „symbolisch" für alle die anderen 16jährigen, die in seine Praxis kommen würden, „und das war der Augenblick, da ich empfand, daß ich gar keine andere Wahl besaß, als nun zu handeln".

Aber selbst in diesem Augenblick, da die Gefühle von Groll und Zorn wegen der erlittenen Behandlung überhand nahmen, fühlte Carolyn sich von Selbstvorwürfen geplagt. Sie sagte:

„Er hat mir doch gar keine Pistole an die Schläfe gedrückt!" Sie war zornig auf sich, nicht schon früher begriffen zu haben, daß Beischlaf in einer Therapie nichts zu suchen hat. Sie empfand sich als naiv und schwach und machte sich deutlich, daß andere sehr bald ihre Rolle in dieser Situation anzweifeln würden. Sie fragte sich, wie sie wohl jemanden davon überzeugen könnte, daß ein so intelligenter Mensch wie sie nicht schon viel früher begriffen hätte, was da vor sich ging. Daß sie mit Blindheit geschlagen gewesen sein mußte, um nicht einzusehen, daß Sex Sex und eben nicht Therapie ist.

Sie sorgte sich darüber, wie sie ihrer Familie dies alles beibringen konnte, denn für ihre Familie war es

eine Todsünde, zuzugeben, nicht mit eigenen Problemen fertig zu werden und Hilfe in Anspruch zu nehmen ... und es dann zuzulassen, daß dich die Hilfe überwältigt oder zu erlauben, daß so etwas geschehen konnte. Ich kam aus einer Familie, in der die Regel galt, was immer dir geschieht, wenn du weiblichen Geschlechts bist, hast du selber in irgendeiner Weise dazu beigetragen, daß dir dies geschehen konnte. Du bist also selber dafür verantwortlich. Ich machte mir schreckliche Sorgen, wie diese Neuigkeiten wohl aufgefaßt würden, ganz besonders von meiner Mutter.

Als ich Carolyn danach fragte, ob sie sich schon einmal Gedanken darüber gemacht hätte, was ihre Mutter wohl sagen würde, wenn sie wüßte, daß Carolyn in der Therapiestunde sexuellen Beischlaf ausgeübt hätte, da antwortete sie:

Ja ... ich dachte, sie würde geschockt sein; genauso wie sie an dem Tag geschockt war, da sie erfuhr, daß ich Geschlechtsverkehr mit Männern außerhalb der Therapie hätte. Sie wäre geschockt sowohl von dem Geschlechtsverkehr in der Therapie wie auch außerhalb der Therapie, aber es würde sie ebenfalls schocken, daß ich mich überhaupt einer Therapie unterzogen habe ... Damals

225

hing ich noch dem alten Teenager-Glauben an, daß Mütter eben nicht alles wissen, und ich tröstete mich damit: „Nun, sie weiß eben nicht, was alles in der Theapie abläuft. Sie vertraut Dr. X eben nicht so, wie ich es tue."

Nachdem ich durch dieses Interview genug von Carolyn über das, was in der Therapie abgelaufen war, erfahren hatte und sie mir über ihre Reaktion berichtete, fuhr ich mit psychologischen Standard-Tests fort, um Ergebnisse zu erlangen, die mehr über Carolyns ihr weniger bewußten Ansichten, Einstellungen, Persönlichkeitszüge und ihren psychischen Zustand aussagten.

11

Darstellung des Streß verursacht durch den Zivilprozeß: Carolyns Fortschritt, festgehalten durch psychologische Testdaten

Mir wurde ein Teil von Carolyns ursprünglicher Petition zur Verfügung gestellt, so daß ich sehen konnte, was ihr nach Meinung ihrer Rechtsanwälte psychologisch geschehen war. Folgende Behauptungen wurden aufgestellt: 1. Carolyns ursprüngliche psychologischen Probleme seien durch das Verhalten von Dr. X auf das schwerste verschärft worden, so daß sie für immer psychische Narben davongetragen hätte; 2. Carolyns Gefühl der Furcht und des Mißtrauens Männern gegenüber, emotional wie sexuell, hätten sich durch das Verhalten von Dr. X zutiefst verschlimmert, indem sie unter einem neuen, tieferen und länger andauernden Gefühl des Mißtrauens litt und damit der Unfähigkeit, sich emotional wie auch sexuell Männern mitzuteilen. Sie wäre unfähig geworden, neue Beziehungen einzugehen oder zu unterhalten, die ihr emotional etwas brächten, oder sich jemandem in ihrem persönlichen oder professionellen Leben anzuvertrauen; alles dies hervorgerufen durch Dr. X, ihre Abhängigkeit und ihr Vertrauen, das sie ihm entgegengebracht hätte und er mißbraucht habe; und 3. wird Carolyn nun von ständigen Gefühlen der Schande, Scham, Schuld und Ängsten und Depressionen beherrscht als Ergebnis des Verhaltens von Dr. X, der seine Patientin aufforderte, sie solle sexuell in Promiskuität leben.

Als Psychologin war mir nicht wohl, als ich die juristisch komplizierte Formulierung der Behauptungen las. Zum Beispiel, es gibt kein professionelles oder psychisches Konzept darüber, daß man Gefühle für permanent erklären kann. *Narbe* ist ein Begriff, der Sichtbarkeit impliziert. Von Carolyns Zustand zu sprechen, sexuell oder emotional keine Beziehungen einzugehen, gab Carolyns Status zu jener Zeit nicht richtig wieder, auch nicht, was diese Unfähigkeit zukünftig anginge. In meinen Aussagen unter Eid konnte ich dann die Extreme dieser rechtlichen Behauptungen korrigieren, um statt dessen das Ausmaß der Schäden gemäß meinem Verständnis zum Ausdruck zu bringen:

Frage: Was halten Sie von den Zukunftsaussichten, wie sie sich Carolyn bieten?
Antwort: Ich bin davon überzeugt, sie braucht viel Therapie. Sie wird unter körperlichen Problemen leiden. Es werden sich Probleme in bezug auf ihre Freundschaften einstellen. Ich bin überzeugt davon, daß sie sich durch diese Ereignisse immer wieder eingeholt fühlt, selbst, nachdem sie eine erneute Therapie durchlaufen hat.
Frage: Nun, wird sie jemals einen Zustand erreichen, den man als fast normal einstufen kann, der etwa dem entspricht, da sie zum erstenmal Dr. X konsultierte, glauben Sie das?
Antwort: ... ich weiß nicht, ob sie jemals wieder einen Zustand erreichen wird, den man als fast normal bezeich-

nen kann. Sie wird niemals wieder zu jenem Punkt zurückkehren, an dem sie sich zuvor befand, denn diese Dinge
haben sich eben in ihrem Leben ereignet. Ich denke mir,
es bleibt eine beständige Erschütterung, die ihr nun einmal zugefügt ist. Ich meine schon, daß es mit ihr wieder
besser werden kann, und ich denke, nach einiger Zeit wird
sich ihr Zustand bessern. Ich bin jedoch sicher, sie wird
diese Erfahrung niemals vergessen und immer wieder auf
diesen einen Punkt zurückkommen. ...

Frage: Nun, ich begreife, daß sie wahrscheinlich niemals
vergessen kann. Ich weiß, manche Leute behalten viele
Dinge im Gedächtnis, bis sie sterben. Was ich damit
sagen will: Glauben Sie, sie wird darüber hinwegkommen
und wie irgendein anderer normaler Mensch weitermachen?

Antwort: Sie wird schon in der Lage sein, ein Leben zu
führen, wie jeder andere Mensch auch. Sie wird, so meine
ich, aber immer etwas davon zurückbehalten. Es wird
niemals vollständig verschwinden. Sie wird niemals wieder das sein können, was sie hätte sein können, wäre sie
nicht Dr. X in die Hände gefallen, hätte sie statt dessen
verständnisvolle Hilfe erfahren.

Beurteilung

Ich hatte Mühe damit, Carolyns frühere psychologischen
Probleme aufzulisten und mir vorzustellen, wie diese wohl durch
die Taten von Dr. X sich noch verschlimmert hätten. Was mir
fehlte, waren Anzeichen dafür, daß sie nun mißtrauisch und
unfähig war, sich mit Männern einzulassen. Wie konnte ich
beweisen, daß ihre gegenwärtige Furcht und die Schwierigkeit,
vertrauensvoll eine neue Bindung einzugehen oder positive
Gefühle zu entwickeln, damit zusammenhing, daß sie schon in
einer solchen Beziehung gestanden hatte, enttäuscht wurde und
sich dem Gefühl des Verrats, der Schande, der Schuld, der
Ängstlichkeit und Depression ausgesetzt sah.

Ich besaß Zugang zu dem ursprünglichen Material der Antworten Carolyns in dem psychologischen Test, dem sie sich unterzog, nachdem sie zuerst ihren Fall den Anwälten übergeben hatte, wie auch Zugang zu der Begutachtung des lokalen Psychologen. Daraus ersah ich, daß Carolyn sehr intelligent war, denn sie hatte einen Quotienten von 135 auf der Wechsler-Erwachsenen-Intelligenz-Skala erreicht, die sie als übermäßig intelligent einstuft. Durch Tests hatte der Psychologe Ängstlichkeit und Kontrollzwänge entdeckt. Er hatte weiterhin festgestellt, daß Carolyns Profil dem einer äußerst ehrgeizigen Person entsprach, die Feindschaft unterdrückte, familiäre Spannungen erlebte und auch Impulsproblemen unterworfen sein konnte. Sie zeigte insbesondere Neigung zu Selbstvorwürfen und Mißtrauen gegenüber Männern. Sie war sexuell verwirrt und zeigte Anzeichen von Depressionen.

In meiner eigenen Testreihe wandte ich als erste Aufgabe Zeichnen an. Dies ist eine gute Methode, um mit einem Menschen warm zu werden und ihm die Möglichkeit zu bieten, über sich an Hand der Zeichnungen zwanglos zu erzählen. Carolyns Zeichnung eines Hauses war winzig geraten, und sie hatte es in die äußerste linke obere Ecke des Papiers plaziert (siehe Abb. 1).

Es war ein Haus auf zwei Ebenen, hinter einem Hügel verborgen. Indem sie das Haus näher beschrieb, führte sie aus, vieles von diesem Hause befände sich im Untergrund verborgen. Es stünde an einem felsigen Ort. Sie fand sich in diesem Hause wieder, lebte dort mit ihrem Verlobten Ken. Sie sprach von einem sonnigen, kühlen, offenen und heiteren Platz, von einer frischen Brise umweht. Ihr größter Wunsch bestand in einer „guten Innenausstattung", von der sie überzeugt war, daß dieses Haus sie besäße. Diese Zeichnung spiegelt die transparente Ansicht von Carolyns Umgebung in dem Sinne wieder, sie müßte an den inneren Aspekten ihres Lebens weiterarbeiten. Sie tat dies schon gemeinsam mit ihrem Verlobten, doch zeigte sich, daß viele ihrer Gefühle immer noch im Felsen verborgen waren, denn dort befand sie sich emotional gesehen.

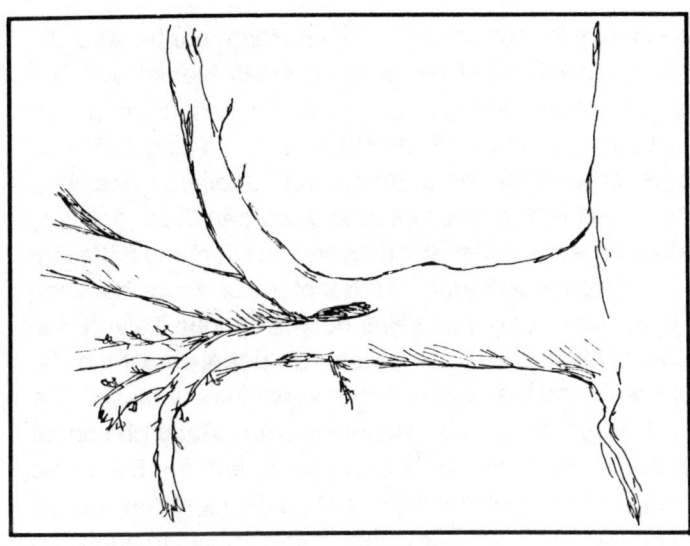

Abb. 2: Carolyns Zeichnung eines Baumes.

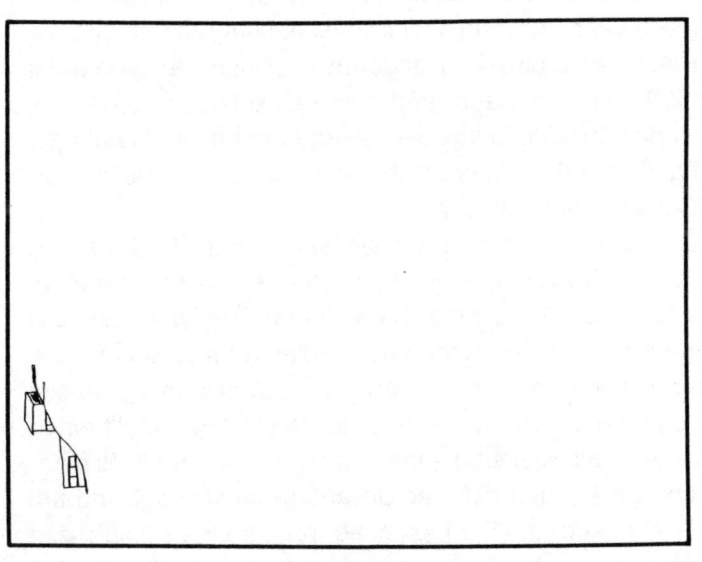

Abb. 1: Carolyns Zeichnung eines Hauses.

231

Ihre zweite Zeichnung zeigt einen Baum (siehe Abb. 2). Ein Baum repräsentiert oft die Gefühle eines Menschen über sich, was seine Entwicklung angeht. Carolyn beschrieb diesen Baum als Eiche auf ihrem Grundstück, sehr alt und teilweise schon abgestorben. Der obere Stamm auf der einen Seite wäre durch einen Spalt in der Mitte beschädigt worden. Darum wuchs er nach oben in der falschen Richtung weiter. Niemand hätte ihm eine neue Form gegeben oder ihn zurechtgestutzt. Das beste an diesem Baum wäre, daß man seine noch lebenden Teile retten könnte. Die schlimmste Gefahr bestünde darin, daß man ihn umbrachte, während man ihn zu retten versuchte, denn es gelte gewaltige Brocken aus ihm herauszuschlagen. Dadurch könnte der gesamte Baum in eine Schocksituation geraten. Die beste Lösung bestünde wahrscheinlich darin, einen großen Ast zu entfernen und dann einige Jahre abzuwarten, bis man auch den zweiten Ast abnehme, damit der Stamm weiterwachsen könnte. Was dieser Baum aber am meisten benötigte, um wieder gesund zu werden, sei liebevolle Zuwendung. Carolyn hoffte sehr, er würde diese notwendige Aufmerksamkeit auch erhalten. Auch hier hat sich Carolyn wahrscheinlich nicht klargemacht, wie sie diesen Baum verkörpert. Zum anderen zeigt sich hier ihre Furcht vor der Zukunft. Der Baum und seine Geschichte stehen als Metapher der Beschädigung, die sie erfahren hat. Ihr Gefühl der Verletzbarkeit wird darin deutlich, aber auch ihre Bereitschaft, diesen Schaden gutzumachen.

Als nächstes forderte ich sie auf, einen Menschen zu zeichnen. Die Zeichnung eines Menschen symbolisiert oft das Bild des Selbst der Welt gegenüber. Frauen zeichnen, sehr oft, häufiger als Männer, Gestalten des anderen Geschlechts. Sie verstehen die Aufforderung, eine Person zu zeichnen zumeist so, daß damit ein Mann gemeint ist. Carolyns Figur stellt einen Mann dar, was die Kleidung angeht, aber nicht übermäßig deutlich macht. Im übrigen zeigt er Unschärfe im Gesicht und am Körper (siehe Abb. 3). Sie beschrieb ihn als einen 23jährigen Studenten, der für eine Kamera posiert. Er sei ein Mensch mit einem klaren Verstand, aber nicht sehr gut aussehend. Er

Abb. 4: Carolyns Zeichnung einer Frau.

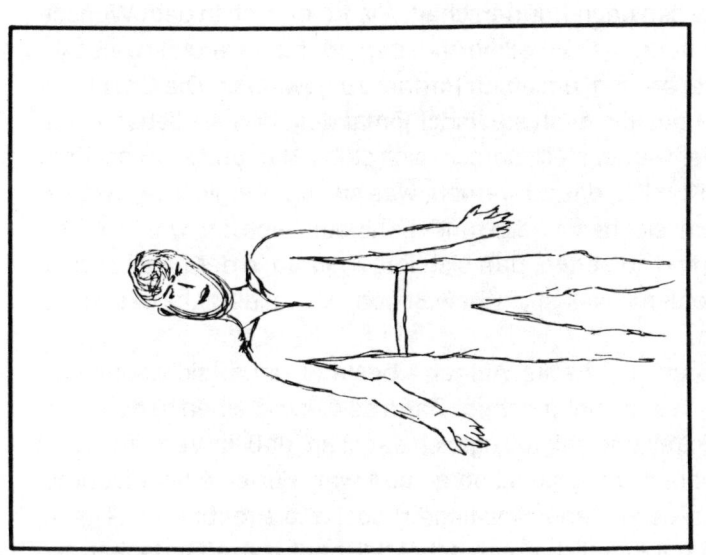

Abb. 3: Carolyns Zeichnung einer Person.

233

brauchte jemanden, der ihn verstünde. Carolyn befürchtete, niemand würde über sein Äußeres hinwegsehen, doch hoffe sie, er würde jemanden finden, der nicht nur auf Äußerlichkeiten wert legte, jemand, der ihn umsorgen würde. Es fiel ihr nicht leicht, diesen Mann in seinen Einzelheiten zu beschreiben, doch aus der Zeichnung und dem Gespräch darüber kamen die Probleme ihrer Selbstfindung als College-Studentin an die Oberfläche, die Verständnis erforderten.

Nach diesem Bild forderte ich sie auf, nun eine Person des anderen Geschlechts zu zeichnen. Sie zeichnete eine Frau in Shorts und einem leichten Hemd (siehe Abb. 4). Sie beschrieb mir diese Frau so, als habe sie Ähnlichkeit mit einer Freundin von ihr. Die Frau in der Zeichnung sei Waldarbeiterin oder Biologin, die in ihrer Umwelt arbeite. Sie wäre in den Wäldern gewesen, um Proben einzusammeln; eine selbstbewußte Frau, von sich überzeugt, wer sie wäre. Carolyn erklärte weiter, daß die kurzen Arme dieser Frau auf eine Kinderlähmung zurückzuführen wären, doch das störe sie nicht. Ihr dringendstes Bedürfnis wäre das nach Partnerschaft. Sie fände sich in dem Wunsch hin und her gerissen, allein zu leben oder notwendigerweise ihr Leben zu ändern, um einen Partner zu gewinnen. Die Geschichte endet positiv, denn sie findet jemanden, den sie lieben kann. Auch hier wieder stellt Carolyn sich selbst dar, und zwar als Frau in dem Konflikt, das zu werden, was sie ursprünglich sein wollte, nachdem sie beschädigt und behindert worden war. Es war ermutigend zu sehen, daß sich ihre Figuren in der Lage zeigen, ihre Probleme selbst zu bewältigen und alles zum besten zu wenden.

Carolyns zweite Aufgabe bestand darin, sich dem Rorschach-Test zu unterziehen. Darin bewies sie einen hohen Grad an Fähigkeit und zeigte zugleich damit an, daß ihr Verstand nicht durch kognitive Dysfunktion gestört war. Für eine tiefe Depression gab es keinerlei Anzeichen, doch die Ergebnisse zeigten, daß sie gelegentlich durch schreckliche, bizarre Gedanken bedrängt wurde und hochgradig emotional beeinflußbar war. Ihre Verwirrtheit in ihrer sexuellen Rolle wurde in ihren Reaktionen auf die Rorschach-Karten sichtbar. Es ging dabei um das Bekken eines Ochsen, der geschlachtet worden war, um eine verrückte alte Frau, deren Beine abgetrennt waren und die ihrem Spiegelbild die Hand reichen will. Sofort, nachdem sie diese Assoziation vorgebracht hatte, sprach Carolyn spontan von ihren gewalttätigen Träumen, in denen sie Leute tötete, und Leute brächten sie um. Diese Leute wären Fremde, aber irgendwie würde sie sie kennen, auch wenn sie nicht wüßte, wer sie im wirklichen Leben wären. Sie tötete nur aus Selbstverteidigung heraus und immer mit einem vernünftigen Grund dafür.

Während einerseits zu erkennen war, daß alle ihre Einfälle und Assoziationen direkt durch die Karten hervorgerufen waren, zeigten sie zum anderen doch eine ungewöhnliche Qualität, die mehr als nur durchschnittlich einzuschätzen war. So etwa wenn sie vom „Bullen ohne Hörner", „die Rückenansicht einer Fledermaus im Flug, wenn sie von Ihnen fortfliegt", „einer schwarzen Königin vor ihrem Spiegel, die sich nach ihrem eigenen Spiegelbild umdreht", spricht. An dieser Stelle wiederum machte sie einen direkten Kommentar dazu: „Je weiter du läufst, desto schneller gelangst du nirgendwo hin" (eine Anspielung auf Alice in *Through the Looking Glass* – ein Fantasie-Kinderbuch von Lewis Caroll, dem Autor von „Alice in Wonderland" A.d.Ü.). Auch sah sie in diesen Rorschachtest-Karten Tiere aus prähistorischen Zeiten, kleine Zauberer, Menschen, die in die Hölle fielen und ein Kaninchen.

Diese Rorschachtests brachten ein hohes Niveau an Emotionalität zutage: Dabei verzerrte Carolyn ihr Weltbild nicht durch ungeordnete Gedanken, sondern sie erlebte ganz normale Einfälle, wie etwa ein Kaninchen, eine Fledermaus oder eine Figur, die in einen Spiegel schaut, in einer ungewöhnlichen Perspektive, noch furchterregender, noch gefährlicher als diese unnatürlichen Kreaturen, wie sie uns aus Karikaturen und Märchen bekannt sind.

Als nächstes zeigte ich Carolyn einige Thematic Apperception Test-Karten. (TAT-Karten sind Bilder aus einem Satz von Karten, die dazu dienen, vermutete Konflikte oder gewichtige Themen im Leben eines Menschen aufzudecken.) Die Bilder, die ich auswählte, betrafen Szenen der Introspektion oder Handlungen zwischen männlichen und weiblichen Gestalten. Dabei war ich auf ganz bestimmte Dinge gefaßt, nämlich Themen, die mit Carolyn und ihrer Therapie durch Dr. X zu tun hatten.

Carolyns Antworten, aus Szenen eine Geschichte zu machen, sahen so aus: Ein Bild von einer Person, die sich über ein vages Objekt lehnt – ein Bild, das sehr oft depressive oder gedankenvolle Reaktionen hervorruft –, löste bei Carolyn folgenden Kommentar aus: „Ein ernsthafter Konflikt. Es stellt ein junges deutsches Mädchen dar, das im Begriff ist, Selbstmord zu begehen. Sie liegt dort völlig erschöpft und überlegt, was sie noch tun könnte, aber es fällt ihr dazu nicht das Geringste ein. Leute in ihrem Leben ... sie wird überleben. Aber sie wird solange nicht glücklich sein, bis sie sich in eine völlig andere Umwelt begibt." Bei einem anderen Bild, das eine Frau zeigt, die in einen Raum schaut, bemerkte Carolyn: „Diese Frau ist die Haushälterin einer Familie, der es in den frühen Jahren um 1900 sehr gut ging. Sie kommt, um nachzuschauen, ob irgend etwas Außergewöhnliches vor sich geht. Doch das, was sie sieht, überrascht sie nicht. Ich kann mir nicht vorstellen, was es ist." Danach befragt, wie diese Frau sich fühle, antwortete Carolyn, diese Frau hätte sich als gestört gefühlt, doch bemühe sie sich darum, mit ihren Gefühlen fertig zu werden. Sie würde mit niemandem darüber sprechen. Sie fühle sich zwar belastet, doch würde das Gefühl der Last mit der Zeit weichen. Damit haben auch Carolyns TAT-Geschichten bewiesen, daß ein Gefühl der Schädigung, der Depression, aber auch der Hoffnung vorliegt.

Carolyns MMPI, ein objektiver Personalitäts-Bestandsaufnahme-Test, ergab ein Profil, das sich dann bietet, wenn jemand durch posttraumatischen Streß gefühlsmäßig durcheinander geraten ist. Das bedeutet, ihr Profil zeigte einen Anstieg jener Skalen, die zu einem großen Teil mit körperlichen Beschwerden zu tun haben, und daß Carolyn immer noch unter Alpträumen und Darmbeschwerden litt sowie unter Problemen, die mit dem Streß zusammenhingen. Auch dafür waren Anzeichen vorhanden, daß ihre Verwirrung, Entfremdung und die Schwierigkeit, Dinge einfach so hinzunehmen, wie andere Leute es auch taten, weiter bestanden. Darüber hinaus gab es Anzeichen dafür, daß sie versuchte, ihre Befürchtungen und ihre allgegenwärtige Depression zu verdrängen oder zu verleugnen. Dieser MMPI-Test zeigte, daß bei ihr Verwirrung über sexuelle Beziehungen bestand, über ihre sexuelle Identität, die sie zu übernehmen hätte; ein Untersuchungsergebnis, das durch die Verwirrung bestätigt wurde, die sie für jene empfand, die sie gezeichnet hatte, mit denen sie sich identifizierte.

Bei der Beurteilung von Carolyns Test-Ergebnissen und dem Interview von 1981, drei Jahre nach der Therapie mit Dr. X, kam ich zu dem Ergebnis, daß sie immer noch unter Streß stünde, wie dies bei einem Verwirrtheitszustand bei chronischer posttraumatischer Streßsituation beobachtet wird. Immer noch durchlebte sie Alpträume und nächtliche Terrorsituationen, hatte Darmprobleme. Nur mühevoll konnte sie Anfälle von Ängstlichkeit und Depression in ihren Handlungen beherrschen. Sie schwankte zwischen himmelhochjauchzend und zutodebetrübt-Sein, war voller Hoffnung, alles würde schon recht werden, und doch war sie wieder verzweifelt, man habe ihr so schwerwiegenden Schaden zugefügt, daß es ihr nie wieder vergönnt wäre, das Leben zu genießen.

Sie war immer noch über ihre Identität als Frau verwirrt und bezweifelte, daß sie eine unabhängige junge Erwachsene wäre, die in der Lage sei, andere richtig zu beurteilen und sich ihnen gegenüber recht zu verhalten. Ihre nächtlichen Alpträume spiegelten durchaus die Wirklichkeit wieder. Sie sah sich vor einem langen Rechtsstreit, der sie und die, die sie liebte, vor der Öffentlichkeit bloßstellen würde.

Indem ich alle meine Ergebnisse zusammenfasse, komme ich zu der Überzeugung, daß Carolyn in der Tat durch die Behandlung von Dr. X schwer geschädigt worden ist. Ihre Krankheitsgeschichte zeigt genug Ursache dafür, warum sie in der Mann-Frau-Beziehung verwirrt war und diese falsch verstand. Sie sehnte sich nach Liebe und wollte sich angenommen fühlen.

Sie konnte ihrem Urteil gegenüber Autoritätspersonen nicht mehr trauen. Zwar fühlte sie sich abenteuerlustig, doch sie wußte nicht, in welche Richtung sie sich bewegen sollte. Es scheint, daß ihr Zustand durch ein größeres emotionales Trauma verschlimmert worden ist. Dafür sprachen ihr Beschädigtsein und ihre emotionale Verkrüppelung: ihre Erfahrung des physischen Streß' und der Körperreaktionen, ihre innerliche Dissoziierung vom Geschlechtsverkehr in der Therapie sowie ihr Groll auf ihre Verwirrtheit und über Dr. X. Sie lebte in der Ambivalenz, immer noch ein Gefühl der Liebe für Dr. X zu empfinden. Es betrifft auch ihre Unfähigkeit, anderen Menschen zu trauen und nicht zu wissen, an wen sie sich wegen einer neuen Therapie wenden soll. Auch weiß sie nicht, wie sie ihr Leben gestalten soll und wie sie sich auf Beziehungen zu Männern einstellen soll – alle diese Tatsachen werden in meiner Beurteilung deutlich. Mühelos konnte ich Carolyns Erfahrung mit Dr. X in Verbindung bringen, aber auch ihre vergeblichen Versuche, diese Erfahrung zu rechtfertigen und zu verteidigen.

Während es normalerweise unmöglich ist, eine Analyse über ein Ereignis im Leben eines Menschen anzustellen und sich darauf zu beziehen, wie er in anderen Situationen reagiert hätte, ist dies in Carolyns Fall offensichtlich. Zwischen 1976 und 1981 waren – außer der Therapie – keine traumatischen Ereignisse in ihrem Leben zu beobachten gewesen. Ihre Reaktion auf diese Therapie bestand darin, ein promiskuitives Verhalten anzunehmen, Männern gegenüber Mißtrauen zu empfinden und sich in ihren beruflichen Plänen nicht entscheiden zu können. Dieses Verhalten findet man bei Frauen, die durch sexuellen Mißbrauch in der Therapie geschädigt worden sind. Die beschriebene innere Abgrenzung beobachtet man gelegentlich bei Opfern von Vergewaltigungen und Inzest. Alpträume und körperliche Störungen aufgrund von physischem Streß, wie Magenschmerzen, Verdauungsstörungen und chronische Darmprobleme, erleben wir bei Menschen, die traumatische Situationen erlebt haben, wie Krieg, Gefängnis oder Inzest. Ängstlichkeit und Depression finden wir bei Menschen, die nur ein schwaches Selbstbewußtsein entwickelt haben. Sie werfen sich vor, aufgrund mangelnden Urteilsvermögens anderen fälschlich vertraut zu haben.

Die Muster von Carolyns Verhalten und Reaktionen stimmen psychologisch mit ihrer Erfahrung überein, die sie beschrieben hat und wie wir sie aus ihren Aussagen unter Eid kennengelernt haben. Tatsächlich benötigt Carolyn für längere Zeit Therapie, um alle diese Probleme zu bewältigen. Es ist vorauszusetzen, daß sie ebenfalls noch sehr lange unter den Auswirkungen ihrer Erfahrung mit Dr. X leiden wird. Sie wird immer wieder auf ihre Erfahrung mit ihm zurückkommen, immer wieder schmerzvolle Denkanstöße an diese Erfahrung erleben, und dabei werden Depression und Selbstzweifel wieder zurückkehren. Die Hoffnung für sie liegt in ihren Stärken. Sie kommt aus guten Verhältnissen und sie ist eine Kämpferin.

Zusammenfassung

Die Serie der MMPI-Tests gibt Carolyns psychische Reaktion auf die Behandlung durch Dr. X wieder, auf die Klage und Durchführung des Zivilprozesses wegen Behandlungsfehler, auf ihre Therapie und ihre Beziehungen. Abbildung 5 stellt die Projektion der fünf separaten Profile dar und zeigt, wie ihre Reaktionen aussahen, als bestimmte Ereignisse ihr Leben beeinflußten und sie sich in ihrem Lebensstil bedrängt sah.

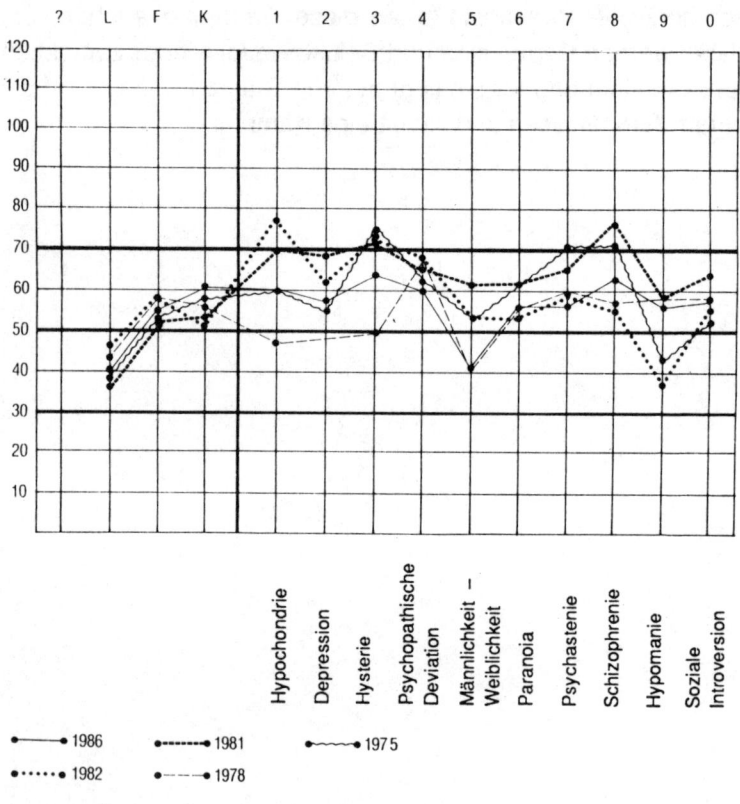

Abb. 5: Fotomontage von Carolyns MMPI-Tests

1975 – Carolyn beginnt bei Dr. X mit der Therapie. Sie ist gehemmt, ängstlich, verwirrt, befindet sich in der späten Adoleszenz, die innere Konflikte zu körperlichen Symptomen werden läßt, die sie jedoch leugnet. Sie neigt dazu, impulsiv und etwas rebellisch zu sein. Sie mißversteht die Feinheiten engerer Beziehungen.

1978 – Sie hat entdeckt, und zwar durch andere, daß Dr. X sie verführt hat. Sie wird noch verwirrter, ärgerlich und rebellisch. Sie lebt sexuell in wilder Promiskuität. In ihren Gefühlen gegenüber Dr. X ist sie noch gespalten, so daß Spannungen und Nervosität, die früher zu somatischen Symptomen führten, nun zu spontanen Handlungen führen. In mancher Hinsicht fühlt sie sich stärker als zuvor, doch sieht sie sich nun in Konflikten verstrickt.

1981 – Der Rechtsstreit und die Vorbereitung auf die Gerichtsverhandlung bedeutet ihr größten Streß. Körperliche Symptome und Alpträume treten immer wieder auf. Zugleich durchlebt sie erneut ihren Mißbrauch, die Ambivalenz Dr. X gegenüber und die Möglichkeit, öffentlich bloßgestellt zu werden. Ihre Verwirrtheit hat ihre Lebensziele durcheinander gebracht, desgleichen ihre sexuellen Beziehungen. Während dieser Periode ist sie sich ihrer am wenigsten sicher.

1982 – Je näher die Gerichtsverhandlung rückt, desto stärker fühlt sich Carolyn gestreßt. Doch sie weiß allmählich, was sie tut und entwickelt ein besseres Selbstwertgefühl. Sie kann sich annehmen.

1986 – Zehn Jahre nach ihrer Therapie mit Dr. X hat Carolyn sehr gute Fortschritte gemacht und ist genesen, unterstützt durch Therapie, eine gute Ehe, ein Berufsziel, das sie ausfüllt, und einem Gefühl der Entschlossenheit, in diesem Buch alle ihre Erfahrungen zu dokumentieren.

Wenn ich Dr. X' Anteil an Carolyns zukünftiger Lebensgestaltung aufzuzeigen hätte, dann würde ich ihm die Konfusion vorwerfen, die er verursacht hat. Sie betrifft ihre sexuelle Identität und alles, was damit zusammenhängt, die Verschlimmerung ihrer persönlichen Probleme mit Männern und ihre Unsicherheit, sich auf ein Berufsziel einzulassen. Im Zivilprozeß würde ich ihn zusätzlich noch für die zeitweisen Krisen, den Streß, die Verwirrtheit in ihrem Leben verantwortlich machen. Ich mache beide, Dr. X und den Rechtsstreit, verantwortlich dafür, daß es zu der traumatischen Lebenskrise kam, der Carolyn sich ausgesetzt sah, doch haben sie auch dazu beigetragen, daß Carolyn einen Lebensweg beschritt, den sie ohne dieses Trauma wahrscheinlich nie gegangen wäre. Die Verletzbarkeit von Carolyns Wohlergehen und ihres Selbstwertgefühls sind wahrscheinlich der Schaden, unter dem sie am meisten leiden wird, der immer wiederkehren wird. Die Nachwirkung dieser Schädigung aufgrund der Ausbeutung durch Dr. X in der Therapie wird noch lange anhalten.

12

Die Ausbildung des Dr. X

Durch Vernehmung und durch anderes Material weiß ich, wie die Ausbildung von Dr. X aussah. Seine erste Erfahrung auf dem Gebiet der Psychotherapie machte er während eines militärischen Einsatzes, wo er Soldaten untersuchte, die ihm von ihren Marineeinheiten geschickt worden waren. Er hatte dabei zu entscheiden, ob aufgrund der Krisen, die diese Männer durchliefen, sie von der Marine zu entlassen wären. Er berichtete, er habe ungefähr 30 Rekruten an einem Tag beurteilt, wobei er für jeden einzelnen weniger als 10 Minuten aufgewendet hat. Seine Ausbildung zu so einer wichtigen Funktion, jemanden aus psychologischen Gründen abzuschieben, hatte er dadurch erlangt, daß er anderen Psychotherapeuten zuschaute, wie diese eine solche Aufgabe in fünf- bis zehnminütigen Interviews bewältigten. Danach wurde er damit beauftragt, das Gleiche zu tun, ohne daß ihm irgendwelche weitere Ausbildung zuteil geworden wäre.

Durch seine Vernehmung wissen wir, daß Dr. X Schwierigkeiten hatte, in ein Programm für Psychologen aufgenommen zu werden. 16 mal wurden seine Anträge abgelehnt, bevor es ihm dann doch gelang, in ein Programm für erzieherische Psychologie aufgenommen zu werden; allerdings war dieses Programm nicht anerkannt. Es war noch verhältnismäßig neu, als er zugelassen wurde. Man kann annehmen, daß sein Antrag deshalb angenommen wurde, um die Anzahl der Kandidaten zu erhöhen, so daß die Verwaltung sich nicht die Mühe machte, ihn sorgfältig zu beurteilen. Als er danach befragt wurde, wie dieses Ausbildungsprogramm im einzelnen ausgesehen habe und welche Kurse in bezug auf Psychotherapie er belegt hätte, erinnerte er, daß die meisten Kurse sich aus „Selbsterfahrungsgruppen" zusammengesetzt hätten, in welchen die Kandidaten ihre eigenen Teilnehmer gewesen wären. Tatsächlich erhielten die Studenten Bescheinigungen darüber, daß sie sich in therapeutischen Gruppen über sich selbst unterhielten. Sein Praktikum während der Doktorandenzeit absolvierte er in einem Hospital. Dabei wurde seine Zusammenarbeit mit den weiblichen Mitarbeitern gerügt. Er war jedoch in der Lage, dieses Praktikum erfolgreich zu beenden. Es gelang ihm, sein Examen abzulegen und sich privat niederzulassen.

Damit stellt sich die Frage: Hätte Dr. X sich einem besseren Schulungsprogramm unterzogen, wäre wahrscheinlich früher aufgefallen, daß ihm die erforderliche Kompetenz fehlt. Ich möchte diese Frage bejahen, doch das kann ich nicht. Viele, die sich sexuelle Intimitäten in der Therapie und andere Vergehen in ihrer Praxis erlauben, genossen die allerbeste Ausbildung. Das hohe Niveau der Ausbildung schützte sie nicht vor kriminellen Handlungen. Es kam zu Verurteilungen wegen Behandlungsfehlern, zu Ermahnungen wegen moralischer Vergehen und Aufhebung der Lizenzen, in denen sogar die Vorsitzenden von Ethik-Komitees, Direktoren psychotherapeutischer Ausbildungsprogramme und Mitglieder der Zulassungsbehörden, sowie Präsidenten lokaler und staatlicher psychotherapeutischer Gesellschaften verwoben waren. Auf der anderen Seite erleben wir, daß absolute Spitzen-Therapeuten oft Absolventen jener Programme sind, die die geringsten Voraussetzungen und Anforderungen stellen. Dennoch bin ich davon überzeugt, daß es eine Beziehung zwischen den höheren Anforderungen und der stärkeren Aussiebung gibt, die wir bei den besseren Programmen beobachten und die es einem Dr. X weniger leicht machen, sich durchzulavieren.

Schlußbemerkung

Die Geschichte von Carolyns Beziehung zu Dr. X ist noch nicht zu Ende. Sie ist in Carolyns Gedanken noch nicht zu Ende, noch nicht in ihren Träumen, noch nicht in der Erschütterung ihres Lebens und in ihren Verhältnissen. Auch für Dr. X ist die Geschichte noch nicht vorbei. Er ist dazu verurteilt worden, Beratungen für Frauen zu unterlassen, doch seine Biografie läßt vermuten, daß er damit seine Schwierigkeiten haben wird, sich den Bewährungsauflagen anzupassen. Diese Geschichte ist auch noch nicht vorbei für die Therapeuten-Organisationen, die sich darum bemühen, schärfere Sanktionen für sexuellen Mißbrauch in der Therapie festzulegen. Sie ist noch nicht vorbei für jene unter uns, die auf diesem Gebiet arbeiten, die die Lösungen für dieses Dilemma zu finden versuchen, und die wir mit Kollegen zu tun haben, die im Namen der Therapie ihren Patienten Schaden zufügen. Der inzestuöse Vater war ein mißbrauchtes Kind. Der Teufelskreis wird dann unterbrochen, wenn man den Mißbrauchten daran hindert, damit fortzufahren, seine Kinder zu mißbrauchen. Wir müssen zuallererst das Wohl des Kindes im Auge haben – in diesem Fall das erwachsene Kind, das sich in der Therapie in eine sexuelle Beziehung mit einer Vaterfigur begibt, die sein Vertrauen ausnutzt.

Anhang: Chronologie

1975

28. Oktober   Carolyn beginnt bei Dr. X mit der Therapie.

1976

25. März   Carolyn beginnt mit der Gruppentherapie, die parallel zu den Einzelsitzungen läuft. Dr. X reduziert das Honorar von 45 Dollar auf 35 Dollar für die Therapiesitzung.

6. August   Dr. X und seine zweite Ehefrau trennen sich.

9. August   Zwischen Dr. X und Carolyn kommt es zum erstenmal zum Geschlechtsverkehr.

7. Oktober	Die dritte Patientin, die später ebenfalls Dr. X wegen sexuellen Mißverhaltens verklagt, beginnt bei ihm die Therapie.

1977

28. Januar	Die Scheidung von Dr. X wird ausgesprochen.
12. Juli	Es kommt zum letztenmal zwischen Dr. X und Carolyn zum Geschlechtsverkehr.
9. August	Carolyn beendet die Therapie bei Dr. X.
25. August	Die erste Patientin, die später gegen Dr. X Klage erhebt, beginnt bei ihm die Therapie.
17. November	Erster Geschlechtsverkehr zwischen der Patientin, die am 25. August die Therapie begonnen hat, und Dr. X. Die Patientin bricht daraufhin sofort die Therapie ab.

1978

7. Februar	In einer auf Tonband mitgeschnittenen Unterhaltung mit einer mißbrauchten Klientin behauptet Dr. X, er würde, um seine Lizenz zu schützen, alles abstreiten, käme es zu einem Prozeß wegen Berufsvergehens.
7. März	Erste Beschwerde bei der bundesstaatlichen Lizenzbehörde für Psychologen.
2. Mai	Zweite Beschwerde bei der bundesstaatlichen Lizenzbehörde für Psychologen.
19. Juli	Psychologische Gutachten über die beiden Klägerinnen werden dem Rechtsbeistand zugestellt, so daß beide Parteien über Schäden entscheiden können.

2. August	Zwei Anzeigen wegen Berufsvergehens beim Bezirksgericht mit der Beschuldigung beruflicher Nachlässigkeit, Körperverletzung und Beschädigung, Betrug und Täuschung, betrügerische Praxisführung, Vertragsbruch und grober Vernachlässigung.
4. August	Dr. X streitet alle Anschuldigungen ab, die die Klägerinnen aufgeführt haben.
14. September	Dr. X erhält eine Liste mit Fragen zugeschickt, die sich auf sein Verhalten in der Therapie gegenüber zwei Klägerinnen und anderen Patientinnen beziehen, um ihm die Möglichkeit zu bieten, Zeugen zu benennen.
26. September	„Ich kann bestimmte Daten nicht mehr erinnern, aber zu verschiedenen Zeitpunkten hatten wir Geschlechtsverkehr. Es kann sein, daß Carolyn eine solche Sitzung berechnet wurde, aber sie hatte niemals für die Zeit zu bezahlen, in der Geschlechtsverkehr stattfand." – *Dr. X in Beantwortung einer Frage.*
12. Oktober	Die Klägerinnen werden zum erstenmal unter Eid vernommen.
17. Oktober	Dr. X beantragt einen Gerichtsbeschluß. Er wendet sich gegen die Fragebögen, die für ihn aufgestellt wurden mit der Begründung, die hätten damit nichts zu tun und würden seine Rechte auf sein Privatleben verletzen.
15. November	Der Richter verurteilt Dr. X zu Gefängnis wegen Mißachtung des Gerichtes, läßt ihn gegen Kaution wieder frei, um die Entscheidung des Obersten Gerichts des Staates abzuwarten. Die Frage der Vertraulichkeit zwi-

schen Psychologen und ihren Patienten ist zu entscheiden.

18. November — „Ich fühlte, daß sich noch eine andere Beziehung außer der professionellen zwischen uns anbahnte ... zu der Zeit war ich davon überzeugt, dies täte uns beiden gut ... ich versuchte, unsere Beziehung auf verschiedenen Ebenen ablaufen zu lassen, einmal professionell und dann persönlich." – *Dr. X bei einer Anhörung vor der staatlichen Lizenzbehörde für Psychologen.*

12. Dezember — Der Beklagte beantragt Verlegung des Gerichtsortes.

19. Dezember — „Unsere Position ist die, daß er Geschlechtsverkehr mit den beiden anderen Frauen zugegeben hat, in diesem Fall es aber abstreitet." – *Dr. X' Anwalt von der Presse befragt, nachdem die dritte Klage eingereicht worden war.*

1979

2. Januar — Die Klägerinnen wenden sich vor dem Obersten Gericht des Staates gegen den Antrag von Dr. X, nicht vor Gericht erscheinen zu müssen.

15. Januar — Zweite Anhörung vor der staatlichen Lizenzbehörde für Psychologen. Drei frühere Patientinnen von Dr. X bezeugen, daß er ihnen niemals unsittlich entgegengekommen sei. Eine Frau gab zu, zweimal mit Dr. X ausgegangen zu sein, nachdem die Therapie beendet war, und daß sie bei einer dieser Gele-

genheiten mit ihm Geschlechtsverkehr gehabt hätte.

„Dr. X gibt rundheraus zu, daß er im Unrecht war ... er hat nur die Wahrheit gesagt. Hätte er gelogen, stände er heute nicht hier." – *Der Anwalt von Dr. X bei der Anhörung vor der staatlichen Lizenzbehörde.*

Mitglieder der staatlichen Lizenzbehörde für Psychologen fällen das einstimmige Votum, Dr. X' Lizenz und Zulassung wegen unprofessionellen Verhaltens zu widerrufen.

24. Januar   „Sollte er Berufung einlegen, so wird die Behörde dies sehr sorgfältig prüfen. Es ist immer möglich, daß jemand (für Wiederherstellung) erneut begutachtet wird. Es kann sein, daß Rehabilitation erforderlich ist. In einem Jahr kann Dr. X wiederum eine Lizenz für sich beantragen." – *Der Vorsitzende der staatlichen Lizenzbehörde für Psychologen.*

31. Januar   Das Oberste Gericht des Staates weigert sich, das Urteil wegen Mißachtung des Gerichts gegen Dr. X zurückzunehmen.

1. Februar   Dr. X weigert sich immer noch, auf die Fragen nach möglichen sexuellen Kontakten mit seinen Patienten zu antworten. Dies verletze sein und seiner Patienten Recht auf Privatleben, wie es durch die Verfassung der Vereinigten Staaten garantiert wird.

23. Februar   Der Richter ordnet Ortswechsel für die Gerichtsverhandlung an.

6. März   Dr. Annette Brodsky wird als Gutachterin zur Befunderhebung des psychischen Schadens der Klägerinnen bestellt.

30. April	Der U.S.-Bezirksrichter hält das Urteil wegen Mißachtung des Gerichts aufrecht.
24. Mai	Dr. X appelliert an das U.S.-Bezirks-Berufungsgericht wegen des Urteils der Mißachtung des Gerichts.
9. Oktober	Die Klägerinnen werden ein zweites Mal unter Eid vernommen, um weitere Aussagen über ihr Leben zu machen.

1980

6. Februar	Dr. X wird vor dem U.S.-Appellationsgericht angehört.
30. September	Das Bezirks-Berufungsgericht lehnt den Einspruch von Dr. X ab. Es verpflichtet ihn dazu, „vor Gericht zu erscheinen, alle Fragen, die ihm zugestellt werden, zu beantworten. Er ist der Mißachtung des Gerichtes angeklagt, falls er dem nicht nachkommt". Dr. X wird dazu verurteilt, sich selber dem Sheriff auszuliefern.
1. Dezember	Dr. X wird im Gerichtsgebäude festgenommen und durch den Sheriff unter „Hausarrest" gestellt. Seine Anwälte beantragen vor Gericht, den Vorführungsbefehl aufzuheben. Sie begründen das damit, Dr. X brauche nicht mehr den Anordnungen des Bezirksrichters nachzukommen, da ein Staatsgesetz aus dem Jahre 1979 regele, daß Informationen über Patienten in psychologischer Behandlung vertraulich wären.
2. Dezember	Das Oberste Gericht des Staates beschließt, Dr. X gegen Kaution freizulassen.

3. Dezember	Das Oberste Gericht des Staates setzt Dr. X gegen eine Kaution von 1000 Dollar frei und ist bereit, neu zu verhandeln, ob nicht das Urteil wegen Mißachtung des Gerichtes geändert werden soll.

1981

21. Januar	„Wir wollen wissen, ob Dr. X frühere Patientinnen oder Klientinnen geküßt, berührt, gestreichelt oder sonst irgendwelche sexuellen Kontakte, Geschlechtsverkehr eingeschlossen, mit ihnen gehabt hat. Wir brauchen diese Informationen, um das Fehlverhalten von Dr. X zu beweisen." – *Suzanne Brown, Anwältin für die Klägerinnen, vor dem Obersten Gericht des Staates.*
18. März	In einer 5:4 Entscheidung spricht sich das Oberste Gericht des Staates dafür aus, das Staatsgesetz von 1979, das eine Therapeuten-Patienten-Beziehung als vertraulich erklärt, rückwirkend anzuwenden. Dr. X braucht nicht mehr die Namen seiner Patienten zu nennen, mit denen er intim gewesen sein könnte.
3. Oktober	Dr. Brodsky kommt mit den Klägerinnen zur psychologischen Befunderhebung zusammen.

1982

15. März	Ein Richter des Distriktgerichts verwirft die Eingabe der Klägerinnen, die Entscheidung über die Verlagerung des Gerichtsortes neu zu bedenken.

253

26. August	Ein anderer Richter des Distriktgerichts entspricht der Eingabe von Dr. X, die drei Fälle gegen ihn zu einem zusammenzufassen.
9. September	Ein Anwalt von Dr. X vernimmt Dr. Brodsky, die Gutachterin für die Klägerinnen, unter Eid.
10. Oktober	Der Fall wird außerhalb des Gerichtes entschieden.

1984

15. Juni	In einer Anhörung vor der staatlichen Lizenzbehörde für Psychologen gibt eine 29jährige Patientin an, von Juni bis August 1983 sexuelle Intimitäten mit Dr. X gepflegt zu haben, die während der Therapiesitzungen erfolgten. Während dieser Zeit befand sich Dr. X schon unter der Supervision eines Psychologen, wie dies als Auflage durch die Behörde erteilt worden war. Dr. X leugnet diese Vorwürfe vor der staatlichen Lizenzbehörde für Psychologen und behauptet, diese Behörde habe keinerlei Jurisdiktion über ihn und sollte diesen Fall nicht verhandeln.
13. September	Die staatliche Lizenzbehörde für Psychologen kommt zu dem einstimmigen Votum, die Zulassung von Dr. X, Psychotherapie zu praktizieren, zu widerrufen. Sie beruft sich darauf, er habe neun Grundsätze verletzt, die in dem Bundesstaat für die Psychotherapie-Praxis Voraussetzung wären, die Regel eingeschlossen, daß sexuelle Intimitäten mit einem Patienten unmoralisch sind.

14. September	„Dr. X kann beantragen, noch einmal gehört zu werden. Falls die Behörde seinem Wunsch nicht entspricht, kann Dr. X sich beim Bezirksgericht um einen Widerruf bemühen." – *Der Vorsitzende der staatlichen Lizenzbehörde für Psychologen.*

1985

4. Januar	Dr. X verklagt die staatliche Lizenzbehörde für Psychologen. Er behauptet, während der letzten formalen Anhörung, wobei es um die Beschwerde einer Patientin gegen ihn ging, habe sich die Lizenzbehörde unfair verhalten, indem sie ihm das Recht „verweigerte", sich auf diese Anhörung gründlich vorzubereiten. Dazu gehörte, daß er sich eine Liste der Sexualpartner der Patientin seit Januar 1982, ihre Steuerbescheinigungen für 1983, ein Foto von ihr und ihre medizinischen Aufzeichnungen besorgen wollte, was ihm seitens der Behörde versagt worden wäre.
4. Juni	Dr. X und sein Supervisor werden von einer 29jährigen Ex-Patientin angeklagt, die behauptet, Dr. X habe sich während der Zeit, da sie bei ihm in Therapie war, sexuell genähert.
30. August	Die Aufsichtsbehörde kommt zu folgendem Urteil: Sie widerruft die Lizenz von Dr. X und weist ihn darauf hin, daß er gegen diese Entscheidung Berufung einlegen kann.
3. Oktober	Dr. X verklagt die staatliche Lizenzbehörde für professionelle Fachberater.

1986

27. Februar Der Anwalt von Dr. X, der ihn in der Zivilklage eines Patienten verteidigt hat, tritt als sein Rechtsbeistand zurück.

3. Oktober Dr. X und sein Supervisor legen diese letzte Zivilklage gegen Dr. X außerhalb des Gerichts bei.

1987

12. Februar Die Anwaltskanzlei, die Dr. X in seinem letzten Streitfall vertreten hat, verklagt Dr. X wegen einer noch unbeglichenen Rechnung in Höhe von 15.488,63 Dollar.

19. März Das Große Schwurgericht des Landkreises überführt Dr. X des Verbrechens. Er habe körperliche Gewalt eingesetzt, um eine minderjährige Patientin seinen sexuellen Wünschen gefügig zu machen. Das Opfer ist 17 Jahre alt. Sie suchte ihn auf, um sich in Ehefragen beraten zu lassen.

26. März Dr. X wird verhaftet. Die Kaution wird auf 20.000 Dollar festgesetzt. Er wird nach persönlicher Sicherheitsleistung wieder freigelassen.

14. April Ein Richter urteilt, daß der Anspruch der Anwälte von Dr. X auf 17.227,72 Dollar zu Recht besteht.

21. April Dr. X stellt den Antrag, jene Frau, die ihn des sexuellen Verbrechens bezichtigte, einer psychologischen und psychiatrischen Untersuchung zu unterziehen.

5. Mai	Das Gericht weist die Klage von Dr. X gegen die staatliche Lizenzbehörde für Psychologen ab, da es keinen Grund für eine Aufnahme des Verfahrens sieht.
13. November	Dr. X erklärt sich vor dem Bezirksgericht des Verbrechens der sexuellen Notzucht für schuldig.

1988

9. Januar	In der Anklage wegen sexueller Notzucht wird Dr. X zu 10 Jahren Haft auf Bewährung verurteilt, desgleichen zu einer Geldstrafe von 10.000 Dollar, ebenfalls auf Bewährung ausgesetzt. Die entscheidende Auflage in seiner Bewährung: er darf während dieser 10 Jahre der Bewährung keinerlei Beratungstätigkeit ausüben.

Nachwort des Übersetzers

Aufgrund meiner Forschungsarbeit für die Universität Hamburg erhielt ich kurz nach Erscheinen des amerikanischen Originals ein Exemplar des Titels. Sehr bald rief ich Annette M. Brodsky an, und wenige Tage später saß ich ihr in Los Angeles gegenüber. Unsere Begegnung erwies sich als so intensiv, daß wir an Ort und Stelle beschlossen, dieser amerikanischen Ausgabe eine deutsche folgen zu lassen, um auch im deutschsprachigen Raum einen Nachholbedarf zu diesem Thema aufzuarbeiten.

Einige Monate später, bei einem zweiten Besuch in Kalifornien, führte ich ein langes Telefonat mit Carolyn M. Bates. Sie schilderte mir ausführlich, wie sie weiterhin in dem Zwiespalt lebe, daß sie Dr. X nicht hätte schaden wollen, aufgrund des Geschehens aber gegen ihn hätte aktiv werden müssen.

Obwohl ich eineinhalb Jahre als Arzt in den USA gelebt habe und mit der Fach-Terminologie gut vertraut bin, stellten sich bei der Übersetzung manche Schwierigkeiten ein. Auch wenn ich mich um eine detailgetreue Übersetzung bemüht habe, ging es mir stets darum, dem Leser einen leicht verständlichen und gut lesbaren Text anzubieten, um die Schwere und Tragweite des Themas deutlich werden zu lassen, das bei uns noch weitgehend tabuisiert ist.

In amerikanischen Rezensionen wurde gefragt, ob es wirklich z w e i e r Autorinnen bedurfte, um dieses e i n e Thema in doppelter Weise abzuhandeln. Es darf darüber nicht vergessen werden, daß hier eine junge, hilfesuchende Frau wiederholt und mit System durch ihren Therapeuten sexuell ausgebeutet wurde.

Im Buch ist von Anfang an mitzuerleben, wer durch Pseudonym zu schützen ist, und wem zugemutet werden kann, daß in der Öffentlichkeit über ihn oder sie mehr verlautbar wird, als ihm oder ihr lieb sein kann. Noch heute zögert Carolyn M. Bates, wie ich dies bei ihr erlebte, nähere Angaben über Dr. X zu machen, immer noch in dem Wunsch, es möge ihm daraus kein Schaden entstehen. Ihre Haltung ist zu respektieren, mehr aber noch ihr Mut anzuerkennen, daß sie so rückhaltlos bereit war, sich der Öffentlichkeit zu stellen.

Jeder, der länger als ein Jahrzehnt Erfahrung in praktischer Psychotherapie besitzt, weiß, wie schnell er Opfer eigener oder fremder Wunschgedanken werden kann. Er weiß aber auch darum, wie schnell es geschieht, daß ein bis dahin unbescholtener Therapeut oder eine Therapeutin Opfer von Angriffen oder Verleumdungen werden können, gegen die sich zu verteidigen unendlich schwerfällt – insbesondere, wenn es sich um Patienten und Klienten handelt, die emotionale Störungen aufweisen und unter krankhaften Vorstellungen und Fantasien leiden.

Dennoch ist es notwendig, Menschen zu ermutigen, an die Öffentlichkeit zu treten, wenn sie eine nicht fachgemäße

Behandlung erhalten haben. An diesem Mut mangelt es oft. Viele wissen auch nicht, an wen sie sich wenden sollen, zumal es oft keine Zeugen gibt. Jede örtliche Gesundheitsbehörde oder Ärztekammer kann Anlaufstelle für eine entsprechende Benachrichtigung sein.

Dieses Buch will mithelfen, daß sich betroffene Patienten und Klienten mutig hervorwagen. Die Bearbeitung dieses Themas zeigt mir, daß die Grauzone auf diesem Gebiet und die Dunkelziffer von Opfern größer ist, als bisher angenommen wurde. Lange Zeit hat hier ein Tabu geherrscht, das schwer zu bewältigen ist. Dies kann ich nach jahrzehntelanger Erfahrung als Seelsorger, Arzt und Psychotherapeut nur bestätigen.

Leider gibt es in Deutschland immer noch keine gesetzliche Berufsregelung für Psychologen und dementsprechend auch keine Kammern, die gegen Psychologen Sanktionen verhängen können, abgesehen von einem Ehrengericht. Allein die Tatsache, daß Begriffe wie „Psychotherapeut" oder „Sexualtherapeut" kaum oder gar nicht geschützt sind, stimmt sehr nachdenklich. Jeder findet aber letztlich den Therapeuten, den er sich sucht und dessen er bedarf. Es kann aber auch eine Schicksalsfrage bedeuten, wem man in die Hände fällt.

Hamburg, im Januar 1990
Horst R. Flachsmeier

Literatur

American Psychiatric Association Committee on Education of Psychiatrists on Ethical Issues. (1987). *Sexual contact between psychiatrists and patients: Ethical issues* (videotape). Washington, DC: American Psychiatric Association.

American Psychological Association. (1981). Ethical principles of psychologists. *American Psychologist, 36* (6), 633-638.

American Psychological Association. (1987). Report of the Ethics Committee, 1986. *American Psychologist, 41,* 694-697.

American Psychological Association Insurance Trust. (November, 1986). *Letter.* Washington, DC: Author.

Belote, B.J. (1977). Sexual intimacy between female clients and male psychotherapists: Masochistic sabotage. *Dissertation Abstracts International, 38* (2-B), 887.

Bennett, B.E. (1987). *Information about your professional liability program* (letter). Washington, DC: American Psychological Association Insurance Trust.

Bouhoutsos, J.C., & Brodsky, A.M. (1985). Mediation in therapist-client sex: A model. *Psychotherapy: Theory, Research, and Practice, 22* (2), 189-193.

–, Holroyd, J., Lerman, H., Forer, B.R., & Greenberg, M. (1983). Sexual intimacy between psychotherapists and patients. *Professional Psychology, 14* (2), 185-196.

Brodsky, A.M. (1977). Sex and the student therapist. *The Clinical Psychologist, 30,* 12-14.

–, A.M. (Producer). (1979). *Sex fair psychotherapy stimulus films. Series 1: Relationships between clients and therapists* (videotape). Educational Media, University of Alabama.

–, (1980). Sex role issues in the supervision of therapy. In A.K. Hess (Ed.),

Psychotherapy supervision: Theory, research and practice (pp. 509-522). New York: Wiley.

–, (1984). *Issues in the litigation of a sexually abusive therapist.* A symposium presented at the annual convention of the American Psychological Association, Toronto, Canada.

–, (1985). Sex between therapists and patients: Ethical gray areas. *Psychotherapy in Private Practice, 3* (1), 57-62.

–, (1986). The distressed psychologist: Sexual intimacies and exploitation. In R.R. Kilburg, P.E. Nathan, & R.W. Thoreson (Eds.), *Professionals in distress.* Washington DC: American Psychological Association.

–, & Hare-Mustin, R.T. (Eds.). (1980). *Women and psychotherapy: An assessment of research and practice.* New York: Guilford Press.

–, Holroyd, J., Sherman, J., Payton, C., Rosenkrantz, P., Rubinstein, E., & Zell, F. (1975). Report of the task force on sex bias and sex role sterotyping in psychotherapeutic practices. *American Psychologist, 30* (12), 1169-1175.

Butler, S.E., & Zelen, S.L. (1977). Sexual intimacies between therapists and patients. *Psychotherapy: Theory, Research and Practice, 14* (2), 139-145.

Callanan, K., & O'Connor, T. (1988). *Staff comments and recommendations regarding the report of the Senate task force on psychotherapist and patients sexual relations* (pp. 10-11). Sacramento, CA. (Available from Board of Medical Quality Assurance or Board of Behavioral Science Examiners.)

Chesler, P. (June 19, 1972a). The sensuous psychiatrists. *New Yorker,* 52-61.

–, (1972b). *Women and madness.* New York: Doubleday.

D'Addario, L.J. (1978). Sexual relations between female clients and male therapists. *Dissertation Abstracts International,* 38 (10B), 5007.

Dahlberg, C.C. (1970). Sexual contact between patient and therapist. *Contemporary Psychoanalysis, 6,* 107–124.

Deutsch, H. (1945). *The psychology of women.* New York: Grune & Stratton.

Forer, B. (1980). *The therapeutic relationship: 1968.* Paper presented at the annual meeting of the California State Psychological Association, Pasadena, CA.

Freeman, L., & Roy, J. (1976). *Betrayal.* New York: Stein & Day.

Gartrell, N., Herman, J., Olarte, S., Feldstein, M., & Localio, R. (1986). Psychiatrist patient sexual contact: Results of a national survey. I. Prevalence. *American Journal of Psychiatry, 143,* 1126-1131.

Glaser, R.D., & Thorpe, J.S. (1986). Unethical intimacy: A survey of sexual contact and advances between psychology educators and female graduate students. *American Psychologist, 41* (1), 43-51.

Gluck, M. (Personal Communication, 1988). Citation of Klopfer, B. (1955). *Transference as Freud and Jung looked at it.* San Francisco, CA: Division 12 of the American Psychological Association Postdoctoral Institute.

Gonsiorek, J.C. (1987). Intervening with psychotherapists who sexually exploit clients. In P. Keller & S. Heyman (Eds.), *Innovations in clinical practice: A source book* (Vol. 6, pp. 417-427). Minneapolis, MN: Walk-in Counseling Center.

Hare-Mustin, R.T., & Hall, J.E. (1983). Sanctions and the diversity of ethical complaints against psychologists. *American Psychologist, 38* (6), 714-728.

Holroyd, J., & Brodsky, A.M. (1977). Psychologists' attitudes and practices regarding erotic and nonerotic contact with patients. *American Psychologist, 32* (10), 843-849.

Holroyd, J.C., & Brodsky, A.M. (1980). Does touching patients lead to sexual intercourse? *Professional Psychology, 11* (5), 807-811.

Jones, E. (1957). *Life and work of Sigmund Freud* (Vol. III). New York: Basic Books.

Kardener, S.H., Fuller, M., & Mensh, I.V. (1973). A survey of physicians' attitudes and practices regarding erotic and nonerotic contact with patients. *American Journal of Psychiatry, 130* (10), 1077-1081.

Keith-Spiegel, P. (1979). *Sex with clients: Ten reasons why it is a very stupid thing to do.* Presented at the meeting of the American Psychological Association, New York.

Masters, W.H., & Johnson, V.E. (1976). Principles of the new sex therapy. *American Journal of Psychiatric, 133,* 548.

McCartney, J.L. (1966). Overt transference. *Journal of Sex Research, 2,* 227-237.

Murray, J.R. (November, 1986) *Letter to insureds.* Washington, DC: American Psychological Association Insurance Trust.

Perry, J. (1976). Physicians' erotic and non-erotic physical involvement with patients. *American Journal of Psychiatry, 133,* 838-840.

Pope, K.S. (1987). Preventing therapist-patient sexual intimacy: therapy for a therapist at risk. *Professional Psychology: Research and Practice, 18,* 624-628.

–, & Bajt, T.R. When laws and values conflict: A dilemma for psychologists. *American Psychologist, 42.*

–, & Bouhoutsos, J.C. (1986). *Sexual intimacy between therapists and patients.* New York: Praeger.

–, Keith-Spiegel, P., & Tabachnick, B.G. (1986). Sexual attraction to clients: The human therapist and the (sometimes) inhuman training system. *American Psychologist, 41,* 147–158.

–, Levenson, H., & Schover, L.R. (1979). Sexual intimacy in psychology training: Results and implications of national survey. *American Psychologist, 34* (8), 682-689.

–, Tabachnick, B.G., & Keith-Spiegel, P. (1987). Ethics of practice: The beliefs and behaviors of psychologists as therapists. *American Psychologist, 42,* 993-1006.

Schoener, G. (1988). Assessment and development of rehabilitation plans for the therapist. In G. Schoener, J. Milgrom, J. Gonsiorek, E. Luepker, & R. Conroe (Eds.), *Psychotherapists' sexual involvement with clients: Intervention and prevention.* Minneapolis: MN: Walk-in Counseling Center.

–, Milgrom, J., & Gonsiorek, J. (1983). *Responding therapeutically to clients who have been sexually involved with their psychotherapists* (unpublished manuscript). Available from the Walk-in Counseling Center, 2421 Chicago Avenue South, Minneapolis, MN.

Sell, J.M., Gottlieb, M.C., & Schoenfeld, L. (1986). Ethical considerations of social/romantic relationships with present and former clients. *Professional Psychology: Research and Practice, 17,* 504-508.

Shepard, M. (1971). *The love treatment: Sexual intimacy between patients and psychotherapists.* New York: Peter Wyden.

Smith, S. (1982). *The sexually abused patient and the abusing therapist: A study in sadomasochistic relationships.* Paper presented at the meeting of the American Psychological Association, Washington, DC.

Taylor, B.J., & Wagner, N.N. (1976). Sex between therapists and clients: A review and analysis. *Professional Psychology, 7* (4), 593-601.

Vera Becker
Die Primadonnen der Psychotherapie
Gespräche mit berühmten Therapeuten
244 Seiten, DM 29,80

Die Herausgeberin (bekannt durch ihr Buch „Wenn Therapien schaden")
führte ausführliche Gespräche mit Alexander Lowen, Fanita English,
Paul Watzlawick, Albert Ellis, Virginia Satir, Maria Hippius, Hilarion Petzold,
Robert Dilts, Michael Mahoney (und Viktor Frankl). Vera Becker lenkte die
Gespräche auf ganz praktische Aspekte der modernen Psychotherapie:
Woran erkennt man einen guten Therapeuten? Wie lange soll eine Psychotherapie dauern? Ist vielleicht im Zeitalter der „Macher" eine Therapie im
Schnellverfahren möglich? Was sagen die seriösen Schulen zum Psycho-
boom? Wie sehen sich die Schulengründer untereinander? Ist die
wissenschaftliche Psychotherapie noch zu retten?
Die hohe Brisanz und Aktualität dieser Interviews entsteht dadurch, daß
verschiedene Aussagen zu stets ähnlichen Fragen vom Leser nebeneinander
gestellt und unmittelbar verglichen werden können.

„Ein faszinierender Blick über die Schulter der Psycho-Meinungsführer." –
COSMOPOLITAN

„Vera Becker gibt dem Leser die Chance, sich in Kürze ein Bild davon zu
machen, wie es um die moderne Psychotherapie steht." – *FRANKENPOST*

Robert Ornstein
MULTIMIND – Ein neues Modell des menschlichen Geistes
Ergebnisse der Humanwissenschaften für Erziehung,
Therapie und Management
228 Seiten, DM 34,80

„Ein Buch voller Mut zum Ungewöhnlichen... Das Buch gehört in die oberste
Schublade von Menschen, deren Profession Erziehung, Therapie oder
Management ist. ...Wenn heute jemand daherkommt und von Hirn-
hemisphären und deren Spezialisierung, von linkem Hirn und rechtem Hirn,
von linkshirnigen und rechtshirnigen Typen spricht und das MULTIMIND-Buch
von Ornstein nicht kennt, so kann man ihn getrost als nicht mehr voll
informierten Fachmann ablehnen." – *congress* & *seminar*

„Dieses Buch kann Grundlage einer wirklichen Bewußtseinserweiterung sein."
– *HOLOGRAMM*

 JUNFERMANN VERLAG